刘星·著

司法的逻辑

实践中的方法与公正

中国法制出版社
CHINA LEGAL PUBLISHING HOUSE

前言（致谢）

司法方法与司法公正的学术讨论，很可能是一件非常费力而又成效甚微的事情，毕竟，这些领域以往的研究从未间断，且稍不留意甚或即便留意也会成为已有学说的转述者或重复者（即使有所“突破”，则又可能由于偏离多数人的偏好而被冷淡）。司法总会遇到障碍，或是不满，或是抱怨，还有抵制，从司法开始出现，这些就几乎无法避免且具有类似性，探索之中“为什么”及“应怎样”势必容易变得“路径依赖”。

当然，这不能也不应该成为放弃努力的理由。一种讨论，即使难免转述或重复，亦应寻求展开和推进，因为，新的路径选择往往是在不断转述或重复中孕育的，如果在转述或重复中有所“深入”，“新的路径”就可能开始萌芽了。这也并非全无先例。于是本书在此就有所期待了。

以往司法方法与司法公正的学术讨论就大多数而言或许存在一个特点，即试图在普遍性的逻辑上考虑问题，努力寻求一个大致普遍适用的司法方法，和积极寻求一个大致普遍接受的司法公正。这自然是可理解的。这些讨论，常和社会大众的司法感受密切相关，也常需要向这种感受作出妥协，以赢得社会大众的认同并获得合法性，进一步，在社会整体合作的基础上改善和推动司法，因此，缺乏一个"普遍化"的预期倒是或许令人感到意外。除此，司法方法与司法公正的学术讨论，总会不经意地预设一个"客观"的立场，仿佛我们可以且也的确是站在一个多数人接受的角度，来定义司法方法和司法公正，这同样强化了一个"普遍化"的预期。但实际上，社会大众甚至学术讨论的参与者的司法感受又是自我更新、内置差异的，有时更会彼此矛盾。当社会就一个司法事件发生激烈争论时，我们可清晰地发现这点。就此而言，对"普遍化"的寻求和预期作出一个调整，或许是必要的。这是本书的一个主题。

本书写作已有多年，其中许多思想已通过不同的论文写作先期发表，这要感谢一些杂志书刊，如《法学》、《法制与社会发展》、《法律和社会科学》（法律出版社）、《中外法学》。此外，学界的一些朋友也曾就书中的内容与本书作者进行讨论，或批评或建议，使作者获益良多，这同样需感谢。因为实在担心被认为有拉大旗作虎皮之嫌，故恕不提及尊姓大名。当然，书中的问题、不足甚至错误肯定属于作者本人。

本书写作获得了司法部法治建设与法学理论研究项目基金（重点项目，"司法方法与司法公正"，05SFB1002）的支持，特此鸣谢。

中国法制出版社愿意出版本书，这是极大鼓励。尤其是该社刘峰编辑，不断支持和勉励本书作者，令人感动。希望本书能给读者带来一点学术新意。

目 录

第二章 为何“充分”/ 085

第三章 “辨法析理”的背后 / 115

第四章 如何理解“标准”的司法方法 / 161

导论：从司法方法到司法公正

对法律具有特殊知识的法学家等级，往往主张这种知识是它的独占品，不是这一行的人就不该插嘴谈论……但是，每个人毋须都成为鞋匠才知道鞋子对他是否合穿……

一、“司法方法”的一个样本

近年，基层法院在司法方法上常有创新[①]，上海市长宁区人民法院于2009年提出的并在该院全面实行的“要件审判九步法”，即为其一。[②]关于该司法方法，某些法院法官曾撰文竭力推崇，最高人民法院《人民法院报》和《人民司法》等报刊亦间断介绍和宣扬。[③]但像法学研究中的方法论之举荐，亦如法律实践中多种具体办案方法之倡导，该司法方法于司法中似乎未能推而广之。当然，毕竟时间还是有限的，或许若干年后会另有一番景观。从学术看，重要的在于其所包含的逻辑张力。

本书导论尝试以该司法方法为讨论样本，从而分析司法方法中的推理、管理和修辞问题，并兼及分析司法公正的实践，为本书后文叙述搭建一个逻辑支架。所以将其作为讨论样本，因为，以往司法方法研究要么侧重法学理论，这主要体现于法学家的话语，要么侧重实践操作，这主要体现于法律家的叙说（具体情形见后文），而

---

① 具体例子见下文第四小节。

② 谢圣华、徐光明、宁杰：《长宁“要件审判九步法”创出新境界：人均结案同比上升36件，平均审理天数减少12天》，《人民法院报》2009年11月16日，第1版。

③ 关于法官撰文，如贾石松、郑蕾：《要件审判九步法的具体运用》，《人民司法》2014年第5期，第41-46页。关于《人民法院报》及《人民司法》报道宣扬，如宁杰、王建平、孙海峰：《要件审判九步法：法庭上的剑谱》，《人民法院报》2010年1月11日，第5版；陈婷婷、孙海峰、王建平：《推行要件审判九步法的调查报告》，《人民司法》2011年第3期，第8-12页。

“要件审判九步法”具有“理论”和“实践”两个维度，由具备部分理论者身份（法学博士）和实践者身份（法官）的法律人提出，[①] 措词术语既有理论概括标识亦有实践操作印迹，从理论和实践中均寻求素养，且同时拥有理论期待和实践期待（尽管，提出者认为该司法方法主要目的是解决实践问题）。[②] 从研究角度看，蛰伏其中进行讨论，可能会使理论和实践更进一步互促互补，也可能会使后来的理论思考得以在理论探索与实践摸索之间寻求更进一步的均衡张力，更富启发。除具有理论和实践两个维度外，“要件审判九步法”还表现了具体化且手册化，[③] 强调了度量式“效率”且由此蕴含了“审判管理”的概念，[④] 此亦为颇有意思的议题。当然，其又拓展了司法者与当事人“如何互动协商法律问题与证据问题的定位与数量以锁定案件解决进程”的创新机制（见下文），[⑤] 之中，又涉及了同样有意思的庭审交流的修辞问题。而所有这些，进一步指向了司法公正的思考。

---

① 提出者即邹碧华法官。见邹碧华：《“要件审判九步法”解析》（作者简介），《中国审判》2010 年第 2 期，第 82 页。另本文完成后多日，惊闻邹碧华法官突然去世，笔者特向这位优秀法官深表敬意。

② 参阅邹碧华、王建平、陈婷婷：《审视与探索——要件审判九步法的提出和运用》，载最高人民法院主办“全国法院系统第二十二届学术讨论会”（2011 年 1 月 20 日中国福建福州）之《全国法院系统第二十二届学术讨论会论文集》，第 1-18 页。也可见下文。

③ “要件审判九步法”提出者曾提到，此方法“表明司法方法开始更多地强调从诉讼流程的各个具体环节出发进行考察和分析”。见前引 4，邹碧华文，第 82 页。

④ 该方法提出者指出，“要件审判九步法可运用于审判管理……有利于尽快树立审判方向，尽快明确审理方向……”。邹碧华：《要件审判九步法及其价值》，《人民司法》2011 年第 3 期，第 7 页。

⑤ 关于这种创新机制的一个初步讨论，参阅单云娟、周立：《能动司法背景下的民商事案件争点整理技术方法分析——以保障审判权有效运行为视角》，载 2011 年《全国法院系统第二十二届学术讨论会论文集》，该文第 11 页。

“要件审判九步法”为民事诉讼所设计，但本书作者认为其也可对刑事诉讼和行政诉讼提供参考，因为，后两类诉讼现在同样包含了“和解”“调解”等类似民事诉讼的元素。故本书导论的讨论可辐射广泛的司法过程。

本书导论的讨论主旨是：在何种意义上提出、建构、认定司法方法模式及司法公正概念是适宜的。此主旨预设，不同意义的如普遍性或具体性的，均可提出、建构和认定。而本书作者尝试论证一个观点：特定环境的司法方法、司法公正的确认包括两者关系的确认，优于对两者的或模式或概念的普遍性追寻。为论证这一观点，本书导论将在上述司法方法样本上依次分析一些问题，其包括，司法方法的理由追求存在什么局限及怎样待之为宜，司法方法的“审判管理”设想的真实意义何在，司法方法的修辞策略是否包含有价值的方向，及怎样理解司法公正更佳，并怎样理解司法方法与司法公正的关系更恰当。

“要件审判九步法”的基本内容如下：（一）将诉讼请求的含义加以明确；（二）查寻诉讼请求所依据的法律条文；（三）明确抗辩可依据的法律条文；（四）分析相关法律条文的构成要件；（五）查看当事人的诉讼主张与法律条文的要件是否对应；（六）整理争点；（七）围绕争点展开举证、质证；（八）认定要件事实；（九）将要件事实与法律条文的构成要件展开对照。[①]

此司法方法，初看似乎已经较具体，每一步是清晰的，但实践中究竟如何操作完全可能是另外一回事。以往学术化或实践化的方

---

① 以上所述“九步法”基本内容，包括理论化和实践化色彩，见邹碧华：《要件审判九步法及其价值》，第 4-7 页。更详尽内容，可参阅邹碧华专著（《要件审判九步法》，北京：法律出版社，2010 年）。

法提出，关键疑问之一，有如屡见不鲜的法律规定适用之本身，即为具体运用时总易呈现多面相的实践路径，换言之，方法的步骤在一般设计和具体实践之间常出现难以一一对应的核校标准，缘此，实践者面对所需处理的案件，常不清楚自己采取的方法是否可盖上“设计路线图”的印章。[①] 就这点看，需考察“要件审判九步法”提出者的实例。

这一方法的主要提出者，曾以原告刘某诉被告黄某、张某合同借贷纠纷一案的审理过程为例，以作详解。

被告黄某向原告刘某借款，借款时被告黄某与被告张某是夫妻，借据中，担保人处有张某的私人盖章，还款期限已过黄某仍未偿还，刘某起诉。据此，上述九步法的第一步便为通过庭审辨析刘某的诉讼请求，具体过程是，不断询问以确定刘某是否要求黄某承担还款责任而张某承担连带责任。第二步，通过释明等步骤，以互动并以刘某能理解的方式，确定法院将以《合同法》第 107 条和《担保法》第 18 条第 2 款、第 26 条第 1 款裁断此案。第三步，使被告黄某、张某知晓法院将依据《合同法》第 60 条第 1 款、第 52 条第（2）项裁断此案，并获得其理解。第四步，法院分析了各个法律条文的构成要件，如合同效力、偿还义务、担保义务、恶意串通（针对刘某与黄某可能恶意串通而言）的条件。第五步分析诉讼主张与法律条

---

① 有评论便提到，“纵观当前的司法方法研究，理论性强，实践性弱，形而上高蹈玄虚，乱花渐欲迷人眼”。见宁杰、王建平、孙海峰：《要件审判九步法：法庭上的剑谱》，第 5 版。法学界也有学者提到了类似问题，如认为，“法律方法论的研究与服务司法实践的趋向之间产生很大的距离”。焦宝乾、陈金钊：《法律方法论学科意识的觉醒——2007 年度中国法律方法论研究学术报告》，《山东大学学报》（哲学社会科学版）2008 年第 3 期，第 1 页。

文构成要件的对应关系，经查，当事人的诉讼主张与相关法律条文的构成要件形成了对应关系。第六步归纳事实争论和法律争论的焦点，争点包括借款协议是否真实、借款是否到期、黄某是否还款、协议中担保内容是否真实、刘某是否知道黄某私盖张某印章等。第七步，针对争点，法院通过心证，确定证明要件的事实，并明确原被告的各自举证责任，如刘某否认知道私盖印章过程，故根据《最高人民法院关于民事诉讼法证据的若干规定》第 5 条第 1 款，张某负举证责任。第八步，认定要件事实，如张某未提供证据，法官即推导刘某不知私自盖章的心证结论。第九步，将已认定采纳的要件事实与法律规定的要件事实核对，如证据未表明刘某明知黄某私盖印章，故未与“恶意串通”对应。[①]

二、“理由论证”的局限

第一个问题，是司法方法的“对符合法律的论证”的理由追求，亦可称为重视“具备怎样的理由才能视为合乎法律”。显然，“九步法”与以往被提出的司法方法或法律方法存在共同的核心逻辑，这便是，试图正确、有效地解决实际发生的案件与法律规定的相互关联。[②] 此方法提出者曾提到，“……依据当事人的事实和理由，明确

① 详情见邹碧华：《“要件审判九步法”解析》，第 82-85 页。

② 关于以往司法方法或法律方法在这方面的欧陆国家情形，可参阅［德］卡尔·拉伦兹：《法学方法论》，陈爱娥译，北京：商务印书馆，2004 年，第 1-20 页。更广泛的中外情形，可参阅焦宝乾：《法律论证：思维与方法》，北京：北京大学出版社，2010 年，第 42-51 页。一个最直接认为“正确、有效地解决实际发生的案件与法律规定的相互关联”的具体例子，可参阅谢晖：《论司法方法的复杂运用》，《法律科学》2012 年第 6 期，第 44 页。

法律关系，再以之为基础明确权利性质，进而确定法律条文，这是民事审判中最重要、最难的环节”。[①] 但如何才是“正确”“有效”？怎样证明“合法”，及是否可能证明“合法”？关于司法方法，最直接的预设是“理性”。“理性”的含义是指在案件与法律之间可以且应当发现一个逻辑方法，经推导论证以获得检验，由此可传递“正确”“有效”的理解，“合法”之要义亦在其中。而关于“正确”“有效”，学界包括法律实务界已逐渐倾向于认为，只要展示了理由，且将理由逐一排列，凸现了说服的能力，即可赋予相关的标签。[②]

再看前一节的具体实例。其中核心争议问题为“担保是否成立”。被告张某称，借款协议签订时，自己与黄某的夫妻关系名存实亡，不知担保条款及自己印章盖在借据中，另未见黄某将借款用于家庭，且认为借据上所以存有自己的“担保印章”，实为原告刘某与被告黄某恶意串通的结果。通过举证质证，法院就“刘某不知黄某是否私盖印章”已形成心证，并认定，借据中的“担保条款”为当事人的真实意思表示。十分明显，被告张某不知盖章担保及不知借款，一般人的想象中，某人不知道一件与自己有关的事情，其自然难以接受令自己承担相关责任的后果，故可想见，张某较难接受法院的“担保意思表示真实”及连带责任的认定。张某能提出进一步的异议：（一）黄某私盖印章是有过错的（未经张某同意）；（二）既然已进入担保讨论而非夫妻共有财产性质的讨论，则以夫妻关系为由不理会私盖印章问题，是否与担保法的担保资格应具有独立性质的财产这一前提相互矛盾？如果被告张某提出进一步的异议，仅强调并不知

① 邹碧华：《要件审判九步法及其价值》，第 4 页。

② 参阅谢晖：《论司法方法的复杂运用》，第 44-45 页。

道担保及借款，且夫妻关系已存不合问题，法院如何回应？

根据理性思路，法院似乎可提出如下三个理由以论证自己的观点“正确”“有效”及“合乎法律”：（一）被告黄某私盖被告张某印章是否存过错，张某可另行主张权利；（二）在夫妻关系不合的情况下，被告张某自己应注意保管印章，未妥善保管印章导致出现“妨碍第三方权益实现”的争议，自然负有责任；（三）夫妻即使财产共有，依然可相互担保，法律未规定不能。显然，法院可能提出的这些理由，均以保护善意第三方债权人为前提，是否可解决被告张某的异议或疑问，仍未可知。而如果侧重强调被告张某应妥善保管自己的印章，张某另会觉得该义务的强调是苛刻的。

业界熟知，依照《婚姻法》第 19 条第 3 款及《最高人民法院关于适用〈中华人民共和国婚姻法〉若干问题的解释（二）》第 24 条的规定，如果是夫妻共有性质的连带责任，夫或妻任何一方均无法以任何理由，对抗善意第三人的连带债务主张。但法律未直接涉及此案夫妻之间的相互担保问题。司法实践中，对此不乏争议。[①]《担保法》第 7 条规定了担保人的身份，并未指出“夫妻之间”不能担保。而夫妻的财产共同共有性质，理论上，似排斥了其间相互担保的意义，因为，担保人的前提应是自身财产独立。当然，如果夫妻明确约定财产分属，且债务第三人知道约定，则担保可成立。“九步法”介绍者提到的此案审理过程，实际上进入了“担保”方向，避开了夫妻共有性质的债务问题。与此不同，如果直接展开夫妻共有性质的债务庭审，被告张某可能无法提出进一步的疑问。

---

① 关于不同看法，参见封加德：《夫妻互相担保之我见》，《法学》1999 年第 2 期，第 18-19 页。

依此而论，前述类似被告张某的可能异议或疑问，不仅是一般人理解中的“道理是否适当”的问题，而且涉及另一个问题，即如此处理（认定担保成立），究竟是否符合法律。进一步，还可认为，一般人理解的“道理是否适当”实际上有可能和“是否符合了法律”相互纠缠了，故不能简单认为，被告张某只知情理不知法律，并据此简单回绝张某。庭审中，黄某陈述自己私盖印章，此是否表明，仅就担保问题而言黄某存在过错（未经张某同意），故依据《民法通则》第106条第2款的规定，仅是黄某应承担债务，而张某不存在连带责任？与此相关，即使以黄某张某为夫妻论，既然已进入担保讨论而非夫妻共有财产性质的讨论，则以夫妻关系为由认定私自盖章属夫妻内部问题故对外抗辩无效，是否与担保法的担保人资格应具有独立性质的财产这一前提，相互矛盾？关于“道理是否适当”与“是否符合了法律”的相互纠缠，众所周知的四川省泸州市张学英诉蒋伦芳案可作为典型的例子。[①] 该案审理初期，人们普遍倾向于认为，这是明显的遗赠继承问题，应适用《继承法》第16条第3款规定，如适用《继承法》该条规定而使“不道德的婚姻第三者”获得利益，则是其他方面的问题，如社会公德遭遇失败。[②] 但随案件审理及争议的深入，其中一方针对“第三者”提出，此不仅是社会公德问题，而且是法律问题，因为，《民法通则》第7条规定了“民事活动应当尊重社会公德，不得损害社会公共利益”。[③] 张学英诉蒋伦芳案亦清晰地表明，如果努力寻找，则有可能在“道理是否适当”

---

① 参阅《四川省泸州市中级人民法院民事判决书》(2001) 泸民一终字第621号。主要案情为一名男性将自己遗产赠与第三者，该男性配偶提起诉讼否定遗赠有效。

② 这方面的早期社会讨论与学术讨论十分丰富，从中可看到这点。

③ 见《四川省泸州市中级人民法院民事判决书》(2001) 泸民一终字第621号。

的情理思路中发现相关的法律思路。

至此，可认为，法院未依据无可争辩的法律条文，相反却提出（当然是可能提出的）似具有说服力的理由以表明自己适用法律“正确”“有效”乃至“合法”，这样的司法方法思考方向恐存争议。第一，说出理由并非颇困难，对论说能力较强者尤其不是障碍；第二，理由也是可争议的，且存“对谁而言是有理由”的疑问；第三，如果提出理由且具有一定的说服力，即可认定为“正确”“有效”，甚至“合法”，则可得出“凡争议案件法律如何适用的问题中，总能发现不同、对立的‘正确’‘有效’及‘合法’”的结论，[①] 进一步，“正确”“有效”乃至“合法”的标准，令人觉得似乎十分脆弱。故“理由说”必须予以仔细辨析。

司法方法的讨论中，包含了对“理由说”进行补充的一种观点，即认为理由存在正确谬误之分，此亦为最容易提出的常识性主张。[②] 这意味着，前述案例中，针对被告张某的异议或疑问，要么法院可能提出的三个理由，“张某可另行主张权利”“张某自身便有义务保管自己的印章”及“共有财产夫妻可相互担保”，是成立的，要么为张某一方可设想的“黄某过错应负责任”及“担保关系应与夫妻关系剥离”，是成立的。但正确谬误的标准是什么？为何可称一些理由是正确的，另一些理由是谬误？当然，司法方法的讨论提出了各种手段，以解决正确谬误的问题。如针对实际发生的案件怎样对应法

---

① 有学者注意到了这个问题，例如，孙广宁：《判决理由的详略之辩：基于判决的可接受性》，《广西社会科学》2012 年第 6 期，第 77 页。

② 在大多数关于某具体司法裁判理由的讨论中，可发现这样的观点。例子，参阅王申：《法官的理性与说理的判决》，《政治与法律》2011 年第 12 期，第 88-91 页；刘乔发：《论民事判决说理的原则及方法》，《人民司法》2008 年第 13 期，第 93-94 页。

律规定问题而言，与学界熟知的法律解释问题相关，有主张以正常理解的“法律文义”为标准，另有主张“立法者的原意”“合乎逻辑的法律条文相互关系”及“法律逻辑体系”为标准，来检验所提理由的正确或谬误……[①]但仍如一些怀疑论所指出的，这些手段本身亦面临着“标准”的悖论，何谓“法律文义”的正常理解？确定“立法者愿意”的证据是什么，证据是否也存在如何理解的问题？法条之间合乎逻辑关系的标准是什么？如出现法律逻辑体系的不同理解又将怎么办？[②]完全可想见，前述案例中，如果提出了判决被告张某承担连带责任，可能的进一步理由是，法院宣称此即符合了正常理解的“法律文义”，或符合“立法者原意”，或与法条之间合乎逻辑的关系形成了适恰契合，或在法律逻辑体系中可以获得映衬，则被告张某一方同样会类似宣称。

司法方法的讨论中，还可提出一种观点，即认为应尽量以法院的理由论证及分析为准，因为，法院本身专业职业的社会分工定位尤其经此而来的能力，可赋予其“标准”的秉持，社会一般人通常看亦容易认同类似的观点。[③]但如果法院内部便存不同意见，甚至有的法官赞同被告张某的可能的主张，将如何？事实上，如前已提到的，关于夫妻之间是否存在担保问题，业界即有不同的看法。争议案件中，所以争议且使人觉得可争议，本身极可能预示着法院内部会有或已有不同观点。退一步看，即使法院没有分歧观点，为何法院一定正确？专业职业的社会分工定位在法律问题争议“正确”的

---

① 这些理论现通常被视为法学常识，恕不举例。

② 参见苏力：《解释的难题：对几种法律文本解释方法的追问》，载梁治平编《法律解释问题》，法律出版社 1998 年版，第 30-64 页。

③ 赞同审判独立或司法独立的人基本上持此观点，这是众所周知的，恕不例举。

问题上，一定优于外行？法律公布出来，条文明确颁布，并宣告全社会均须遵守，本身便预设了外行人可以且应当能像法院一样理解法律的规定。既然外行人可以且能同样理解法律，法院的专业职业社会分工定位，怎能证明为优先？“九步法”提出者提到的案例中，法院如果依照明确的法律规定——且人们对法律没有不同理解——判决被告承担债务责任，本身便意在提示，被告可以且应当能像法院一样，理解相关的法律规定，并在日后应吸取法律上的教训，以法律作为自己的行为指引。故张某的外行人社会角色不意味着其法律理解，一定是谬误的。即便认为法院专业职业的社会分工定位表明法院十分熟悉法律的数量、分类、渊源，包括法律的概念及表述，更能熟练地查找法律，此也仅表明“量”的优势，即能有效率地把握法律，而显然，有效率地把握法律的能力与正确把握法律的能力，是不同的概念。张某一方外行人的低效率的法律把握能力，不意味着不能说出正确的法律结论。

如此追问，势必涉及业界颇熟悉的一个主张：法律问题中，理由正确谬误的标准是法律人或法律共同体的“集体认可”。[①] 此主张，实际上是法院的理由论证及分析应为标准的“修订版”，因为，法院尤其是法官，常被视为法律人或法律共同体的核心，是其中“佼佼者”，用德沃金（Ronald Dworkin）的措辞表达则是法官为“法律帝国”中的“王子”。[②] 但“集体认可”的观点，一方面，需面对法律人或法律共同体内部可能分歧的问题，此如法院内部具有分歧意见，另一方面，“集体认可”历来是一个模糊的概念，自研究法律人或法

① 如［美］欧文·费斯：《如法所能》，师帅译，中国政法大学出版社 2008 年版，第 203 页。

②Ronald Dworkin, *Law's Empire*. Cambridge: Harvard University Press, 1986, p.407.

律共同体始，除了大致感觉似有“大多数法律人或法律共同体中的大多数认为如何”之外，从未存在一个检测“集体认可”的量化工具，业界亦未觉得如此一个工具是必要的，其更多有如佩雷尔曼（Chaim Perelman）所说“人们普遍感受”为日常说理的一种叙述策略，借助“所谓普通人一般感觉”以取得说理优势一样。[①] 更深入的问题，在于即使认为前述案例中，法院可能提出的理由被更多的法律人所赞同，被告张某可能提出的理由仅被少数人所理解，也难以确信前者为正确，进一步以支持“集体认可”的观念，因为，较多人的赞同与较少人的赞同随时间推移及语境变化，有可能发生逆向转换。就逆向变化而言，仍以上述张学英诉蒋伦芳案为例，原认为应适用《继承法》的显然占据法律人的大多数，但现在，似乎已出现了不同，即使不能认为应适用《民法通则》解决类似案件的法律人是大多数，也可认为两种适用法律主张的人数在逐步接近。[②] 这意味着，即使将“集体认可”的概念与法律人中“大多数”的概念联系起来，依然无法说其为“正确”“有效”乃至“合法”。何为“合乎法律”的问题，依然存疑。

在“九步法”提出者论及的案例中，将实际发生的案件与法律框架连接起来，并通过理性的理由论证方式寻求逻辑的解决方案，恐不能得到以往法学方法论或法律方法论，包括“九步法”憧憬的理想化的司法方法。当然，此仅指实际发生的案件与法律规定的关系存争议时（而事实上，如果提到或提出理性的理由论证，也正因为存在这种争议）。

---

①See Chaim Perelman, “The New Rhetoric and the Rhetoric: Remembrances and Comments”, *Quarterly Journal of Speech*. vol.70, 1984, pp.188-196.

② 至少可看到，不反对适用《民法通则》法条的人已逐步增加。

三、司法方法的“管理”元素

司法方法的思考中，针对案件争议的“理由论证”路径的单一选择肯定存在问题，但此不意味着“理由论证”是没有意义的。案件被提交至法院，法院会询问起诉、主张、抗辩的理由，同样，当法院作出一个裁决，当事人在首先关心诉讼结果之际也会关心裁决的理由，尤其是败诉一方。很长时期以来的社会理解文化与问询思维方式，决定了诉讼中必须提出某种理由并依此论证。因此，对理由论证，需保持应有的认同。

然而，更有意思的思路，或许在于将上述理由论证放置在一个具有其它方法元素的司法结构中予以考量。“九步法”的一个重要设想，在于控制庭审——围绕“理由论证”而展开的法庭活动——的边界及进程。不难理解，诉讼中，至少可能出现三种论辩：（一）前面一节讨论的“法律之中”数量不定的深入论辩；（二）“围绕法律旋转”的无穷论辩；（三）“没有贴近法律”的论辩。前两者意味着，因论辩无限制的蔓延，依然不知如何将案件事实与法律定向连接；第三种意味着，无论怎样讨论问题及阐述理由，依然不知如何通过相应的法律解决纠纷。当然，前两者更重要，因为诉讼当事人为充分强调己方的理由，获取“法律上强劲”的形象，常会采用“深入下去”和“围绕法律旋转”以拓展辩解阵地的诉讼策略，故控制庭审内容的边界及进程是必然的。

“九步法”提出者论及的案例中，就第二种论辩而言，可看到法院询问被告黄某是否已还款，黄某称已还部分，其余尚未偿付，因为没有收入。[1]可想见，被告黄某为摆脱或推延债务的偿付，会不断陈述各类事由，如可能提出没有收入、生活困难……以应对。被告张某，除了强调不知借款、不知盖章、夫妻关系不合及黄某借钱后并未将其用于家庭支出外，还可能进一步强调原告刘某与黄某的关系如何，追问黄某为何独自向刘某借钱，及黄某借钱的原因是什么等，以持续增加抗辩的理由层次。而在法院看，重要之点，为黄某债务是否构成及张某担保是否成立，故需划减或切断对实质问题无甚影响的多余论辩。

此案例中，以第三种论辩看，法院询问原告刘某是否能提出一个法律规范意义的诉讼理由，支持自己的债权主张。法院的意思，在于想知道原告刘某的“法律条文依据”，而原告刘某除了重复“被告之一写下欠条被告之二已担保”的理由，没有说出法律条文依据。[2]可觉察，在原告刘某的主观理解中，用“欠条和担保”的理由要求还款天经地义且已足够充分，其他理由，如法律条文的根据，或许是多余的。但原告刘某如此论辩显然不是司法所需的法律论辩，这样，便需法官的释明引导，将其推入法律条文构筑的讨论框架。在法院看，当事人确实不知道法律依据时只能由法院具体告知。

显然，“九步法”提出者论及的控制庭审活动边界及进程的设想，凸出了“管理”的概念，而“管理”的重要目的之一，即为避免司法资源的浪费，这便有如一位实务法律工作者所说其是为了解决一个问题：“面对患得患失的诉求、左顾右盼的抗辩、欲说还休的陈述、唇枪舌剑的交锋和纵横交错的案情，如何让案件审判如庖丁解牛，

---

① 见邹碧华：《“要件审判九步法”解析》，第 83 页。

② 见邹碧华：《“要件审判九步法”解析》，第 83 页。

遵循机理，去繁就简，由表及里，层层深入，找到一个直达公正的捷径、寻求一种事半功倍的办案方法？”① “九步法”提出者另认为，必要的控制还能促进司法过程不偏离“获得正确审判结果”的轨道，因为，没有法律具体规定作为目标的诉讼讨论，不可能走向正确的审判，而无限制的理由诉说极可能导致审判偏离正确的方向。这意味着，“管理”还能促使审判实现真正的“正确”“有效”及“合乎法律”。②

引入“管理”元素，无疑是对以往法学界司法方法讨论的重要推进。过去，法学界关于司法方法的各种讨论，因法学职业性质，即无需直接处理现实审判问题而仅需关于审判的学术思考，除人文化的反思批判意识外，③ 不免主要集中于如何实现逻辑化的理性司法。④ 过去的法学界司法方法的研究，如前面一节所涉及，甚至倾向认为，缜密乃至不断深入的理由推进实为司法方法的核心所在。至于理性司法过程的繁复与简略对理由的性质将会发挥怎样的作用，将会引发何种相反的附带效果，法学界似乎无甚关注，虽有个别学者讨论了“诉讼争点整理”的问题并略含“管理”的意识，但主要

---

① 李方民：《九步法：一条通向公正的审判之路》，《人民法院报》2011年2月9日，第7版。

② 有评论即提到，该法“标准化的裁判步骤，严格遵循法律要件，减少了法官的主观随意性，提高了法律适用结果的同一性，同案同判有了很大保证”。宁杰、王建平、孙海峰：《要件审判九步法：法庭上的剑谱》，第5版。

③ 如人们熟知的美国批判法学的相关理论。

④ 这方面的情形，可参阅焦宝乾、陈金钊：《法律方法论学科意识的觉醒——2007年度中国法律方法论研究学术报告》，第3-8页。

目的依然在于诉讼中的理由的理性规划。[①] 对法律实务界而言，司法方法不仅是如何才能实现依法审判、获得正确审判结论的问题，此当然重要，但没有必要的对司法过程的步骤引导、协调、校正，缺乏伸缩有度的说理游戏规则，司法完全可能浪费法院的各种人力物力资源，司法过程另可能出现令人失望的无序或混乱，进一步，司法依然无法获取正确的裁决结果，且易使法院的能力备受质疑。实际上，当讨论司法方法时，实务界早已发觉“管理”元素是一个重要问题。[②] 而此“管理”，不仅涉及理由的理性规划，而且更重这种理由增减的主动干预。“九步法”提出者基于实践者身份设想，将“管理”元素推入司法过程，将其视为司法方法的固有组成部分，既必要，也是不可避免的，此与法学界的司法方法“理想”亦能实现互动互助。

但“管理”元素的设想是否存在问题?

毋庸置疑，注入“管理”的元素以控制庭审论辩过程，可减少或至少不增加司法的成本，然而同样明显的是，减少司法成本却与获得正确的庭审讨论方向，及获得正确的司法审判，不存在必然的联系。如果认为浪费司法资源，如允许无边际的围绕法律而展开的法庭理由陈述，或放任不贴近法律的法庭诉辩，会有碍正确的司法讨论方向及裁决的实现，则节约司法资源同样可能存在这类疑问。

---

① 法学界个别者讨论“争点整理”问题，似可视为“管理”思路的一种尝试，因为“争点整理”是某种程度上的理由论辩的调整。著作例子，如邱联恭的《争点整理方法论》(台湾：三民书局 2001 年)。

② 如最高人民法院吴兆祥认为，司法方法体系中应包含管理内容；山东省临沂市中级人民法院院长李方民认为，司法方法研究要注意审判管理的问题。见谢圣华等：《加强司法方法研究，提高司法工作水平——司法方法研讨会观点辑要》，《人民法院报》2009 年 11 月 26 日，第 5 版。

前述案例中，通过“管理”意识，法官将被告张某与原告刘某、被告黄某设定为担保连带债务关系，而非夫妻共同财产性质的连带债务关系，此庭审讨论方向的安排一定正确？阻止被告黄某陈述自己如何困难故无法还债，告诉被告张某陈述黄某借钱的原因是什么是无关的，一定能增加裁决的正确性？由此能见，是否可减少司法成本，判断司法成本是否多余，实际上完全可能是另外的事情。

此外，有时可能确需充分的理由讨论以明辨，而现实中，有时充分讨论的确增加了问题正误的共识，此亦为有人强调充分讨论的理由所在。[①] 这意味着，判断司法成本是否多余有时本身就是困难的。

还能质疑的是，法院审判有时会出现关于法律适用的改判，而允许诸如二审、再审的改判，本身便意味着不仅原一审或二审的裁判结论可能是错误的，而且其裁判方向可能亦有问题。同时，人们也会承认，甚至二审、再审的改判也可能出现问题。既如此，预设法院可指出正确的庭审方向，甚至预设法院能判断正确的司法结论，过于乐观了。

进一步，可能的结论也许是，减少司法过程的各类资源，宣称防止司法过程的各种资源的浪费，恰可能缘于出现司法争议时无法获得“正确”的司法裁决，故仅实用主义的解决纠纷即可，此或许方为真正的用意所在。

由此观之，“管理”概念涉及的最有意思问题，或许是如何才能及是否可能建构一个“共享式诉辩理解背景”，即经过法院家长式的调整、疏导、约束，促成一个特定的诉讼理由讨论语境，其中，参

① 参见秦宗文、朱凤翔：《论判前说理与判后答疑制度》，《唯实》2007 年第 4 期，第 60-63 页。

与各方均能诚实、冷静且有相近的理解论说能力以对待各种理由的陈述及反驳，并判断各种理由的实际的法律意义分量。可想见，初期进入诉讼，法院与当事人之间，当事人各方之间，相对法律问题的诉辩存在理解论说能力的差异十分正常，亦不可避免。代表法院的法官由于行业的履历、职业的惯习，知识及思维预期总与法律规定存在联想的关系，而当事人更多携带的是“社会情理、公共道德、行业惯例、民间习俗等”思想储备。如此，诉辩理由展开时形成思路的分道扬镳、理解的不合作，不免为情理之中。法院针对这种情况施展“管理”的策略，可调整思维差异的格局，使不同思路的惯性或固化出现松动，逐步聚向共同的辨析焦点，进一步，可形成“正误认可及认定”的思维共享背景。

这意味着，不论“论辩正确”的实现怎样存在困难，如果各方诉讼参加者经过一定的讨论管制程序，能达成对各种诉讼理由的理解的某种合意，再往前，可舒缓解决纠纷的主观认识困难，则对庭审或许依然有益，因为，这样一种讨论管制能有助于在法律方向上较现实、健康地解决纠纷。当然，诉讼分歧，不仅体现在“理解不合作”，而且缘于诉讼背后的不同利益驱动，甚至有时，“理解不合作”的真正根源恰在于不同利益的潜在张扬。就此而言，“管理”元素的介入另存对不同利益预期进行干预的用意。

概言之，“管理”元素的引入，当不同意见出现时，尽管难以解决实际发生的案件与法律之间“正确连接”的问题，但却可以有助于形成“解决纠纷”的微观司法场域的共识压力。一定意义上，如果认为纠纷解决的损益未必一定应以“正确连接”为最终检验标准，甚至没有“正确连接”也能认为某种纠纷解决是适宜的，其结果亦能接受，犹如实践有时可见的合情合理式的司法调解，则通过微观司法场域共识压力的形成以化解诉讼纠纷，显然不失为可参考的一个司法路径。

四、司法修辞

“九步法”提出者所提案例中，法院运用方法的三个关键步骤，使权利请求清晰、确定法律条文及证明要件所需的相关事实，均涉及与当事人如何交流的问题。一方面，这是前一小节讨论的“管理”要素的必要表现，另一方面，此与学界及实务界已关注的司法修辞问题存在联系。

从明确权利请求看，法院询问原告刘某诉讼要求是什么，刘某称要求两被告还款，法院再问，要求被告还款的责任是共同责任还是按份责任，或另是连带责任，刘某依然仅称被告黄某借款、被告张某担保，故两人须还款，几经反复，刘某终于接受法院提示的被告黄某承担还款责任及被告张某承担担保连带责任，作为自己具体的权利请求内容。[①] 再看对法律条文的确定。法院期待，刘某能提出具体的法律规定以支撑自己的权利主张，但刘某并不知道相关的法条，依然是几经反复交流并由法院提示，刘某方认可《合同法》及《担保法》相关条文作为自己主张的法律依据。在确定被告抗辩的法律基础时，法院遇到的问题及操作方式是类似的，两被告，不知道自己抗辩可依据的法律条文，最后，经与法院交流且经法院提示才认可法院提到的具体法条。而在证明要件所需的相关事实时，法官

---

① 见邹碧华：《“要件审判九步法”解析》，第83页。

经法庭释明、询问和交流，对“担保内容是否真实”形成初步心证（担保成立），但被告张某否认，法院遂要求原告刘某举证，最后原告刘某仅提交了借据和诉状。[①]

完全能设想，原告刘某只知欠债还钱、担保担责，被告黄某则仅想到如何避免债务追偿，被告张某则仅想到如何避免担保责任，三名当事人，对案件事实如何才能对应法律的条文框架，甚至对相关的法律术语或措词，恐均无概念，对如何举证及为何就某一问题应为己方举证，亦无相应的概念。此外，因对法律原来就是陌生的，且对法庭举证的行规并不了解，当事人可能心存疑问，如原告刘某和被告黄某、张某极可能会想，提出了要求及抗辩，且提交了证据，为何法院要求我们说出相应的法律规定，提出相应的法律规定不是法院自身的工作？对担保举证的问题，原告刘某可能认为，借据上已有担保盖章，张某否认，则张某应说明为何借据上会有张某自己的印章，可缘何法院还要求原告我举证？另诉辩过程中，如前述已提到的，被告张某可能提出“为何原告刘某专向被告黄某借款”的问题，及提出“应细究黄某向刘某借款的原因”的要求，并认为这些与争讼相关，而法院确定所需证明要件事实时会将其排除，认为无关，则张某可能设想，法院的诉辩范围限定过于武断了……

当法院不断询问与法律相关的事宜，并以自己认为的适恰庭审步骤划定范围，与当事人相互交流，无论原告或被告，不解、疑惑乃至反感均是可能的，进一步，或可能基于对法院直接运用权力下判对己不利的担忧，或可能基于“只要符合利益预期随便哪条法律均可或随便怎样认定证据均可”的心态，及“只要没有利益损失随

---

① 见邹碧华：《“要件审判九步法”解析》，第 84 页。

便法院怎样要求举证”的心态，而对法院的司法方法产生负面印象。法院当然可不顾当事人的任何感受，直接提出自己预定的诉讼的法律方案及事实证据观点，径直作出审理及裁决。实际上，有些法官开庭时的确如此。[①]但对当事人的感受有所考量，并避免生硬的态度表现，进而使当事人对庭审产生合作的心理状态，显然会使纠纷的解决更顺利。即使败诉一方对最终结果心存不满，而庭审过程的话语环境是无可指摘的，败诉一方，依然可能较易冷静，更可促使后续法律程序在理智的氛围中趋向完成。“九步法”提出者曾说道，对当事人的释明、解释和与当事人的交流，法院应善于运用方式及技巧，特别是在证据认定过程中，法院形成初步心证后是否需要将其表达出来以进一步调整举证方向，应“避免当事人产生对抗心理”，[②]而“宋鱼水、袁月全等优秀法官为我们创造了大量成功经验”。[③]

法学界的司法方法研究，已意识到纯粹“技术模型”的逻辑操作，缺乏必要的法庭修辞考量及权衡，或许是偏颇的。法官处理案件时，即使依赖理性化的司法手段处理问题，采取何种态度、语言、表情，依然是重要的问题。[④]“当逻辑拼命演绎却又无法自恰的时候，便由语言来填补逻辑的空白地带，而当语言苍白无力而又缺乏力量

---

① 笔者接触过一些基层法院的法官，其中多数正是这样。原因肯定是复杂的，如法官时间精力有限、个性。

② 邹碧华：《要件审判九步法及其价值》，第 7 页。

③ 邹碧华：《要件审判九步法及其价值》，第 7 页。

④ 如张云秀：《论法官的修辞》，载陈金钊、谢晖主编《法律方法》（第 11 卷），山东人民出版社 2011 年版，第 49-57 页；孙光宁：《判决书写作中的消极修辞与积极修辞》，《法制与社会发展》2011 年第 3 期，第 62-71 页；余素青：《判决书叙事修辞的可接受性分析》，《当代修辞学》2013 年第 3 期，第 78-86 页。

的时候，便由修辞来润色语言苍白之处”；[①] “法官在理性证立自己的决断之后，必须使用一定的修辞手段说服判决不利方放弃自己的一部、甚至全部的利益主张，接受判决结果”。[②]

实践中，亦有法院在这方面展开了有益尝试。如某些基层法官和法院继承“马锡五审判方式”的精神，[③] 形成了“陈燕萍工作法”，[④] 或“里心审判方式”，[⑤] 强调晓之以理、动之以情。更晚近的例子，如贵州省金沙县人民法院于 2013 年 9 月建立诉讼服务中心，为使群众得到舒心的诉讼服务，中心推出微笑甜一点、说话轻一点、行动快一点、脑筋活一点、心再细一点、做事多一点、效率高一点的“八个一”服务。该中心还提供贴心服务，一个铁架上，挂着十余把伞，一个小金属柜子里，装有老花镜、医用棉签、速效救心丸、创可贴。还有一个架子上放着各种诉讼指南……[⑥] 金沙县人民法院的尝试，更有将修辞技艺推广至庭审外围的其他活动及语言之外的行动表达，如同有的法律实践者所建议的，“与社会沟通、与当事人沟通的方

① 洪浩、陈虎：《论判决的修辞》，《北大法律评论》（2003）第 5 卷第 2 辑，法律出版社 2004 年版，第 426 页。

② 侯学勇：《司法修辞方法在社会正义实现中的作用》，《法律科学》2012 年第 1 期，第 24 页。

③ 关于“马锡五审判方式”，参阅张希坡：《马锡五与马锡五审判方式》，法律出版社 2013 年版，第 187-197 页。

④ 关于“陈燕萍工作法”，参阅江苏法院陈燕萍工作法研究小组：《情法辉映、曲直可鉴——陈燕萍工作法研究报告》，《人民司法》2010 年第 9 期，第 35-45 页。

⑤ 关于“里心审判方式”，参阅吕坤良等：《地偏法不远——福建建宁法院里心法庭调查》，《人民法院报》2004 年 6 月 10 日，第 5 版。

⑥ 见金晶、杨镇涛：《“让群众得到有尊严的诉讼服务”——贵州金沙法院诉讼服务中心见闻》，《人民法院报》2014 年 6 月 23 日，第 1 版。

法……也应当作为方法论体系的重要内容”，[①]“法律要在实践获得大众的内心认同，就必须运用修辞”。[②]

显然，作为司法方法整体框架的元素，修辞技艺，如管理策略运用一样，与司法方法中的理性逻辑可形成重要的协作关系。这意味着，司法方法的深入理解，不仅需突破理性逻辑的边界，启动庭审管理的机制，还需在话语技艺上拓展视野。此外，如上所暗示，修辞技艺对管理策略亦有辅助作用，消融当事人因法院“管理”元素的介入而可能产生的负面感受。当出现矛盾，无论理智上的，还是情感上的，修辞的恰当运用能形成有效有益的化解作用，其不仅可缓解纠纷出现之初即已建立的冲突境况，使争辩者调整自己的必争心态，而且可扭转争辩者的好胜注意力，将其引入纠纷更易解决的路径，进一步，使“管理”元素得以顺畅发挥。

司法方法的修辞，与“管理”元素类似，具有实用主义纠纷解决的意图和能力，故也可成为司法步骤的要点而予排序。但“九步法”提出者并未如此。其当然可能认为，修辞问题与“管理”特别是“司法理性”的问题不可同日而语，视为辅助为宜。其甚至可能认为，对某些司法者而言，他们基于司法中立、严谨、权威等或许受损的担忧，将灵活生动化的修辞问题看作多余，且这也许是并非没有道理的，故在正式“方法表”中忽略之未尝不可。然而，本文在此倾向于认为，“九步法”提出者如此处理，实际上表明司法方法的设计本身即存在一个逻辑困难：如果能想象到的手段即使是引发争议的但却均能使人发觉对纠纷解决是有益的，那么，“方法表”的

---

① 黑龙江省高级人民法院副院长崔军所说，见谢圣华等：《加强司法方法研究，提高司法工作水平——司法方法研讨会观点辑要》，第5版。

② 秦川：《判决离不开修辞》，《人民法院报》2012年10月24日，第2版。

步骤要素究竟可排列多少这样一个问题，解决起来颇棘手；换言之，将一个要素，或若干有限要素，在“方法表”中加以限定，会遗漏其他也可能是重要的要素，而无穷无尽地排列各种要素等于是无法界定“一个司法方法”的固定要素。除了可能的语言修辞，前面已提到的金沙区人民法院所做的更广泛的内容，如法庭场景如何布置、法庭参与人员如何安排，包括别人可能想到的法官的衣着服饰（这些甚至也可认为与庭审有关系）……是否亦应编入步骤序列？身为实务部门的“九步法”提出者，如果坚持着眼于司法的“自在自为”，则自然会发觉更多的问题可能有所涉及。

当然，面对上述逻辑困难，也可采取积极的心态，即认同一个观点：无法且不应将一个要素或若干有限要素在“方法表”中加以限定。这意味着，为了更有效有益地解决实际的司法问题，应接受司法方法的“内容系谱”的开放性。研究者或提倡者，不仅应注意传统的理性手段，注意前面一节讨论的“管理”手段，而且需注意法学界已研究但“九步法”提出者却模糊提及的修辞手段，包括其他可能的各类手段方式，并需注意这些手段方式之间的相互关系。其实，这里的问题关键，可能不在于是否应限定司法方法要素的数量，事实上也是无法限定的，而在于看到，在何种条件下何种语境中讨论一种包含特定内容的“司法方法”才是有意义的。“九步法”的研究及提倡，包括法学界对修辞问题的关注和讨论，原本在理论上是可以更有作为的。

五、司法方法与司法公正的复杂关系

司法方法的研究及择举，初衷之一或说最重要的，无疑在于实现司法公正。一般看，人们倾向于有信心地认为，方法的探索，即设想如果推理论证是没有瑕疵的，公正的要义便已实现。[①] 同样，“管理”元素的司法方法重塑，修辞理论的司法方法再造，均意在指示，如此可使司法公正较易形成。

毫无疑问，倡举司法方法与无视司法方法，前者显然对司法公正是有意义的。但司法方法与司法公正的关系依然复杂，之间的逻辑关系也是颇可争议的。

首先一个问题，是司法公正从何角度认定。某案件裁判，如办案法官虔诚认真且认为已是司法公正了，其是否的确可被认为是司法公正？众所周知，如此认定会引发历史已久远的“司法与民意”的无休止论争。[②]“司法与民意”的长期讨论且至今并无明确解决之方向，已深刻表明，这类法官认为的司法公正，并无天然的不能争辩的权威地位。如果办案法官认为的司法公正会遇到困难，则当事人主张或认为的司法公正更是无法避免。非常明显，人们熟知，当事人的愿望之间存在对立，利益总是冲突，故一方主张的司法公正恰常为另一方所否认，而这正是“当事人标准”失灵的内在机制。

从社会公众角度作出判断，将会怎样？某些情况下，针对司法公正的讨论常假定社会有可能存在一种普遍认可的司法公正，而“社会”似乎又指社会公众。[③] 但认可社会公众的意见作为司法公正的标准，正如认可法官认为的司法公正可能遭遇社会质疑一样，面临异

---

① 例子，见熊明辉：《法律逻辑方法与司法公正实现》，《中山大学学报》（哲学社会科学版）2011 年第 5 期，第 147-151 页。

② 参阅孙笑侠、熊静波：《判决与民意——兼比较考察中美法官如何对待民意》，《政法论坛》2005 年第 5 期，第 47-54 页。

③ 如法学界不断提到的司法“可接受性”概念，即存此意。

议。人们已经发现，亦如“司法与民意”的广泛讨论所暴露的，社会公众的理解可能出现情绪化，表现出“思想上的搭便车”，另可能因为对法律缺乏专业职业的认识故会不自觉地运用法律之外的“价值判断尺度”，如道德的、惯例的、习俗的……以审视司法结果。同时，针对某一具体司法裁判，社会公众的判断还可能出现分歧。因此，社会公众的司法公正理念作为一种标准，同样会令人不安。

司法公正的学术讨论，并对司法公正作出理论上的概括，包括辞典式的定义和描述，常被理论家视为关于司法公正的“客观”表达。在这一角度上的努力，通常是法学家作出的，[①]偶尔是政治学家、伦理学家或社会学家等。显然，法学家的努力，因为与法官具有“法律人”的家族类似，故提出的内容较为相近，唯一可能的区别在于前者更多表现了一些“抽象”。但正因为提出的关于司法公正的“标准内容”是相近的，法学家的学术概括遇到的疑问与前述法官亦为相近。而政治学家、伦理学家、社会学家等，一定程度上可视为社会其他思维类型的代言人，其理论常是其他思维类型的抽象表现，故遇到的疑问，亦与前面提到的当事人或社会公众中的不同群体关于司法公正的态度是类似的。

其实，在“九步法”提出者举例的案件中，可深入感受司法公正角度认定问题的棘手。法院依照“九步法”作出了判决，支持原告刘某的债权主张，原告刘某可能没有异议且被告黄某或许大体接受判决结果，而在旁人看来似乎也属理所当然，但被告张某可能存异议。张某会觉得，自己根本不知欠款盖章一事，且被告黄某承认

---

① 中国的例子，参见姚莉：《司法公正要素分析》，《法学研究》2003年第5期，第3-20页；何家弘：《司法公正论》，《中国法学》1999年第2期，第11-15页。

自己私盖印章，为何自己应承担连带责任？对社会某些人而言，张某的诉讼辩解是可理解的，毕竟存在些许冤枉的可能。因此，张某会对法院认为的“司法公正”有意见，社会某些人，亦会觉得判决似乎有失公允。如此看，这个案件中针对被告张某承担连带责任，任何一个谈论“司法公正”的说辞，均可能被他人视为某种司法裁决立场的辩解，很难被视为客观、中立的司法公正的表达，换言之，任何一个角度的司法公正与否的判断，均可能被看做若干小写的“司法公正”的宣言。进一步，普遍来看，如果认为司法公正的理念需以某种共识作为基础，不是公说婆说、见仁见智，则只要存在关于案件裁决的争议，司法公正的确立便是困难的。

这意味着，不论司法方法本身如何，作为结果的司法公正的确认，有时可能取决于另外的因素。

对司法方法与司法公正的复杂关系而言，另一个问题在于，即使不存在角度差异的情形，不存在对裁判结果的不同价值判断问题，依然不易讨论司法方法与司法公正的逻辑关联。某些案件或纠纷中的是非问题，或许没有引发不同的意见和争论，正误显见，解决方式甚至无需任何专业职业的思路和方式，故其中要求一种司法方法似显多余。就此看，讨论司法公正是可以的，但也许根本没必要讨论一种司法方法。再看“九步法”提出者所举实例，其中原告刘某胜诉，要求被告黄某还钱得到法院的支持，被告黄某经过审理也或许认为应该还钱，在其他人看来，这些同样不可争辩，但之中的问题解决似乎无需借助一种名为“司法方法”的程式加以实现。黄某借钱，留有字据，期限一过刘某要求还钱，这样一种事件完全可视为生活中任何人均知怎样处理的日常情形，其中无需逻辑判断、步骤判断，甚至无需价值判断，其与法律规定的关系没有任何讨论的意义，完全属于法律上甚至社会实践上的常识或常理。这意味着，有时没有司法方法，并不影响司法公正的实现，进一步，有时讨论一种司法方法以过渡到司法公正，令人觉得画蛇添足。

就司法方法与司法公正的关系看，一个强有力的观点可能认为，只要法院依照关于实体问题的法律规定，遵循裁判程序的各类法定规则，或说将裁判手段融于实体和程序的法律规定中，司法公正的结论便可包含其中。[①] 显然，这一观点的前提预设，在于期待对裁判手段是否已融于实体和程序法律规定中可存在社会普遍的认同。但前面第二小节的讨论，表明对是否符合实体和程序的法律规定，用什么具体方式以实现符合，人们有时会存在不同的看法。司法方法的各种细节的争论，如理性化的理由是否足够，可接受性的概念是否成立，均表明对如何才属符合实体和程序的法律规定的问题，会出现不同的理念和争执。进而言之，一个要害问题是明显的：各种司法方法的主张，会以均声称只有自己才是符合实体和程序法律规定的方式，使“符合”呈现多元的局面。这意味着，如果认为裁判手段应融于实体和程序的法律规定中，便可能出现若干个以“符合法律”为标签的司法方法。在此思路中，人们都会“实现”裁判手段符合法律，但针对一个具体案件纠纷解决的司法公正，却会存在具体不同的结论。其结果，司法公正的概念，完全可能被若干个不同的甚至相互矛盾的“具体自称司法公正”的现实所瓦解。这表明，“符合法律规定”若不能在出现争议时证明自身的逻辑可靠性，便无法通向司法公正，而前面第二节的讨论已表明，获得这种可靠性显然

① 类似观点的例子，见姚莉：《司法公正要素分析》，第20-23页；何家弘：《司法公正论》，第15-16页。

是困难的。

六、关于司法方法、司法公正的“公共认同”

前面一节的讨论，并非意在指出通过司法方法以实现司法公正是没有希望的。这样一种讨论的目的，是想提示，在司法方法和司法公正的关系中，如同司法公正本身，关键词是“争议”。因为对司法公正的可能的不同理解，对司法方法本身的“合法性”的不同理解，“争议”概念实为解决问题的路标。事实上，从人们讨论司法公正开始，特别是讨论司法方法如何能实现司法公正的目的，便已意味着现实中对其存在“争议”。因此，如何化解“争议”或许是首要的问题。

化解“争议”，显然不是试图实现所有人的赞同和支持，此既难诉诸实践，又不甚可能，但的确可发现任何领域的“争议”，某些逐步减弱，甚至在特定时段逐步消失。因此，就司法公正及司法方法与司法公正的关系而言，化解“争议”的努力，意味着如何在司法方法中寻求多样化的途径以增添相互理解，在一定语境一定时段实现“某种程度的公共认同”。

而在司法方法中寻求多样化的途径，需要首先深入理解，司法过程中针对司法公正及司法方法与司法公正的关系为何会出现“争议”。以往通常认识或研究，如前述已涉及，将原因主要归于司法方法逻辑方面的不完善、诉讼利益的对立、知识判断及价值判断的分歧等。毫无疑问，这些不完善、对立及分歧，当然是重要的原因，但若进入具体的司法场景，可发现产生、影响“争议”的因素是复杂的，或说不止于这些。仍以“九步法”提出者涉及的案件审理为例。

被告张某完全可能认为，自己不知道欠款一事，不知道与自己家庭关系已存问题的妻子私盖印章一事，[①] 故判决承担担保连带责任是司法不公，某些旁观者，亦会表示难以理解担保责任的成立。就此而言，第一，如果法官仅推出合同法及担保法的具体法律规定，不做其他说明或解释努力，则被告张某及某些旁观者，会感觉司法过程与自己理解的公正存在差距，且会不断追问，法院为何仅如此？第二，如果庭审过程中，被告张某不断陈述自己与妻子的复杂的不和关系，以间接证明自己无责，而法官却强调“这些陈述与本案没有直接关系”，则张某及某些旁观者会追问，为何法官要如此断定，是否武断？进一步，为何法官不能给被告多一些抗辩的机会，或说为何法官不能表现出多一点的耐心？第三，如果法官仅阐述法律规定，且庭审态度颇严肃，被告张某及某些旁观者可能会觉得司法过程有些“生硬”甚或“专横”，可能会发问，为何法官不能多做一些，如以通俗方法阐述为何需适用担保法的具体规定，且庭审态度友善？被告张某及某些旁观者可能想知道，为何让当事人败诉“败得明白”，不能成为司法过程的必要组成部分？可能还会问，诉讼特别是民事诉讼中，号称“人民法院”的法官为何不能展示一些“关怀”，如现在已大力提倡的“为民司法”，而一定要像过去的“旧衙门”横眉竖眼……这意味着，围绕司法公正及司法方法与司法公正关系出现的“争议”，其原因，显然还有其他方面的，如法律行业外与法律行业内的关于“正当”的理解惯习的差异，当事人及社会其他人对司法过程的心理情感预期……进一步，可发现，关于司法公正及司法方法与司法公正关系出现的“争议”，涉及广泛的司法职业人与社会一

① 关于与妻子不合的案情，见邹碧华：《“要件审判九步法”解析》，第 83 页。

般人之间的各类彼此关系的往来实践，甚至其他因素。

正是在此意义上，一定语境一定时段实现“某种程度上的公共认同”，其根本，在于设想并运用各种可能的手段以积极面对并处理司法职业人与社会一般人之间不断延展的矛盾的相互性。

还看“九步法”方案的努力。作为司法方法，并作为期待有助于司法公正实现的裁判手段，“九步法”首先尤为注意理性逻辑，将以往理论化的方法论设想加以具体化。此无疑是有益的。通过庭审清晰剥离问题层次，在可论证的言说通道中推进，等于是尽力实现当事人、旁观者与法院之间的就纠纷如何“合法”解决而言的某种程度的“公共认同”。作为具有实务历练背景并期待较顺利地解决现实司法问题的法律人，其提出的“九步法”，其次，特别注意成本效率或称“管理”，即节约司法资源。此同样有益。难以想象，如果放任庭审无节奏的拖沓，不仅法院无法承受更多的时间与精力的压力，而且某些当事人亦会颇有抱怨，[①] 旁观者亦会存不解。注意效率或说“管理”的概念，实质目的之一，也在于实现某种程度的“公共认同”，即寻找诉讼资源如何分配的理解平衡点。当然，再次，作为并不清晰明确的一个努力，“九步法”辅助性地涉及了“尽量缓解法庭紧张气氛”的理念。通过法官就法律及证据而言的措辞温和的释明、解说和提示，及与当事人的友善交流，当事人可逐步理解具体司法的用意所在，且可能出现一定程度的配合意愿，以促进庭审顺利展开，更重要的，当事人因此可出现某些相互理解，达成心理情感上的“公共认同”，而旁观者亦会心存“公共认同”性的欣慰。

---

① 对当事人而言，正如某些当事人认为法庭给与自己更多陈述机会方为司法公正一样，其他当事人尤其是对方当事人，却会认为，这是损害自己权益且无司法公正可言。

能看到，尽管如前面第二、三、四小节分析，“九步法”存在进一步辨析甚至可商榷的问题，但其努力方向，是值得推崇的。其显然不经意地触及到了司法公正及司法方法与司法公正关系的“争议”关节点，及“争议”的开放路向，最关键的，其思考逻辑指向了司法公正及司法方法与司法公正关系研究的一个较佳途径：不断发现“争议”的层次空间，并不断寻求解决方案以期实现“公共认同”。

那么，前面提到的“公共认同”是一定程度、一定时段的，此意味着什么？

在“九步法”提出者涉及的案件审理中，原告刘某及被告黄某，大致认为法庭审理过程是合理的，氛围亦可接受，而被告张某对自己承担连带偿还责任可能存异议。这种情形中，若法官通过合理、适当的法律分析，如指出被告张某已知夫妻关系不合，故应注意保管好自己的印章免被私盖，又如，指出被告张某保护自己的印章可能是困难的，但毕竟未保管好印章是存过失的，而让原告刘某因此失去担保连带责任主张的债权，更不适宜，因为，原告刘某可认定为善意第三人，其没有任何过失，法律常明确规定了不可对抗善意第三人，同时，法官给予被告张某一定的辩解时间，允许其表达不重复的更多理由，如果的确这样，此庭审过程实现的“公共认同”的一定程度、一定时段，是可觉察的。被告张某，包括其他旁观者，就这种情况而言，显然要比面对仅告知法律规定如此，证据只能如此认定，较能认同法庭审理及裁判。其实，“争议”的减弱或“公共认同”的实现，是相对的概念，显然不指全然没有“争议”、彻底见出“公共认同”。如果当事人、旁观者及法官均认为，这样一个案件，审理到如此程度，就“争议”的减弱及“公共认同”的实现没有什么可再努力的，即可谓之“一定程度”“一定时段”。

遵循“争议”或上述“公共认同”的概念以思考司法公正，思考司法方法与司法公正的关系，其最重要的意义，在于理解司法方法的多样化及其辩证合作，对司法公正的“公共认同”实现的价值。

过去，人们易倾向于认为，司法方法中注重充分说理、发挥透彻论证，即可减少司法公正的争议。这种认识预设了这样一个观点：进入诉讼，人们总是尊重理性化理由的，且理性化理由经过论证及辨析，可表明是否成立。应承认，此观点当然具有重要的意义，实践中亦可发现其可验证司法公正理解的“公共认同”达成的某种根据。但其显然又深一层地假定，司法中，基于利益对立的不可妥协性，人必定且必须是理性的，未意识到，进入诉讼前及进入诉讼后，生活化的或常识化的基本是非判断，及与此相连的情绪情感因素也会发挥作用。实际上，甚至司法中有时理性化理由发挥作用，并被各方所接受，也并不完全取决于理性化理由本身。同时，另能发现，有时理性化理由即使颇为充分，亦会无法获得认可，甚至遭遇拒绝。对有经验的法官来说，所有这些实为司空见惯。这意味着，在司法方法中将“理性”元素与“基本是非判断”、情绪情感等元素结合起来，完全可能获得更好的司法效果，促进司法公正理解的“公共认同”。

因此，不仅认识“争议”或“公共认同”产生原因的多样性、广泛性是重要的，而且认识到将对应的司法方法要素相互辩证地结合起来，看到开放性，同样重要。

七、“开放”的司法方法与司法公正

前面一节讨论的“争议”，包括“公共认同”，均涉及一个“多方合意”的概念。所谓“多方合意”乃指对司法公正，包括司法方法与司法公正的关系，趋同且稳定化的理解是经多方协作而呈现的，即各方关心参与者经思想、理念、感受、情绪、情感、价值判断等元素的相互理解和彼此接受，而出现主观合作。就此而言，任何单独一方将自己的司法公正理解定义为普适的，将自己理解的司法方法与司法公正的关系视为“真正”的，均将步履艰难。也因此，过去法学界一直努力的、通过语义及学术惯常操作方式以寻找教科书式的“概念”的运作，或许更多为一厢情愿。事实上，以往任何时期均不乏关于司法公正、司法方法与司法公正的关系的讨论，特别是讨论中得出的带有学术色彩或“自我标明学术”的相关定义或叙说。但置身于实践中，它们总会遭遇“不满”“非议”甚至“抗拒”。一方面，此是因为法律实践的利益对立始终会发挥操纵分裂的作用，另一方面，社会中不同知识理解、价值判断和情绪情感亦会发挥挑起分裂的作用。就这点看，试图寻求一劳永逸的概念，并依此控制、束缚、强迫司法实践，作为衡量一切司法公正、司法方法与司法公正的关系的“巴黎公尺线”，终归易进入思想的乌托邦。

“多方合意”，意味着动态的“实践”，也意味着在“实践”中不断形成新的关于司法公正、司法方法与司法公正的关系的互动认识。

本书导论深入至这一层面并作出强调，是想表明，在具体实践中发现人们已接受的某一“司法公正”、某一“司法方法”及某一“司法方法与司法公正的关系”存在的具体问题，辨析其得失，以获得一定程度一定时段的公共认同性质的相关确认，远比寻求关于这些内容的普适的标准界说来得有益，对司法实践本身也更有益。这并非说，不需要界说或概念，事实上，我们无时无刻不在使用界说或概念，而是说，认识到界说及概念常是“被使用”的，被约定的，被使用时又常是为了具体的实践问题，才更重要。有时可发现，对司法公正、司法方法的某种定义，人们没有不同的意见，特别是学术讨论中，但这样一种情形的真正原因不在于相关定义是“正确”的、不可讨论或质疑，而是因为，我们观察、“欣赏”相关定义时并未身处实践，我们思想中更多充斥着各种理论和“前见”，并有暂时的思想约定。反之，一旦进入具体的司法实践，完全可能既发现赞同者又发现反对者，所谓的“正确”，完全可觉察，不是面对“错误”的一个理所当然具备合法性的概念，其会遭遇非议，而另一方面看，其是一个极可能成为压抑他者具体司法实践期待的一个话语策略。

因此，对实践争执常隐常显的“司法公正”和“司法方法”等问题的讨论，更有价值的途径，是以“具体司法实践”为依托而展开，在其中，寻找具体的可能存在的问题，辨析具体的关系究竟如何纠缠，并考察对具体的理解分歧究竟如何产生，以此为基础，思考相关“争议”如何实现一定程度一定时段的“公共认同”，特别是在中国。①

回到“要件审判九步法”。此司法方法建构的积极意义，正在于尽力着眼具体的司法实践，探索具体解决司法方法问题的手段，并包含了一个学术意义的潜在逻辑张力，即暗示司法方法的开放性。显然，在真实的具体司法中，司法者遇到的问题总是“丰富多彩”，甚至“措手不及”，更重要的，不能忘记，司法者使用的任何一种司法方法，必定面对当事人和社会其他旁观者的知识辨析、价值揣测和“情感评判”。如果不在意司法者之外的社会主体的感受，反思相

---

① 有中国实务部门的法律人提到，“司法方法是一个不断发展的、开放的理论体系，它因司法实践的产生而产生，随着司法实践的发展、理论的丰富、人们认识水平的提高而不断地深化”。李方民：《司法方法的理论与实践解析》，《山东审判》2008年第1期，第13页。

互关系，或说主体间的相互性，司法原有的目的和希望常会适得其反。为有效并有益解决司法实践问题的司法者，不论自觉与否，注定会发觉这是需正视的。

就此而言，针对司法公正、司法方法、司法方法与司法公正的关系，本书导论不在概念化上作出分析性的讨论，提出定义式的要素图表，相反，本书导论尝试追寻“要件审判九步法”的隐意，改变讨论空间，并尝试摸索“一定程度一定时段的公共认同得以实现”的某种途径。如前所述，实践具体的问题十分丰富，讨论的系谱亦将是开放的，故本书导论包括后文的讨论势必为初步的。

本书将集中讨论三个问题。第一，针对实现司法公正的目的，司法方法“充分说理”的思想努力将会遇到什么问题？毋庸置疑，在目前中国的学术及实践中，司法层面的“充分说理”话语颇盛行，而颇盛行本身表明其中必有一定的合理性。但司法过程终究是复杂的，说理及理由的接受本身也是复杂的，故有时接受了理由的充分表达并将其视为司法结论的可靠根据，并不意味着，任何情况下均可乐观期待。我们会发觉，当一个司法问题的争论的参与者越多，一方的理由充分阐述有时可能越会遭遇来自各方的质疑，今天无所不在的网络文化实践中的司法说理尝试，可视为典型的印证场景。其中，针对司法问题的充分说理往往引来的不是说服，而是进一步的怀疑和反驳，充分说理的结果时常成为了“捉襟见肘”。在曾被广泛讨论的云南省高级人民法院李昌奎故意杀人二审案中，包括副院长在内的“高级法官”在阐明为何需改判死缓时所表达的各类理由，可谓充分全面，且颇有占领了司法理念制高点的格局（如废除死刑的历史趋势），但面对的却是无穷无尽的批评和反对，几乎没有一个理由不曾遭遇斥责，这是一个重要例子。[①] 通过“充分说理”这一焦点，对类似的司法争议例子及相关问题的深入讨论，无疑对司法公正、司法方法与司法公正的关系，具有重要启发，或许要比概念特征等一般化的讨论更有益。

第二，为了实现司法公正，某些个别法官的主观努力，如将方法上的“辨法析理”和“耐心对待当事人”融合起来，包含了什么理论意义？一般看，人们易将这种努力视为司法伦理的一种高尚表达，或一种有如政法理念推动及宣扬的司法政治策略，当然，亦会反之，有人认为此是多余的甚至是司法低效的，有悖“现代司法理念”。但如果实践中的确存在着成功，如获得当事人的认可且赢得广泛的社会赞誉，另成功之际并未呈现很高的行动成本，那么，其中是否包含了促进司法参与各方达成前面分析论及的“多方合意”？显然，人们均会赞同司法伦理的高尚表达，即使人们熟知针对众多司法者而言这是困难的。同样显而易见的是，当有人认为这是司法政治策略的时候，有人却会认为即使是策略也无拒绝之必要，或者那又何妨，因为，自己终究可以成为受益者。人们还能常看到，当有人认为这是多余或司法低效时，有人却可能认为这是及时的且提高了司法效率，因为，自己包括其他许多人毕竟愿意面对司法者的“认真、诚恳、友善”的对待，当遇到如此对待之后，大多数当事人，便会更谨慎地思考“上诉”“申诉”甚至“上访”的选择……正是经此，我们或许可深入思考“公共认同”的问题。

第三，司法中，有时裁判意见的自始至终的分裂可能难以避免，

---

① 参见王研：《李昌奎案：舆论与司法的冲突让人困惑》，《经济参考报》2011 年 7 月 26 日，第 8 版。

此时，应作怎样的最后考量？司法公正，司法方法与司法公正的关系，联系着一个人们熟知的棘手问题：法条适用的争议及其选择。人们有时会讨论法律与道德的冲突，包括法律与习俗、习惯、情理、行规的冲突，但随着法治意识形态的社会泛化，人们已逐步甚至更加接受了法律的治理，由此，关于法律内部的法条适用竞争的问题日渐突出。典型例子如导论中已提到的四川省泸州张学英继承案（常说的“二奶继承案”）。其中，当然会有道德的问题，还有习俗、情理等，但法官及某些人更期待在继承法遗赠法条之外发现更合适的法条，用法律来最终解决问题，毕竟是法院而非社会其他机构在处理纠纷。因此，继承法的遗赠法条与民法通则的“社会公序良俗”的法条，两者间便出现了竞争。对这种竞争，如果不能细致考量参与争议各方的法律性的知识、立场，而仅认定法律人惯常适用的继承法，有如案件名称标明“继承问题”一样，便可能失去达成更佳的一定程度、一定时段的“公共认同”的机会，司法公正，包括司法方法与司法公正的关系，亦会失去深入理解的一种可能。

在本书作者看，司法公正、司法方法与司法公正的关系，较难在概念理论式的讨论中获得实质性的推进，即使获得一种概念理论式的知识约定，拥有系统化的知识累积，人们仍需面对广泛的在实践中生发的“何为司法公正”“何为司法方法与司法公正的关系”的不同主张或宣言。更准确地说，在本书作者看，从实践性的重要具体问题切入，循序渐进地分析内容、辨析思路、剖析得失以逐步推进关于司法公正及司法方法与司法公正的关系的理解，并将其与具体的社会实践环境联系起来，方为更有价值的选择。如此努力，依然是理论的并有理论追求，但其为融入实践的并与实践互动，亦更有在理论探索和实践摸索之间寻求想象力的潜质。

作为导论，本书这里以中国基层法院的“要件审判九步法”为样本，讨论了构成其核心设想的司法方法机制，并兼及司法公正及司法方法与司法公正的关系，这是一种“案例式”方法论的写作实践。本书后面各章，将同样遵循类似的叙述手段。这样一种写作模式，自然是本书作者反复强调的实践具体问题讨论优于概念抽象问题讨论的逻辑延续。

任何试图讨论司法方法、司法公正，及司法方法与司法公正的关系的思考者，头脑中必然已包含相关的“前见”。此“前见”，有时需要纠正、补充，甚或需要抛弃、重建，而所有这些改变无疑是为了和司法方法与司法公正的具体社会实践形成相互启发的对话，在司法方法与司法公正的“社会存在”中，实现多方参与者的合意行动。这是不易的，但却有益。

第一章

司法实践中的法律论证资源辨析

言多必有数短之处。*

---

* 鬼谷子:《鬼谷子》，方向东注评，江苏古籍出版社 2001 年版，第 126 页。

一、问题与限定

自20世纪90年代始，中国的司法改革展开了全方位的推进，而中国司法实践中的法律论证，尤其是以裁判文书理由陈述作为标志的一种法律论证，越来越受到了人们的重视和青睐，的确有如学者所称，“……每一份判决书至少都要讲出充分的理由，这样的要求并不过分，甚至是社会对法官提出的基本要求”。[①] 无需争辩，这些法律论证，已迅速成为司法改革的一个组成部分，并有逐渐增加之趋势。近期较明显的，2012年《民事诉讼法》修改后，其第152条明确规定，“判决书应当写明……作出该判决的理由”。与此类似，2010年最高人民法院发布的《人民法院量刑程序指导意见》(试行)，其第2条规定，“在刑事裁判文书中，应当说明量刑理由”，第3条规定，“量刑意见应当具有一定幅度，并应当具有相应证据和理由”。可以发现，人们常评论，甚至常争论司法中的法律论证，以期指出这些论证的理由是否充分，进一步，期待从法律实践及法律学术两个层面，提升“法律论证”的意义。所有这些，均预设了一个基本前提：需要法律论证，且更需要使之充分。

从中国现有的学术话语和实践话语看，关于“充分”的法律论证，两种思路是主要的。其一为规范思路；其二为实证思路。规范思路，积极主张从技术上研究法律论证，并以不断推进法律论证的

① 王利明：《用判决书说理促公正》，《人民法院报》2013年4月25日，第2版。

一般意义为要旨，而细节上，积极主张司法实践应朝向“充分陈述法律理由”的目标不断改革。如有学者指出，“……缺乏针对案件具体情况所作的入情入理的分析，或者在说理中逻辑性不强，论证力不够，使人难以信服……应当采取有效措施予以解决”。[①]与此对应，实证思路，从现实角度却认为，法律理由是在实际的制度环境中体现意义的，且认为，法律理由对在不同制度环境中的法律论证而言，自然会有不同的现实谱系；换言之，人为的改革努力，并不能解决不同环境中的实际法律论证问题。[②]当然，尽管强调实际的环境现状及制度制约，但实证思路，并未因此否认“法律论证理由应当充分”这一理想，其亦认为，“随着司法改革步骤的加快，法学界人士对我国法院的司法判决书提出了很多批评。除了一些规格上的问题外，主要的批评针对的是，我国的判决书公式化，判决理由普遍过于简单，缺少甚至没有法律论证和推理……这些批评从总体上看是正确的”。[③]这意味着，以最终追求而论，两种思路是一致的，其均在希望，中国司法中的法律论证，有朝一日可实现标准的、理想的“充分”，乃至由此实现了“令人信服”。

毫无疑问，无论规范思路还是实证思路，其研究颇有益，促进了法律学术及法律实践领域相关问题的理解，而且在实践中，也是颇有价值的，催生了中国法律审判实践积极且稳妥的理性化愿景的

---

① 龙宗智：《刑事判决应加强判决理由》，《现代法学》1999年第2期，第37页。此思路的文本例子非常丰富，其中作者既有法学学术者，也有法律实践者，且已经为人们所熟悉。

② 较突出的例子，参见苏力：《判决书的背后》，《法学研究》2001年第3期，第3-18页。

③ 苏力：《判决书的背后》，第3页。

一个滋长点。但两种思路，均存在理论上的盲点。换言之，此两种思路，虽然都涉及了然而却都未深入讨论一个重要的问题：从法律论证机制本身看，“法律论证理由充分”的追求，是否会遭遇到令人疑惑的逻辑路径的变数，甚至是与原预期背道而驰的变数？这里的意思是，当追求充分的法律论证时，或许追求结果，恰变成了“无法充分”，甚至变成了“越是想要充分则越是无法实现充分”。这一问题，颇为复杂，也是十分具有诱惑力的。如果对其不能加以必要的澄清及细致分析，则对法律论证真正意义的理解，便会有所折扣。本章及下一章，将结合多年前出现的、且曾被人们激烈争论的一份刑事终审裁定书，[①] 并以其作为基本的材料来源和叙事平台，分析相关的“变数”问题，或相关的逻辑路径困惑问题，进一步，以论证这样一个观点：司法中，应该作出法律论证，但这种法律论证不应追求“充分”。而此观点，看似消极，实则却是有益的。本章和下一章将分析表明，即使在当下中国司法可以作出所谓的充分法律论证的条件下，[②] 要求“使之充分”，依然可能不是一个令人期待的目标。

首先需要说明几个问题。

第一，通常认为，以司法角度论，诉讼案件就其法律解决而言大致可分为两类，其一是没有争议的案件，如一方起诉，而另一方承认或没有任何抗辩，且法官之间对案件的审判，亦无争议；其二是有争议的案件，如争讼双方各执一词，彼此提出了针锋相对的观点

---

①《广东省高级人民法院刑事裁定书》(2004) 粤高法刑二终字第 24 号。其所涉案情，见后文。

② 实证思路常认为，此条件是谈论法律论证是否应当充分的条件。例子参见，苏力：《判决书的背后》，第 17 页。

和理由，而法官，也可能分享或自己拥有不同的意见。[①] 人们一般相信，在第二类案件中，通过相互争论或法律论证这个通道，将会出现两种结果。第一种结果，即争议得到了解决，故而，争议案件转变成了没有争议的案件，如一方通过庭审、辩论或阅读裁判理由发现自己是不对的，或者，认为对方更有道理，进而承认、接受对方的主张或裁判结果；第二种结果，即争议无法得到解决，这意思是，通过互相争论或法律论证这个通道，双方包括法官之间的双方或多方，没有一方接受他方的主张，或者，未达成妥协，进一步，某一主张或裁判结果未获得认可（尽管，最后必须面对裁判或作出了裁判）。

可以看出，"法律论证理由应当充分"的制度建设期待，主要是以第二类案件情形作为现实的基础，并以其作为应化解的目标。因为，恰在这种情形中，似乎才会展示法律论证的话语权威，展示其所表达的逻辑知识力量或说服力量，直至表明一个乐观的前景，即充分的法律论证，如何能摧毁不应存在的争议结构，或如何能够展示法律裁判的中立的正当性。针对第一类案件，或称没有争议的案

① 参见刘星：《疑难案件中法律适用的理论与实践》，《比较法研究》1994 年第 3、4 期，第 307-308 页。

件，法律论证，应是没有实际意义的，且可能多此一举。[①]

因此，本章及下一章，将集中考察基于第二类案件情形而呈现的法律论证问题。本章及下一章所讨论的终审裁定书，也属于基于第二类案件而产生的裁判文书，更准确地说，是第二类案件中的第二种情况。[②]

第二，作为限定，本章及下一章所要讨论的“充分”，是指除运用细节化的明确法律规定，包括条文化的法律原则，及运用一般形式逻辑推理加以论证这两种方式之外，对其他辅助性论证资源的大量使用，直至不断使用。[③] 而辅助性论证资源，主要包括三项：（一）

---

① 首先，诉讼双方并不关心法律论证，因为，其中一方未提出理由以对抗另一方的主张，却是简单承认或接受。在已承认且接受的情况下，难以想象其中一方还会要求另外的推论陈述。常识可表明这里缺乏对另外法律论证需求的动机。其次，正因为第一点，目前中国一些基层法院开始改变没有争议案件的裁判文书的理由陈述写作方式，这些法院认为，应转换不问具体情况一律加以“法律论证”的僵化模式。典型例子可参阅，刘玉民、荫贵林、梁菁菁：《北京法院试行简易民事裁判文书》，《法制日报》2002 年 10 月 9 日，第 2 版；吕绍刚、周璇：《让百姓信服，让法官解脱》，载深圳新闻网，http://news.sznews.com/content/2012-05/14/content_6734741.htm，2014 年 6 月 5 日访问。其中提到，由于不加区别地强调论理，民事判决书出现了越来越复杂的趋势，需改变。文章提出对某些简易没有争议的案件，取消法律论证的建议。

② 此案件的一审和终审引起了社会广泛关注，争议很大。这在当时各种媒体的报道讨论中都能发现。主要不同意见可参见蔡彦敏：《从莫兆军案件透析简易程序的扩大化适用》，《民事程序法研究》（第三辑），厦门大学出版社 2007 年版，第 39-49 页；姜明安：《关于莫兆军案件的几点看法》，载北大公法网，http://www.publiclaw.cn/article/Details.asp?NewsId=648&Classid=&ClassName，2014 年 6 月 5 日访问。

③ 此涉及一个问题，即案件中事实认定和法律适用的区分。实际上，无论认定事实，还是法律适用，通常均与这里提到的各种论证资源相互关联，是在各种论证资源的使用中展开的。故讨论“充分”问题时，本章和下一章，不再区分通常意义上的事实认定和法律适用。

说理方法；[①]（二）经验常识；（三）法律原理。[②] 如果仅适用细节化的明确法律规定或条文化的法律原则，及一般形式逻辑推理，以论证自己的法律观点，应认为，此与“充分与否”是没有关系的。因为，当仅阅读“细节化的明确法律规定或条文化的法律原则”，和仅阅读“形式逻辑推理”之际，绝大多数情况下，阅读者只会发觉，此为“这么规定”，这是“本来如此”的，不会发觉，其是“很有道理”的。而“很有道理”，才是“充分”这一概念的另外语汇表达方式。可以理解，若期待促使一个法律论证“很有道理”，则人们势必会竭尽思考所能，去不断地使用说理方法、经验常识和法律原理等，此缘于，与法律相关的话语实践总是如此展开。其实，这也是中国法律界、法学界主张法律论证充分的主要内容。如《最高人民法院公报》编者曾对一个自己认为值得赞扬的裁判文书提到，“……这份判决书，从内容到形式一改以往许多判决书‘查明’‘认为’‘判决’模式，给人们造成法院判决‘不够讲理’甚至‘不讲理’的印象的这种弊端，成为在坚持程序公正的前提下，运用事实和法律充分说理的典

① 这里的“说理方法”，与一般逻辑推理存在很大区别，意指广义的“讲道理和说服”。其具体含义与意义，见下文。

② 此涉及法律论证资源，其与法律推理所依赖的渊源或说大前提彼此区分的问题。一般说，法律论证与这里提到的论证资源联系更紧密，与法律推理的其他大前提，如道德、政策、习俗、惯例，联系并不十分紧密。若结合道德、政策、习俗、惯例等进行推理，似乎将其称为“辩证”法律推理较合适，将其称为法律论证可能是不合适的。另从中国法院实践看，直接运用道德、政策、习俗、惯例等进行裁判活动，恐是非常罕见。

范。该判决书……前后呼应、分析透彻、情理法浑然一体”；[①] 有学者亦提到了此类内容。[②] 还可从另一角度来说，“充分”一词隐含了“量增”的指涉，即“可用理由”的不断添加，即“说理……还要全面。所谓全面，就是指该说的必须说完整、说穷尽……”。[③] 至于“法律论证”的含义，在本章和下一章中，是指仅运用细节化的法律规定，包括条文化的法律原则，及运用一般形式逻辑，对法律枝节观点进行推演，进一步，支持法律基本观点证成的思维活动。若这样定义，对“法律论证”，用“单纯”一词加以修饰，更适宜。进一步，对单纯的法律论证，本书的观点是，可使用“严密”一词加以描述，而“严密”一词，通常没有“量增”的指涉。

因此，本章及下一章将主要围绕说理方法、经验常识、法律原理，以论证“应提出法律论证，但是不应使之充分”这一观点。

第三，众所周知，司法中的法律论证，包括了隐蔽的和公开的。法官个人的某些思考、合议庭的某些讨论，又如中国法院审判委员会的某些讨论，其中法律论证，如果并不见诸文字，则是隐蔽的，如果以裁判文书方式公布出来，则是公开的。当然，另有所谓审判秘密的“内部文件”，如合议庭笔录，其所包含的法律论证，也可说是隐蔽的法律论证。由此看，司法裁判文书表现出来的法律论证，尽管是公开的，但其既可能表达文书形成之前的论证过程，也可能

---

① 最高人民法院编辑部：《“褚时健等贪污、巨额财产来源不明案”编者按》，《中华人民共和国最高人民法院公报》1999 年第 2 期，第 59 页。主张运用法理的法律界例子还可参见，杨立久：《民事再审判决书的论证内容及方法》，《法学》1999 年第 6 期，第 30 页；

② 陈金钊：《司法过程中的法律方法论》，《法制与社会发展》2002 年第 4 期，第 35 页。

③ 刘乔发：《论民事判决的说理及方法》，《人民司法》2008 年第 13 期，第 94 页。

没有表达，或没有完全表达。本书忽略这些区别。因为，本章和下一章所讨论的观点及内容，对隐蔽的和公开的法律论证均有意义，或说均有主张性的“批评或建议”。就此而言，另一方面看，尽管本章和下一张的观点也许可视为在某种意义上，恢复了西方罗马法传统中曾经有过的一个古老观念，即司法裁判文书不应提供裁判理由的说明论证，① 但本章和下一章的观点，仅仅是在某种意义上恢复的。本章及下一章的观点，在主要方面与之有别。首先，本书认为应提出法律论证，只是不应使之充分。其次，本书认为不论在公开的司法裁判文书中，还是在“内部”的司法讨论过程中，都须尽力不使之充分。② 这是从根本上，尝试以另一视角，重新审查法律论证中的“充分”问题。

第四，本章及下一章所依据的基本材料，是一份终审裁定书，其关涉著名的“莫兆军案”（详情见后文）。对法律实践生产出来的文本进行分析，对本书阅读者而言，易造成“笔者是在支持某方、反对另方的法律立场”的印象，而且，许多相关的另外作者提出并展开分析的出发点，亦的确如此。③ 但需声明，表明支持或反对哪方立场，却不是本章及下一章的论证目标。缘此，本书将尽量不从“我认为”的角度，以概括各方的所谓争论焦点，并澄清所谓争论的关键和谁对谁错。本书作者，不是作为一名具体的法律实践者，以考

---

① 参阅 [德]K · 茨威格特、H · 克茨：《比较法总论》，潘汉典等译，潘汉典校订，贵州人民出版社 1992 年版，第 224-230 页。

② 本书作者认为，司法者主要应提升“查找法律”的能力，而非充分说理的能力。针对争议很大的案件，最有效的解决方法是查找法律，而非充分说理。详见后文。

③ 可注意许多评论者针对一些引起广泛争议的裁判的讨论，如近年来的李昌奎案、许霆案、药家鑫案、张学英案的裁判。

察这一文本在“规范理由”意义上的生成过程，讨论其内容究竟“应当”是如何的。因此，本章及下一章，将尽量避免像法律实践内在参与者[①]那样，提出自己的“规范式”的“概括意见”，尽管此就叙述方法而言，是十分困难的。[②]

另需补充的是，该裁定书所包含的意在“充分”的诸如“说理方法”、“经验常识”和“法律原理”等其他论证资源，在当下中国法院许多追求法律论证充分的裁判文书中，当然包括“内部”的司法讨论中，也是被较普遍使用的，特别表现了中国法院目前“充分论证”的主要特征。[③]此外，这一裁定书，是某省高级法院作出，且经过了审判委员会的讨论（详见后文），从审判级别及“司法权威”的意义看，亦具有某种材料普遍正式性的涵盖能力。故这一裁定书，具有足够的范例意义，可表征中国司法追求法律论证充分的主要倾向。这也是本章及下一章，以其作为基本材料来源和叙事平台的缘由所在。而从“个案”性的、一份具有如此涵盖能力的裁定书入手，细致梳理并辨析其中内容，展开深入讨论，另可将真实的“经验”和一般化的理论，最密切地联系起来，以避免单向度的泛论，或“揣

---

①See Ronald Dworkin, *Taking Rights Seriously.* London: Duckworty, 1978, pp.51-53; Ronald Dworkin, *Law's Empire*. Cambridge: Harvard University Press, 1986, pp.13-14.

② 探讨法律论证时，尤其是司法过程中的法律论证，正如有学者所提醒的，许多学术文本作者不自觉地“卷入”案件之中，仿佛自己是案件的正确评判者，而这一视角的选择没有注意到自己是在“制定”一个既有可能引起人们进一步的争议，也有可能建立某种“貌似政治合法性”的概括意见。参见苏力：《判决书的背后》，第 14 页。的确应注意，我们无从首先说明及证明自己的概况视角选择是唯一正确的。这里存在一个“视角选择开放”的空间。当然，提出这点，不意味着本文作者主张法律学术的探讨与法律实践应彼此分离，实际上，本文的最终目的依然是中国的司法实践。

③ 现在，中国法院开始借助各种媒体，特别是网络，将裁判文书加以公布。我们可注意观察这些公布的裁判文书中的法律论证进而发现这点。

测性”的推导。因此，较详尽地阐述该裁定书的内容，不可避免，亦为必须。

二、案件中的双方争议和法院裁定结论

2004年，某高级法院作出了一个终审裁定，裁定一位作为刑事被告人的法官，即莫兆军，其玩忽职守之罪名不成立，维持一审原判，驳回检察机关的抗诉。

该刑事案，源自一起民事纠纷的审判。民事纠纷审判的大致情形为，某原告起诉若干被告，主张被告应当偿还债务。某基层法院立案，决定适用简易程序并排定了某法官独任审判。原告据以主张的主要证据是“借据”，其中有若干被告的署名。案件审理过程中，被告之一声称，“借据署名”是在原告胁迫下签署的，彼此之间实际上不存在借贷关系。原告否认胁迫。独任法官询问被告是否已向公安机关报案，被告声称没有。根据民事诉讼“谁主张谁举证”的原则，独任法官作出了被告败诉的判决。[①] 判决之后，被告没有上诉，案件随后便进入了执行程序。在执行程序启动之际，被告之中两人，在法院附近服毒自杀。再后，则是公安机关开始介入，原告承认被告是在胁迫之下签署借据的。这起民事判决遂被认为颇有问题，乃至是错误的。当地一机构（市政法委）与被告亲属签订了协议，补偿被告23万。检察机关认为，独任法官在审理这起民事案件中玩忽职守，且造成了严重后果，对其提起刑事诉讼。这位法官便是莫兆军。[②]

---

① 见《广东省四会市人民法院民事裁判书》(2001) 四民初字第645号。

② 见《广东省高级人民法院刑事裁定书》(2004) 粤高法刑二终字第24号。

在针对上述独任法官的刑事诉讼中，一审法院认为，独任法官对当事人自杀是不可能预见的，没有主观上的过失，其在民事案件审理过程中，履行了法官的基本职责，且当事人自杀与独任法官的相关行为，没有刑法上的因果关系，属意外事件。故该独任法官的玩忽职守罪名不成立。[①]

检察机关则认为，一审判决是错误的，提起抗诉。二审中，某市检察机关提出如下法律论证：[②]

第一，该法官的行为，极不负责任，未正常履行职责，是玩忽职守行为。理由有三。其一，刑事诉讼法规定，任何单位和个人，发现犯罪事实或犯罪嫌疑人，均有权利也有义务，向司法机关报案或举报；1998 年《最高人民法院关于在审理经济纠纷案件中涉及经济犯罪嫌疑若干问题的规定》规定：人民法院审理经济纠纷案件，经审理认为不属经济纠纷而有经济犯罪嫌疑的，应裁定驳回起诉，将有关材料移送公安机关或检察机关。被告之一，已提出“借据”是在原告胁迫下写下的，依此，原告可有刑事犯罪的重大嫌疑，此情况下，该法官并未履行上述规定的职责义务。其二，庭审中，该法官存在不着制服等不规范的行为。其三，该法官未按照主管领导批示，将处理意见报告领导后再作判决，此属极不负责任的表现。

第二，该法官玩忽职守行为，与自杀事件之间，存刑法上的因果关系。理由有二。其一，该法官玩忽职守行为，虽并不必然导致自杀事件出现，但的确是引起自杀出现的唯一原因。玩忽职守行为，

---

① 见《广东省肇庆市中级人民法院刑事判决书》(2003) 肇刑初字第 26 号

② 下文用楷体字标注的内容全部来自原终审裁定书。为本章和下一章的论述顺畅，本书作者对其作个别语句表述的调整。

可能引起一个或多个不特定的危害后果，只要出现一个，且达到追究刑事责任的标准，即应追究刑事责任。其二，作为司法工作人员，该法官，应知道自己不认真履行职责，导致案件错判，将会出现包括自杀事件在内的严重后果。不论由于应当预见而未预见，还是由于轻信能够避免，该法官，均有主观上过失，故应当追究刑事责任。

某省检察机关作为支持抗诉一方，提出如下法律论证：

第一，民事诉讼“谁主张谁举证”的原则，是针对一般民事案件而言的规定，当民事案件涉及刑事犯罪时，应以例外方式，遵循刑事诉讼法和上述最高人民法院的规定。该法官没有履行这一职责义务。

第二，该法官在法院工作时间长达16年，其工作经验，应使其预见当事人在被迫写下借据、法庭草率判决后只能以死抗争的后果。

第三，该法官的行为，最终导致国家损失23万。当事人自杀造成恶劣社会影响，为消除影响，不论基于何种性质、通过何种程序、经过何类主体，国家均因此付出了这笔补偿。该法官的玩忽职守行为，与这一后果存在必然的联系。

针对检察机关一方的法律论证，辩护人提出了自己的法律论证：

第一，民事诉讼法要求法官公平对待当事人的举证，不能仅因一方的口头抗辩，即认为另一方有刑事犯罪的嫌疑。该法官，依据“谁主张谁举证”的原则审理案件，如此，履行了法官的基本职责。

第二，庭审中，该法官没有不负责任的表现，无法看到排除利害关系的证据可证明“不负责任”。

第三，无法看到排除利害关系的证据，可证明该法官在审判中，未请示主管法院领导。

第四，该法官行为与当事人的自杀，不存在刑法上的因果关系。当事人在民事诉讼过程中，完全有机会运用各种法律救济的方式，但其未选择这些法律救济，却选择自杀。此为任何人，当然包括该法官，所无法预见的，也是无法阻止的。

作为被告人的该名法官自己补充指出：

第一，在当事人提出“胁迫”抗辩之际，自己已询问了当事人，是否向公安机关报案，并询问了原告，是否曾经“胁迫被告”，此属履行民事审判法官职责的表现。检察机关对民事诉讼的机制缺乏了解；

第二，不能仅因一方口头抗辩，便认为“发现犯罪事实或犯罪嫌疑人”；

第三，如果仅因一方口头抗辩，即终止民事诉讼，对另一方是不公平的，同时将使民事诉讼制度陷于混乱，这才是不履行法官的职责；

第四，被告放弃了所有法律赋予的诉讼救济权利，采取自杀行动，其责任，不能归咎于法官；

第五，事后新证据，即公安机关发现民事借贷纠纷中原告胁迫被告签署借据，证明判决结果与客观事实不符，但根据最高人民法院的规定，判决不能认为属于错案，因而也不存在错案追究的问题。

从双方的法律论证可发现，此案件争议很大，而且争议关乎罪名成立与否的根本性问题。我们先看法院是怎样表述最终裁定结果的。终审裁定书称：

被告人作为司法工作人员，在民事诉讼中，依照法定程序履行独任法官的职责，按照民事诉讼证据规则认定案件事实并作出判决，其行为，不属不负责任或不正确履行职责的玩忽职守。客观上出现的自杀结果，与其职务行为之间没有刑法上的必然因果关系，其行为，不构成玩忽职守罪。原审法院，根据已查明的事实、证据和法律规定，作出被告人无罪的判决，事实清楚，证据确实、充分，适用法律准确，审判程序合法。检察机关抗诉理由不成立。经本院审判委员会讨论决定，依照刑事诉讼法及最高人民法院关于执行刑事诉讼法若干问题的解释之规定，裁定驳回抗诉，维持原判。

依照目前较普遍的司法改革观念，及最高人民法院相关的改革要求，如果终审裁定书所表达的裁定意见仅仅如此，则这属于没有提出法律论证理由的一份裁定意见，其中，更无从谈及法律论证是否充分，而且，这是中国以往司法裁判最为普遍的也是最为需要改变的情形之一。或许缘于这一现实，我们看到，终审裁定书的裁定意见并非仅仅如此。

三、裁定书中的“充分论证”

终审裁定书论证了裁定理由。首先，其归纳了双方争论的焦点。焦点涉及三个方面：第一，两点事实认定的问题，即“独任法官开庭时着装是否不规范”，及“该法官是否曾请示主管法院领导以作出判决”；第二，被告人是否存在玩忽职守行为；第三，自杀事件及其他损失与被告人的职务行为，是否存在必然联系。[①]

针对两点事实认定的问题，二审法院提出如下法律论证：

第一，就该法官民事庭审中是否着装不规范，作为控方，检察机关提出了一些人的证言，这些证言，由于为自杀者有关系的若干人所提交，且是在自杀事件发生之后提交的，故这些证言，属于有利于一些当事人的证言，不足采信。作为辩方的该名法官，提供了当时开庭的笔录及书记员的证言，表明该法官的庭审行为是规范的。两相对照，检察机关的指控证据不足。

第二，就该法官是否请示主管法院领导以作出判决，检察机关提出，主管法院领导的证言，及该领导接待当事人的“接待笔录”，可证明未请示，该领导称已对该法官说“此案需要请示”，“接待笔录”上写“请先告知判决结果，后签发判决书”。但该法官称，该领导说“此案只能这样判决”，并表示该法官自己可签发判决书。因不能证明“接待笔录”已为该法官所看到，故检察机关的指控，证据不足。

值得注意的，是二审法院在终审裁定书中，没有提到一个问题，即就事实而言，主管法院领导与该法官在这起民事判决中的法院内部工作关系，究竟是如何展现的。一审中，控辩双方，及一审判决，均认为这是一个重要的事实认定问题。[②]因为，控方相信，若主管法院领导的确有如该法官所说，称“权力下放、自己签发”，则当判决属错误判决时，主管法院领导似乎负有责任；反之，如果主管法院领

① 这是原裁定书的概括。

② 参见《广东省肇庆市中级人民法院刑事判决书》(2003) 肇刑初字第26号。

导已说“需要请示”，而该法官不经请示，自主签发判决，则错误判决的问题，应由该法官负责。当然，一审辩方和一审法院，都曾提到独任法官在民事诉讼中有权独立审判，不论是否请示主管法院领导。[1]

进一步，也需注意的，是二审法院与一审辩方和一审法院类似，在提到部分对抗证据，如“是否着装不规范”，及“是否请示主管法院领导”，并对之认定之后，另作出了新的阐述：

> 根据法院组织法、民事诉讼法和最高人民法院关于落实法院审判组织权限的有关解释，合议庭或独任法官有权作出判决，对重大疑难案件，可提请院长提交审判委员会讨论决定。实际审判工作中，向院长、庭长汇报，并听取意见，属于法院内部汇报请示及沟通的一种方式。合议庭或独任法官有权决定是否报告，及是否需要请示院长、庭长。除经法定程序由审判委员会决定，院长、庭长，不能改变合议庭或独任法官的意见。合议庭或独任法官审理非重大疑难案件后直接作出判决，是正确履行职责的行为。检察机关，以该法官未听取领导意见自行下判，作为指控不正确履行职责的一个理由，缺乏法律依据。

换言之，在二审法院看，似乎一审各方所注意、甚至自己所提到的“就事实而言，主管法院领导与该法官在这起民事判决中的法院内部工作关系，究竟是如何展现的”问题，本身不是问题。这意味着，即使证据可证实，该法官自己签发了判决，其依然是正确履行职责。当然，旁观者对此可迅速提出一个疑问：既然独任法官可独

① 参见《广东省肇庆市中级人民法院刑事判决书》(2003) 肇刑初字第26号。

立判决，那么，二审法院评判控辩双方在“主管法院领导”问题上证据如何，其意义何在？后文讨论这个问题。

现在，先讨论二审法院对第二个焦点，即“是否构成玩忽职守”的法律论证。第二个焦点，涉及两个层面，之一，即“被告人是否没有执行刑事诉讼法和最高人民法院《规定》(民事诉讼中发现犯罪嫌疑时，移交公安机关或检察机关处理)”，之二，即“被告人是否尽职尽责、其行为是否导致错误判决”。对第二个焦点的前一层面，二审法院指出：

第一，民事诉讼中，法院地位是中立的，审判人员对诉讼双方均应平等对待，保障其各项诉讼权利。双方举证权利义务平等，无法证明自己主张者，必须承担举证不能的败诉结果。故法官在民事诉讼中遵循“谁主张谁举证”的原则，属正确地履行职责，体现了司法公正。原告以借据举证，被告承认借据署名，故原告举证是有效的。被告辩称受到胁迫，原告否认，被告没有其他相关证据，也无报案资料以证据，故被告举证是无效的。该法官认定借贷关系成立，不采纳被告抗辩意见，此并无不当。该法官并无失职行为。

第二，《最高人民法院关于在审理经济纠纷案件中涉及经济犯罪嫌疑若干问题的规定》的相关规定，乃针对经济纠纷案件中经济犯罪而言。被告提出的抗辩，涉及暴力犯罪而非经济犯罪，故检察机关引用该规定，与本案无关。同时，该《规定》所说“经审理认为”，显然是指依照民事诉讼证据制度，从举证质证中，发现相关证据证明案件涉嫌经济犯罪，才能决定移送刑事审查，并非如检察机关所理解，只要一方提出涉嫌经济犯罪，便必须移送。否则，民事诉讼中，任何举证不能的一方，都可能以对方涉嫌犯罪为抗辩理由请求停止民事诉讼，进一步，民事诉讼制度将无存在的必要。

第三，虽然刑事诉讼法规定，任何单位和个人“发现有犯罪事实或者犯罪嫌疑人”后将如何，但根据我国刑事诉讼“以事实为依据、以法律为准绳”，及“未经法院审判任何人不得被认定有罪”的基本原则，“发现有犯罪事实或者犯罪嫌疑人”的前提，必须是相当充分的证据佐证。借款纠纷一案中，被告提出“受到胁迫”，但无证据证明，也未提供报案信息，故属于“没有相当充分证据佐证”。以这种情况论，若法院终结民事诉讼，移送刑事侦查机关，不但于法无据，且本身就是失职，没有体现司法公正。

概言之，检察机关指控该法官违背法定职责，其理由不能成立。

在这里，旁观者可再次迅速提出一个类似的疑问：既然检察机关所提出的，最高人民法院《规定》之内容与本案无关，则为何二审法院，于“其次”中，还要阐述该《规定》之内容的真正含义，具体说明在证据认定上，如何才属“犯罪嫌疑”，如何才能“移送相关机关”？可看出，二审法院在此处的论证，是种“让步说理”，即“即使可适用这一《规定》之内容，检察机关的理由依然无效”。为何二审法院可以这样论证？若这一《规定》与本案无关，在裁定中不去论及这一《规定》的相关内容，也就是自然而然的。这种让步说理，仿佛意味着，“就算你在这里是对的，你在那里还是错的”。

对第二个焦点的后一层面，即“被告人是否尽职尽责、其行为是否导致错误判决”，二审法院指出：

第一，被告人没有不负责任、不正确履行职责的行为。理由有四。其一，该法官确认了“借据”署名，询问了被告是否报案，及为何没有报案，并且庭审后，传讯了被指为胁迫者之一的张某，故该法官“较认真地审查了证据、负责任地对待被告方的抗辩意见”。其二，原告“借据”为直接证据。被告无法对“胁迫”举证，且无报案，尤其在该法官两次提示后仍未报案，尽管如此，该法官依然在庭审后，向原告进行了调查，以期证实被告抗辩意见是否真实。经开庭和调查，均无证据推翻原告的直接证据。该法官确认原告证据，符合民事诉讼“谁主张谁举证”的原则。其三，一方在书证面前提出异议但因举证不能而败诉的案件，通常（注意“通常”两字——本书作者注）是权利义务关系明确而适用简易程序审理的。原告与被告借款纠纷一案，借款关系、债权人、债务人明确，借款用途、借款金额清楚，借款期限确定，被告确认借条署名，辩称被胁迫而无证据支持，故适用简易程序没有不当。该法官在案件虽有争议，但按照当时证据能排除合理怀疑下，作出独任判决，符合民事诉讼证据分析判断的一般原则，不足以认定属于严重不负责任行为。其四，该法官在判决书中，全面客观反映了案件纠纷，及对立主张情况，清晰表达了判决理由，符合民事诉讼的基本原则，判决有理有据。

第二，民事判决结果与客观事实不符的责任，不应由该法官负责。理由有三。其一，与事实不符的错误判决，乃因为与原告相关的另外一人作出伪证所造成。法院和该法官，受民事诉讼证据规则限制，进而作出与事实不符的判决，其本身也是受害者。其二，被告等人，不行使法律赋予的各项权利，在一审判决明显不利自己的情况下，依然没有上诉、申诉，使判决结果进入执行程序，对此，被告等人自己负有明显的责任。其三，“谁主张谁举证”，是民事诉讼的基本原则。虽然民事诉讼法规定，当事人无法举证时，法院可依职权调查取证，但民事诉讼中，法院调查核实证据的手段十分有限，不可能也不允许采取类似刑事诉讼中取证方式以获取证据。该法官在案件审理过程中，已基本穷尽补充证据的手段，之后，公安机关介入，原告承认事实，这是民事诉讼中法官不可能做到的。

故民事判决结果与客观事实不符，非因该法官职务行为所致。检察机关指控该法官玩忽职守，理由不能成立。

在此可注意，当二审法院指出，与事实不符的民事判决是由于伪证出现的，其意在论证与事实不符的判决的责任和该法官无关。但为何裁定书另外要提出“法院和该法官也是受害者”，以补充论证？“受害者”的指出，与认定不符事实判决出现的缘由责任，其间是何论证关系？这是一个疑问。

再看二审法院对第三个焦点，即“自杀事件及其他损失与被告人的职务行为，是否存在必然联系”的法律论证。二审法院认为：

第一，自杀行为与该法官职务行为无必然联系，尽管自杀的直接诱因是法院判决，但实际原因，是自杀者对自己的权利放弃，及对法律、法院、法官的误解。理由有四。其一，对自杀者选择极端方式自杀，无论法院，还是法官，均不希望看到。其二，经查，该法官和原告素不相识，无证据显示该法官和原告串谋。自杀者不应选择极端方式。其三，法律已赋予自杀者选择上诉、申诉等法律程序的权利，但自杀者自己放弃了权利。其四，该法官已履行了自己的职责。

第二，23万损失，与该法官职务行为没有必然联系。理由有二。其一，根据最高人民法院和二审法院错案追究的规定，民事案件由于出现新的证据而发现原判错误需要纠正的，不属错案，不能追究办案人员的责任，也不存在错案赔偿的问题。胁迫证据，是在民事判决之后出现的，且在民事诉讼中无法取得，故该法官民事判决不属错案，作出判决的法院，亦无需承担国家赔偿的责任。其二，23万是安抚性的补偿，其程序不规范。23万不是基于错案而产生的损失。检察机关的抗辩理由，混淆了是否该赔等关键问题。

第三，不能认定该法官“应当预见而没有预见严重后果”，不能认定，该严重后果，与该法官职务行为有必然联系。理由有二。其一，民事诉讼中，一方败诉后采取极端行为，是极罕见的，尤其是当事人一而再再而三地放弃了各种有利自己主张权利的机会。其二，自杀者自杀前，未流露自杀情绪和倾向。不能认定，该法官没有及时掌握当事人情绪从而采取预防措施而导致严重后果。法官审理案件时，对一些案件加强一般防范和特殊防范是必要的，但虽经法官指引，仍没有循合法途径寻求保护，毫无先兆突然自杀的情况，已超出了该法官的正常预见。因此，要求该法官承担及时注意当事人动态并加以控制，以避免当事人自杀后果发生的责任，否则，即为玩忽职守，过于牵强。

与前面提出的几个疑问类似，对此处的二审法院论证，可提出这样一个疑问：为何要提到，对自杀者自杀，“无论法院，还是法官，均不希望看到”？“均不希望看到”叙述的论证目标，显然不是犯罪构成的“主观方面问题”，即“是否故意”，毕竟，控方辩方争论的问题之一，在于“是否存在过失”。如此，“均不希望看到”的叙述，是否表明二审裁定对自杀的“同情”？若答案肯定，为何要表达“同情”，“同情”与论证有何关联？若答案为否，该叙述究竟意在何处，其和自杀问题又是什么关联？“均不希望看到”的提出，似乎更像是工作辞令或外交辞令。

四、论证中的说理方法

目前中国的法院，尤其是地方法院，在陈述判决理由时没有固定的格式标准，故实践中的表达方式，是十分复杂的。但究竟如何表达，本身不重要。重要的是“裁判理由”的开列、数目、相互关系，及推出“裁判理由”的中途目标策略，即支持中心观点（裁判最终结论）的枝节观点的策略。本章第一节提到的说理方法、经验常识和法律原理，一般看，是围绕这些内容而展开的，为这些内容提供论证支持，其目的，正是为了实现“很有道理”。

此份终审裁定书里的法律论证，其中，二审法院运用的上一节提到的诸如“该法官是否已请示主管法院领导……而独任法官有权独立决定判决”的内容，“民事诉讼中谁主张谁举证是一项基本原则……故作为被告人的法官，要求被告举证被胁迫，是履行了自己的职责”的内容，“最高人民法院关于民事诉讼中发现犯罪嫌疑的《规定》，其真正含义为何”的内容，包括“错误审判系由伪证造成……该法官，及法院也是受害者”的内容，大致可归类为说理方法。而上一节提到的诸如“民事诉讼中，一方败诉后采取极端行为，是极罕见的，尤其是当事人一而再再而三地放弃了各种有利自己主张权利的机会”的内容，另“自杀者自杀前，未流露自杀情绪和倾向……毫无先兆突然自杀的情况，已超出了该法官的正常预见”的内容，基本属于经验常识。裁定书中提到的“民事诉讼中，法院调查核实证据的手段十分有限，不可能、也不允许采取类似刑事诉讼中的取证方式以获取证据”的内容，其一般属于法律原理。

此外，“庭审中，该法官询问被告被胁迫有何证据，另开庭后询问了原告是否胁迫……均符合法律的规定”的内容，还有十分典型的，“根据最高人民法院和二审法院错案追究的规定，民事案件由于出现新的证据而发现原判错误需要纠正的，不属错案，不能追究办案人员的责任，也不存在错案赔偿的问题。胁迫证据，是在民事判决之后出现的，且在民事诉讼中无法取得，故该法官民事判决不属错案，作出判决的法院，亦无需承担国家赔偿的责任”的内容，则属于细节的法律规定，及法律原则，当然包括一般的形式逻辑。

在这份裁定书中，可看出，二审法院并不认为，针对枝节观点和中心观点，仅运用细节的法律规定、法律原则及一般形式逻辑，便已足够，相反，为使法律论证得以“充分”，运用上面提到的说理方法、经验常识、法律原理等其他论证资源，显然是必要的。

这一节，先讨论“说理方法”。

前面一节，针对二审法院的法律论证，已例举式地提到了一些疑问，比如，（一）既然独任法官可独立判决，那么，二审法院评判控辩双方在“主管法院领导”问题上证据如何，其意义何在？（二）既然检察机关所提出的，最高人民法院《规定》之内容与本案无关，则为何二审法院，于“其次”中，还要阐述该《规定》之内容的真正含义，具体说明证据认定上如何才属“犯罪嫌疑”，如何才能“移送相关机关”？（三）为何裁定书，另外要提出“法院和该法官也是受害者”，以补充论证？“受害者”的指出，与认定不符事实判决出现的缘由责任，其间是何论证关系？（四）为何要提到，对自杀者自杀，“无论法院，还是法官，均不希望看到”？“均不希望看到”叙述的论证目标，显然不是犯罪构成的“主观方面问题”，即“是否故意”……

如此提出疑问，似乎显示，前面一节是在搜寻裁定书的某些不当之处。其实，提出疑问的目的，仅在于通过几个例子，说明这一裁定书所表现出的“疑问招惹”，及更重要的，“疑问招惹的原因是什么”。从二审法院的角度看，其当然会认为自己的就这些疑问而言的法律论证，没有问题，是“无懈可击”的，且此为“充分”或“很有道理”的表现，否则，二审法院不会将这些论证写入终审裁定书。但这样认为，并不能阻挡旁观者者从另外角度，去追究其中的“疑惑”和问题，包括前面一节所提出的“疑惑”和问题。

试析前面已提到的一个疑问。此疑问是：二审法院认为，“依据法律规定，独任法官可独立作出判决”，既然二审法院如此认为，则为何其在之前，另要陈述、分析，“该法官是否请示过主管法院领导，以作出判决”？之前的陈述、分析，涉及事实问题，即该法官做过什么，而且，此陈述、分析，着重说明证据如何表明控方所说是不可采信的，即“无法确定是否请示过”。陈述、分析的论证目标，应是“控方无法充分证明自己的事实主张”。与此不同，甚至没有关系的，则是二审法院提到“根据法律规定，独任法官有权独立作出判决”，其却涉及规范问题，即该法官应做什么或可作什么，其论证目标，应是“控方忘记了该法官是可以作出独立审判的”。这意味着，没有之前陈述、分析，二审法院提到“根据法律规定，独任法官有权独立作出判决”，同样可以且应当成立。甚至可认为，二审法院对事实问题的陈述、分析，多此一举。[①] 为进一步澄清，可参考一个例子。

---

① 从实际情况看，二审法院如此陈述分析，和最高人民法院规定的要结合双方争议焦点以展开论证，极可能是有关系的。一审判决与此类似。

甲声称自己没去某地，乙声称甲去过，双方各自举证试图说明事实；但丙却说，不论甲是否去过，甲都有权去这个地方。显然，丙提出的规范判断，是在排除甲、乙的事实之辩，意在说明甲乙之间的事实之辩是没有意义的，即不论是否去过，都不妨碍“甲有权前往”。如果丙在提出“不论怎样甲都有权前往”这一规范判断之前，对甲乙的事实之争作出事实真伪的判断和陈述，则甲就留给他人一个“多此一举”的印象。

再看前面提到的另一疑问。该疑问是：二审法院强调，控方提出的理由，即“最高人民法院在《规定》中提到了经济纠纷审理中发现经济犯罪应当如何处理民事诉讼，而该法官没有依照这个《规定》相关条文履行职责”，其与案件是无关的，因为，该规定涉及“经济犯罪”，而非“暴力犯罪”（莫兆军审理的民事纠纷，即使之中涉及犯罪，也为“暴力犯罪”），既然二审法院如此强调，则为何还要继续分析一个问题，即如为认定是否构成“暴力犯罪”，需要足够的证据，而非如控方所理解，一方只要提出涉嫌犯罪即可移送公安机关？此处，疑问与前面分析的疑问，具有类似性，即已断定一个表述无疑，则另一陈述、分析便为多余。具体看，已断定“经济犯罪”和“暴力犯罪”是不同的，《规定》的一个内容不能适用，则对所谓“证据上如何足够，方可移送公安机关”内容的理解，也便无需再解释。换言之，两者论证的目标，是不同的，或可说，没有第一个意思，第二个意思依然可加以陈述；反之亦然。这里，旁观者可认为，二审法院如此推论，容易招惹疑问。

再析一个前面已提到的疑问。此疑问所质疑的问题，相对看，并非很严重。其意在指出，二审法院已断定，与事实不符的民事判决是由伪证造成的，不是该法官的职务行为造成的，既然二审法院已如此断定，为何还要提出，“该法官和法院也是受害者”？此有些令人蹊跷。二审法院是否认为，该法官和法院也是受害者，故更加不能认为，与事实不符的民事判决是由该法官的职务行为造成的？如二审法院是这样思考的，那么，就仿佛认为物品A是被甲拿走的，而非乙拿走的，而且乙的物品同时也被甲拿走了，故更加不能认为乙拿走了物品A。这种说理逻辑，同样是“招惹疑问”的。在此，二审法院极可能正是如此思考问题的。如果不是，则实在难以理解二审法院，究竟为何另要陈述“该法官和法院也是受害者”。

前面亦提到一个疑问，即为何二审法院提到，对自杀者自杀，无论法院，还是法官，均不希望看到。二审法院在此存在的问题，与上文所析“该法官和法院也是受害者”，是类似的。[①]

上述疑问，均涉及了二审法院在法律论证中的“说理方法”。而在这些疑问所质疑的二审法院说理中，可发现，法院是希望“全面”“充分”“全景”“一个都不能少”地论证自己裁定理由。不幸的是，这样一种希望及实施，由于运用自己认为不错的说理方法，反而徒增旁观者可自然而然提出的疑问，乃至质疑。这是为什么？

首先，可提出一点，即该裁定书涉及的“说理方法”，本身便存瑕疵，其或许的确出现了论理的“水准问题”。依正确的说理方法，不会亦不应按裁定书的叙述实践以展开。但如此认为，或许无法成立。因为，不应忘记，二审裁定是由省高级人民法院作出的，特别是还经过其审判委员会的讨论，应假定其颇谨慎，缘其针对的是颇

① 根据前面提到的法院一个判断，即“经查该法官和原告素不相识，没有证据显示该法官和原告串谋。自杀者不应选择极端方式”，似乎如该法官和原告有串谋，则被告便会或应该为了鸣冤而自杀，或者，自杀便可理解。这种（旁观者可剥离出来的）“论证逻辑”，亦为奇怪的。

有争议的案件，且针对的是级别颇高的检察机构的抗辩，所作的裁定其也必定知道至关重要并影响极大，[①] 另应假定，其享有较高的审判实践权威，缘其已享有法律设定的较高审判地位，而且，可进入省高级人民法院并担任如此争议案件的审判工作，特别是作为审判委员会成员以参与，一般总具备较高的法律判断及阐述能力。此意味着，轻易认定其存论证瑕疵，以说明对其疑问是可成立的，等于是在冒“外行比内行更懂”的尴尬风险。故关键为，疑问可提出，但仅为能持续不断的疑问可提出。

其次，或可认为，该裁定书所面对的案件是有争议的，正因为有争议且在当时争议激烈，故各方提出如何看待问题的各种说理方法，便是非常自然的。不论从控方来说，还是从被告人一方或辩方来说，还是从二审法院甚至一审法院来说，或另从本书作者的角度言之，认为自己的说理方法是正确的，甚至“无懈可击”，对方可属“捉襟见肘”，此为再容易理解不过的事实现象。这一认为，能够成立。

关于第二点，从裁定书中的相反例子，可获得进一步的确认。二审法院指出，“被告等人，不行使法律赋予的各项权利，在一审判决明显不利自己的情况下，依然没有上诉、申诉，使判决结果进入执行程序，对此，被告等人自己负有明显的责任”；另指出，“法律已赋予自杀者选择上诉、申诉等法律程序的权利，但自杀者自己放弃了权利”。在本书作者看，其是不错的，且也是可接受的，而本书作者亦的确愿意对其表示支持，某些读者，亦可能如此。但此不意味着，另外的旁观者，尤其是广泛的复杂多样的旁观者，包括可能的

① 当时人们十分关心二审的进程。这在当时的不少媒体报道中可看到。

该省高级人民法院内部的一些法官，甚至被告人或辩护人一方，认为其不错，并乐意接受。以“法律已赋予自杀者选择上诉……”为例。其意在说明自杀者自己放弃了权利，进一步，放弃了纠正的机会，故自杀与该法官判决没有必然的因果关系，相反，却是自杀与自杀者自己放弃权利有着关系。但另外的旁观者，仍可提出对立意见：为何一定须预设一个前提，即“自杀者完全懂得或应当懂得各种法律权利”，后展开论证？这种“完全懂得或应当懂得权利”的“客观”的要求，即为合理的？恋爱双方一方自杀，另外一方不阻止，究竟是要求自杀者懂得自己的权利，还是要求另外一方承担责任？事实上，法院现在常要求另外一方承担责任。[①] 故另外的旁观者可认为，问题要害，不是自杀者自己是否放弃权利，而是另外一方的责任根据或者因果根据到底如何认定、是否应认定……

上述两点意味着，问题的关键，在于人们的关于“说理方法”的日常经验，其本身就是复杂的，甚至见仁见智，并不存在“一方必定是正确的”的逻辑根据。因此，旁观者提出疑问，直至质疑，或称这种说理方法本身“招惹疑问”，便不足为奇。

深入看，在这些疑问和质疑中所体现的，不是逻辑真理意义上的谁对谁错，其所体现的，却是人们日常经验化的“说理方法”的“地方性”。此“地方性”，会发生冲突。关于“地方性”，可从一个简单的宏观例子，以发觉其的确存在。人们常认为，中国古代的许多经典文本，以模糊思维和飘逸说理为其特征，具体典型如《论语》《老子》，而西方的许多经典文本，以分析思维和精细说理为其特征，

---

① 参见最高人民法院应用法学研究所编：《人民法院案例选（刑事卷）》（1992年-1996年合订本），北京：人民法院出版社，1997年，第284-288页。

而具体典型不胜枚举。两种思维说理，显然不同甚至是冲突的，但这并不妨碍两类文本的说理，在各自的社会语境中获得接受直至获得推崇，即获得稳固的“地方性”概念。此外，除“稳固”问题，另有“地方性”时而特别碎片化的问题，即随着社会背景复杂而讨论平台却是较为集中，“地方性”展现的分歧，有时殊为个体化、原子化，今天网络中的情形，便如此。在今天的网络中，如果一个问题引发争论，我们则易发现，参与争论的人越多，“意见”也会越多，“说理方法”的观点随之不断增加，“地方性”随之不断弥散，其远比现实生活中特定群体的情形来得更复杂。

概言之，若“地方性”不可避免，则“这是累赘的”/“这是充分的”，“这是无法自圆其说的”/“这是天衣无缝的”……的对立表述，便会层出不穷。

因此，可指出，法院不应追求“说理方法”，以求自己的论证如何充分、“无懈可击”“天衣无缝”，如何“全面”，相反，恰应尽力避免之，进一步，避免挑起法律论证的“深层纠纷”，使裁判理由“招惹疑问”，更使人们不易接受裁判结果。“说理方法”的日常经验化的“地方性”，毕竟是无法摆脱的。换言之，以其为法律论证的目标之一，结果极可能是令人失望的。而级别越高的法院，似越应避开“说理方法”，因为，级别较高的法院，因其“法律管辖范围”总是较广泛的，另如果问题类似、纠纷相同，其法律论证更易引起人们的注意和议论，随之而来的则是，更多较复杂的阅读群体会将展示更多不同的、关于“说理方法”的日常经验化的“地方性”。

五、论证中的经验常识

现在，分析“经验常识”的问题。

在这份终审裁定书中，像“说理方法”一样，二审法院特别希望借助“经验常识”，以对抗控方提出的“经验常识”性论证。就具体内容而言，控方曾提出，“作为司法人员，该法官应知自己不认真履行职责，导致案件错判，将会出现包括自杀事件在内的严重后果”。之后，控方并辅之这样的“经验常识”意见：该法官在法院工作时间长达16年，其工作经验，应使其预见当事人在被迫写下借据、法庭草率判决后只能以死抗争的后果。控方提出的两点，意在论证民事案件判决后的自杀，与该法官的职务行为存因果关系。二审法院裁定书称：（一）民事诉讼中，一方败诉后采取极端行为，是“极罕见”的；（二）自杀者自杀前，未显露任何迹象，该自杀超出了该法官的“正常预见”的能力。二审法院显然认为，控方的因果关系论证的理由，不免牵强。而作为关键词，“极罕见”和“正常预见”，则指向了“经验常识”的依赖和衬托。

二审法院的“经验常识”，可否推翻控方的“经验常识”？

先论“极罕见”的问题。

首先，大体可接受二审法院的断定：民事诉讼中，一方败诉后采取自杀之类的极端行为，确为罕见。一般说，的确难以想象，若此类极端行为不是极罕见的，而是时有发生，甚或经常发生，则现在的民事诉讼活动依然还能正常展开。接受这一断定，当然非依据统计或经验观察的理由，而是依据现有的“民事诉讼活动的过去、现在，在基本层面上均正常展开”这一经验感受，更准确说，依据“尚未听到民事诉讼活动因此类极端行为而瘫痪”这一经验感受。接受这一断定，隐含了一个判断：依据这些经验感受以反向推论“极罕见”这一结论，是无法质疑的。

但“极罕见”，终究不是“完全不可能”的意思，相反，包含了“偶尔或有时可能”的意思。进一步，若“偶尔或有时可能”，即使“可能”微小，则为何不能认为，“法官的角色担当，及16年的审判工作经历，应使该法官预见自杀可能”？控方完全可继续指出，（一）“极罕见”，恰不是支持而是否定该法官“无法预见”的理由，因为，正缘于“是极罕见的”，法官的角色担当及16年的审判经历，应使该法官区别于常人，应使该法官能够有所觉察；（二）准确来说，法官的角色担当，及16年的审判经历，与“极罕见”的描述具有对应关系，而一般常人，与“经常出现”的描述存在对应关系，就此看，可认为，如果是“经常出现”，则不仅法官而且一般常人均为“应当预见”。在此，作为旁观者，恐很难说明为何二审法院的推论要比控方的“继续指出”，更有理由，尽管，控方实际上并未继续指出。

其次，“极罕见”的问题与另一问题相关，即作为自杀的当事人，如果自己的确借钱了，那么，其提出“原告以胁迫方式逼其写下借据，故债务关系并不存在”，此等于是在冒“诬告”的严峻法律风险，而愿冒这种风险者，是否“极罕见”？作为控方，检察机关可这样论辩：（一）依据一般经验，借钱后声称没有借钱，此不奇怪，但借钱之后，另声称“对方逼迫自己承认借钱，而实际上没有借钱”，这便“极罕见”了；（二）作为借他人之款一方，成为民事诉讼中的被告，其当然知道“诬告他人犯罪”意味着什么，至少知道，“诬告他人犯罪”对自己会产生严重的不利后果，既如此，被告究竟有多大可能，或多大胆量愿冒案件出现“刑事纠纷”，后公安机关介入审查的风险？按通常判断，这对被告来说，是极不明智的选择；（三）原告借出之后，遭遇被告宣称自己是胁迫被告，其为何没有表现出“极愤怒”？此也不合常理，亦属“极罕见”，因为，原告不仅因借出钱款无法追回而有损失，而且身背“胁迫”的罪名，更身背“妨碍司法”的罪名，被公安机关不断追查，对原告而言，此几乎是根本无法面对的。上述三点意味着，无论被告“诬告”原告，还是原告被“诬告”后无甚反应，控方均能指出，其都属于“极罕见”的。既然都属于“极罕见”，而法院对此“极罕见”的情形予以小心并以犯罪嫌疑为名移送相关机构，不甚可能误待这类被告或原告，则当法院认为，“民事诉讼中，败诉一方出现自杀行为是极罕见的”，为何控方不能指出，该法官没有负起基本的职业“注意”责任？这里，尽管根据裁定书的叙述，控方再次未如此进一步指出这三点可辩驳的理由，但依据这些理由本身，仍可指出，难以认为二审法院提出的“极罕见”这一经验常识，是更有理由的。

再看“正常预见”的问题。

一般看，要求对没有任何迹象的状况作出某种“正常预见”，的确过分。如审理前面提到的民事纠纷案件时，若有人前来旁听，有人在法院的其他法庭正在参与开庭，有人在法院立案室里正在准备起诉其他案件，则针对这些人，该法官的确无法想到，其中有人将会出现自杀。但针对这些人提到“预见”的问题，旁观者是在讨论一些没有意义的情形。更准确说，针对这些人，旁观者本身也不会提到“预见”的问题，因为，在此，没有任何相互关联的周边情况因素涉及自杀。故所谓的“正常预见”，必定是针对存在相互关联的周边情况因素而言的。进一步，二审法院提出一般意义、笼统的“没有任何迹象故无法正常预见”，并不妨碍、且也没有理由阻碍旁观者可作出如下追问：民事诉讼中的被告，已称被胁迫而签借据，这至少是相互关联的周边情况因素之一，既如此，对该法官而言难道不能作出正常的预见？

对“正常预见”，另可分析三点。

第一，根据裁定书陈述，作为被告人的该法官，民事诉讼庭审后已询问了原告，是否曾胁迫被告写下借据，以核实被告所称“被胁迫”的问题，这表明该法官“正常”地表现了自己的警觉及疑问。此外，案件涉及万元的债务纠纷，作为后来自杀的被告又是收入颇有限的农民，[①] 故一名已声称被胁迫写下借据、且经济十分有限的“被告”，为何不可能出现“极端行为”？即使这种可能，在当时看来或许不是甚明显。事实上，当该法官已“正常”地表现出了自己的警觉及疑问时，此足表明，该法官知道应尽力避免“冤情”的出现，故控方顺此便能合乎逻辑地提出：“为何不应出现正常预见”？

第二，出现自杀迹象，是否一定要比没有自杀迹象更易让人作出“正常预见”？作为一般经验，某人想要自杀时，有时的确表现了自杀迹象。但反之，有人不想自杀时，有时亦会表现自杀倾向，如出于各种策略考虑为达到某种目的，像求爱、避免失恋、避免离婚、要求晋升，或试图使人注意等，甚至另有像法律诉讼中要求胜诉等。生活中的各种现象是复杂的，当常看到出于各种策略表现“想要自杀”时，为何要对“自杀迹象表现出来”，比“自杀迹象没有表现出来”更敏感？此时，是否出现较少的敏感甚至迟钝，才是正常的？故出现自杀迹象，并不一定要比没有出现自杀迹象，更易让人作出“正常预见”。问题的关键，依然不在于是否出现“孤自独立的、

---

① 见李朝涛：《老农败诉自杀法官被控有罪，此案在广东高院二审》，载网易网，http://news.163.com/2004w03/12501/2004w03_1080091937423.html，2014 年 6 月 7 日访问。

与其他情况无关的自杀迹象”，而在于如何对待“关于自杀的相互关联的周边情况因素”。就此论，控方可坚持认为，不能模糊地宣称“没有显露自杀迹象的自杀，超出了该法官的‘正常预见’”。

第三，刑法中的“应当预见”，本身便是一个不易说清的用语，法律实践者及法学研究者对此已熟知。如将“应当预见”用语放入社会，更可能得到纷然杂陈的解说和答案。此情形包含两个意思，其一，“应当预见”的定义，可能因知识理解的不同而出现异议，其二，其定义，更可能因使用者不同的“价值规范”理解和诉讼立场而出现异议的强化。进一步，更重要的，则是此用语的不同使用者，证明自己的“定义使用”为正确，由此本身便是困难的。故二审法院围绕“应当预见”的理解而推进的“正常预见”的概念，未必优于控方所提出的“该法官应预见”，从涉及“应当预见”一词使用的开始，即埋下了“二审法院‘正常预见’的意见可遭遇异议”的结论。

前面，以“极罕见”和“正常预见”两个“经验常识”的运用作为典型例子，分析了裁定书中的“经验常识”的可争论性，及为何二审法院提出的“经验常识”难以推翻控方的“经验常识”。概言之，如“说理方法”一样，二审法院所运用的“经验常识”，亦为容易“招惹疑问”。若认为“说理方法”存在“地方性”的问题，则“经验常识”同样不可避免。

补充分析一个问题。

法律论证中，对“经验常识”的运用，一个颇重要的原因在于日常生活中，“经验常识”有时能发挥较佳的论证效果，以说服对方或其他听者。有时，人们易设想，日常生活中“经验常识”的运用，其具有的推理功能，可在法律论证中顺利延续。但这里，易忽略一个要点，即日常生活的论证语境和法律过程的论证语境，已存在较大区别。首先，后者比前者更凸显利益及是非立场的纠葛，这是指，若进入了法律程序或过程，总是缘于更明显的利益纷争，且此程序或过程总伴随着更激烈的是非判断的对立，相反，在日常生活中，却未必一定如此，其中对错的争论包括利益纠纷及是非判断对立，常会相对较弱；其次，正因为利益及是非立场的纠葛更严峻，参与者及旁观者对后者中的论证，审视、期待、要求显然会高于前者，当法律程序或过程展开，即意味着利益得到或丧失，故参与者，包括旁观者，更会严格地追究“获得、丧失”的理由，与此不同，日常生活中，参与者或旁观者却未必这样，而旁观者甚至可能没有关注的任何激励；再次，运用“经验常识”以提出论证者，在后者中，明显存在“更高权威期待值”的问题，因是作出判决以定纷止争，参与者及旁观者更会要求权威的法律人特别是法官，应有无懈可击的理由表达，反之，在日常生活中，“更高权威期待值”不是一个重要的问题，参与者或旁观者常会觉得，“说出理由”即可，对“一方无懈可击”的要求常非特别迫切。因此，可概括说，运用“经验常识”以论证，在日常生活中或许可成功，但在法律过程中则注定步履艰难。

这一节，着重分析了法律论证中的“经验常识”问题，并以裁定书中的两个“经验常识”论证的样本，展开了详细讨论。依然有如前面一节所说，分析的目的，非站在控方角度或其他某方立场以增加其论证理由，相反，却在于阐述，经“经验常识”展开的理由论证，总会可能引发新的疑惑和追问。故法律论证，在此又一次表明，是需要节制的，对法律规定和形式逻辑之外的论证资源的运用，保持高度的警惕显然是明智的。

六、论证中的法理运用

“法理”，亦可称为“法律原理”。一般看，在当代法律裁判文书中，与“说理方法”和“经验常识”类似，运用“法理”而展开的法律论证似乎是同样普遍的。而前面第二节，陈述某省高级人民法院终审裁定书的内容，其中，已提到法理运用的例子，如“民事诉讼中，法院调查核实证据的手段十分有限，不可能、也不允许采取类似刑事诉讼中的取证方式，以获取证据”，再如，“若民事诉讼中，像控方所理解，一方提出涉嫌刑事犯罪即可移送公安机关，则任何举证不能的一方，均可能以对方涉嫌刑事犯罪为抗辩理由，请求停止民事诉讼，如此，民事诉讼将无存在的必要”。其实，在该份终审裁定书所针对的莫兆军案中，一审判决书，亦同样运用了法理以论证。一审判决书指出，“按照刑法理论，刑法上的不作为犯罪是指：如果行为人履行了义务，就能够避免危害后果的发生；而行为人在能够履行义务的条件下没有认真履行，因而导致了危害后果的发生”。[①]

当然，应指出，法理论证与“说理方法”及“经验常识”的论证，存在密切的关系。法律原理尽管是法律化的且又是理论化的，然而，其所阐述、说明及推演的，相当程度上，又需依赖“说理方法”及“经验常识”，尤其是“经验常识”；换言之，若无后两者的支撑，特别是“经验常识”，[②]很难想象，法律原理的推理运用可顺利地为人所接受。

---

① 见《广东省肇庆市中级人民法院刑事判决书》(2003) 肇刑初字第26号。如考察目前众多法院判决书，也可发现此为较普遍。我和一些法官进行交谈时，他们指出，自己时常的确如此撰写判决书。

② 在此，经验常识的支撑，不是逻辑演绎意义上的支持，而是经验例举式的支持。

下面讨论的法理推论的问题，便直接和前面一节讨论过的“经验常识”存密切的联系。

为使讨论深入且清晰，有必要再看控方在某些方面如何提出指控，之后，再看辩方如何回应，最后，再看终审裁定书如何运用法理以作出自身的判断。三者论辩，均围绕一个“法律原理”而展开。

首先，控方认为，就莫兆军法官与民事诉讼中自杀问题的因果关系看，（一）“该法官玩忽职守的行为，虽并不必然导致自杀事件出现，但的确是引起自杀出现的唯一原因。玩忽职守行为，可能引起一个或多个不特定的危害后果，只要出现一个且达到追究刑事责任标准的，即应追究刑事责任”；（二）“民事诉讼‘谁主张谁举证’的原则，是针对一般民事案件而言的规定，当民事案件涉及刑事犯罪时，应以例外方式，遵循刑事诉讼法和最高人民法院的相关规定。该法官却没有履行这一职责义务”。

其次，在辩护一方，其对控方的前一点并无回应，对后一点则辩称：（一）“民事诉讼中，不能仅因为一方的口头抗辩，即认为另一方存在刑事犯罪的嫌疑，公平对待当事人的举证，是民事诉讼的基本原则”；（二）“若仅因为乙方口头抗辩，即终止民事诉讼，不仅对另一方是不公平的，而且会导致民事诉讼陷入混乱，这对法官而言才属不履行职责”。

再次，在终审裁定书中，二审法院对控方的前一点，即“引起自杀的唯一原因”说，依然未直接讨论，仅提出，“与事实不符的民事判决错误，乃因为与原告相关的另外一人作出伪证所造成，法院及法官，也是受害者”，并以此避开“是否唯一原因的问题”。而对控方的第二点，二审法院像前文已提到的，指出“若民事诉讼中，像控方所理解，一方提出涉嫌刑事犯罪即可移送公安机关，则任何举证不能的一方，均可能以对方涉嫌刑事犯罪为抗辩理由，请求停止民事诉讼，如此，民事诉讼将无存在的必要”。可看出，此论点是将辩方的第一点和第二点结合起来，予以推进和完善，即剔除所谓的“公平对待当事人举证，是民事诉讼的基本原则”的观点，而集中于强调，“若民事诉讼中，像控方所理解，一方提出涉嫌刑事犯罪即可……”，则不仅“民事诉讼会陷入混乱”，而且“民事诉讼还会失去存在的必要”。

现在，讨论一个问题：针对控方及辩方，二审法院提出的一个法律原理，即“若民事诉讼中，像控方所理解，一方提出涉嫌刑事犯罪即可……”，则“民事诉讼将无存在的必要”，是否能成立？因辩方会接受二审法院的结论，故其对二审法院的理由，不会特别关注，从其角度再审视二审法院的此法律原理的陈述，无甚意义。反之，从控方角度出发，会有意义。

从控方角度看，其可提出如下论辩，以对抗二审法院的上述法律原理：（一）民事借贷纠纷中，尤其是已进入民事诉讼，若的确借钱却宣称自己被胁迫写下借据，此是不多见的。在有借据的情况下，逃避债务的方式，通常看，是称自己目前缺乏还债的资金，或称已记忆不清借据是否是自己写的……而非宣称原告胁迫自己写下借据。①（二）事实上的“通常不会宣称原告胁迫”，不是一个单纯的经验事实的表达，其中，还包含着某些注定存在的制度制约的因素，因为，若宣称原告胁迫自己写下借据，则有如第一章最后一节所分析的，被告将面临现代法律制度已具备的丰富的制度“追查”，此制度追查，并不注定是成功的，但犹如一般刑法制度并不注定成功

---

① 众所周知，从更广泛民事借贷纠纷案看，情况的确如此。

惩罚犯罪、但总能惩罚犯罪且威慑犯罪一样，其总是有效果的，[①]故这种制度追查，依然具有示范的作用，使以后其他被告，不会轻易采取“宣称被胁迫”的方式以提出抗辩，缺乏宣称“原告胁迫自己”以辩解的激励。（三）因上述两点，民事诉讼制度，是不会陷入混乱的，更不会失去存在的必要。

控方可提出的上述论辩，未必能十分令人信服，但的确是可提出的，且看起来是有道理的。如此，二审法院会怎样？

二审法院依然还能进一步，具有针对性地提出另外的理由。其可提到：（一）尽管存在一种可能，即原告以胁迫方式，让对方写下借据，后通过民事诉讼程序以追索“债务”，但原告常会较为谨慎地考虑一些因素，如之一，被告在法院面前宣称被胁迫，其意义是否不大，因为，法院极可能要求“谁主张谁举证”，被告却举证困难，之二，被告是否不甚可能向公安机关报案，因为，被告同样可能举证困难，之三，被告是否不甚可能具有强大的私下反胁迫手段……（二）若答案是肯定的，即被告完全可能向法院宣称被胁迫，而法院亦可能随即展开调查，甚至向公安机关移送案件，[②]或被告完全可能直接向公安机关报案，即使举证是困难的，则原告，便缺乏了用胁迫方式进行债务追索的激励，另若被告拥有强大的私下反胁迫手段，则原告，同样缺乏如此胁迫的激励；（三）通常看，在原告的预测性考虑中，肯定性的答案会居多，这意思是，对原告而言，一般较佳

---

① 接前注加以说明。司法实践中，的确出现过其他案件的被告以“刑事犯罪”为由提出抗辩，而法院并不给予实质性关注的情形。故某种意义上，检察机关的抗诉意见，隐含着制度建设的意思。但此为另外问题。

② 这是一个假设。事实上，通过这起裁定书的裁判，看来国家至少在目前并不一定转入其他方式加以追查。

的选择，不是胁迫他人后进入民事诉讼，这也是为何事实经验上，并不常出现“胁迫对方写下借据、然后进入民事诉讼”的原因；（四）故可理解，要求被告举证，显然是必要的，否则还可能无端地浪费国家追查制度的资源。

……

再看二审法院法理论证的另一层面意思的持续辩论的可能。

二审法院指出，若民事诉讼中，一方仅提出“存在犯罪嫌疑”，法院即终止简易民事诉讼程序而转入其他程序，则此将和法律规定，如“认定犯罪嫌疑至少应查明主要证据”的内容，产生矛盾。其认为，该内容包含着两个含义，之一，“主要证据，应是相互印证或质证以获得”，之二，“嫌疑，必须是相当充分的证据佐证”，此在裁定书中已提及。二审法院另提到，刑事诉讼法规定了基本原则，即“以事实为依据、以法律为准绳”，该法又规定，“未经法院审判任何人不得被认定有罪”……所有这些，在裁定书中亦加以明确。由此看，二审法院似乎已有丰富的“法律规定储备”，以呼应自己的“民事诉讼会失去存在的必要”的法理论证。

但问题是同样的，控方可提出更深入的反驳。在裁定书的记述中，控方已提出，刑事诉讼法规定，任何单位和个人发现犯罪事实或犯罪嫌疑人，均有权利，也有义务，向司法机关报案或举报。由此推进，控方能进一步认为的是：（一）发现犯罪事实或犯罪嫌疑人，和审判中认定犯罪成立，是不同的，若两者是一样的，则为何代表国家的检察机关和公安机关的“发现犯罪”，包括“追查犯罪”，其运作程序，与法院“认定犯罪”的程序，实际上存在区别？（二）现实中，“发现犯罪事实或犯罪嫌疑人”，一般看，并非有如二审法院所理解的，其前提为，“主要证据，应是相关印证或质证以获得”，或“必须是相当充分的证据佐证”。如果的确有如二审法院所说，则许多制度，如举报、揭发、报案、扭送等将形同虚设，这些制度，现实运作中，通常只需一方发现犯罪事实或犯罪嫌疑人即可。[①]

……

至此，可自然地提出一个问题：针对这份裁定书而言，得以如此持续展开对立论辩的原因何在？

第一，能够认为，就法律原理而展开的论证，有时会依赖说理方法，特别是经验常识，而后两者，如前面两节所讨论的，本身即为可争议的，特别是经验常识。作为例子，为了陈述一个法律原理以论证，即“民事诉讼中，若任何举证不能的一方，均以对方涉嫌刑事犯罪为抗辩理由，而法院随即移送公安机关，则民事诉讼将无存在的必要”，二审法院，依赖了“事实上，一般被告会利用对方涉嫌刑事犯罪这一抗辩理由”的经验常识，而此经验常识，显然是可争论的，即如前文已提到的控方可能提出的进一步反驳一样。同为例子，二审法院为继续论证自己的同一法律原理，有可能提到另一经验常识，即前文提到的“事实上，一般原告究竟会否利用胁迫方式，以经民事诉讼获取财物”，而“事实上，一般原告究竟会如何”，同样是可争论的，因为，控方

① 我们可注意另外一个可以展开法理争论的例子。终审裁定书中，二审法院提到了民事诉讼法的“谁主张谁举证”的原则，且指出该法官在民事诉讼中遵循了这一原则。但其后，二审法院又提到，只有像该法官在民事诉讼案件中处理证据，“才体现了司法公正”。不仅如此，二审法院认为，如果该法官仅凭被告一面之词便停止民事诉讼，移送案件，此恰未体现“司法公正”。显然，民事诉讼法中没有明文提到“司法公正”几个文字，“司法公正”，更多是中国司法机构和法学界提出的多少有些口号性的更为普遍意义的法理主张，当然，中国民众也在提出类似的修辞。在本书作者看，“司法公正”由于是一般性的大词修辞，极容易引发法理上的语词战争。控方完全可认为，自己主张该法官在当时应适用刑事诉讼法的规定，才是司法公正，并据此论争下去。

完全可认为，很难预料原告究竟如何选择行动。在此，经验常识的可争论性，便传递给法律原理，使后者可不断持续存在不同意见。

第二，许多法律原理或称法理，本身已存在争论。作为例子，前面讨论的“发现犯罪事实或犯罪嫌疑人”的法律原理，即如二审法院及控方已涉及和可能涉及的，会呈现不同的理解面相，其或许是，“主要证据，应是相关印证或质证以获得”，或“必须是相当充分的证据佐证”，也可以是，“只要一方看到，或一个信息提示犯罪事实或犯罪嫌疑人即可”。又如，像法学界法律界颇熟悉的，关于一般法律原则与具体法律规则相互关系的法理问题，有人可能认为，考虑法律原则是重要的，有人可能认为，考虑相近的具体法律规则方为重要。[①] 其实，法学话语及法律实践话语中，法律原理的争论，不胜枚举。可理解，随着法律实践的具体演变及具体语境的不同，法律原理的认识，势必呈现对立多元的局面。而在中国法学甚至是世界法学中，几乎难以看到一个法律原理未曾遭遇反论。法律学说的历史，如此浩瀚，本身已足以说明“法理可争论性”的问题。[②]

因此，可指出，法理论证有时依赖的说理方法，特别是经验常识，本身即可争论，而许多法理本身亦面对不同观点的理解，如此，运用法理以使法律论证得以“充分”，便失去了足够的理由。某种意义上，法理的论证运用，颇类似说理方法和经验常识，也会“疑问招惹”。

进一步，还应看到，法理的论证运用，要比说理方法，尤其是

---

① 参阅葛洪义：《法律原则在法律推理中的地位和作用——一个比较的研究》，《法学研究》2002 年第 6 期，第 9-14 页；范立波：《原则、规则与法律推理》，《法制与社会发展》2008 年第 4 期，第 54-58 页。

② 关于法律原理在实践和理论中的争议广泛性的较好讨论，参见 Cass Sunstein, *Legal Reasoning and Political Conflict*. New York: Oxford University Press, 1996, pp. 86-90。

经验常识，较容易引发深层的社会政治道德的观念分歧和对峙。因为，说理方法或经验常识，常涉及习惯问题或事实问题，而法律原理，常涉及规范问题，甚至本身便为规范问题的一部分。习惯问题、事实问题，或许尚可使用一般调整、客观观察以解决，但规范问题，则注定是价值上的主观主张性的，而主观主张性可能更易引发不同意见。若引发了深层的社会政治道德的观念分歧和对峙，何以期待法律论证可具有广泛的说服力？

故法律论证，在此，同样需要节制，避开法律原理的运用，或许依然是明智的。①

① 这里涉及另一个问题。有些情况下，正因为没有可适用的相关法律，但又需解决讼争焦点，故“充分”的论证意识借此出现。如前面讨论的，裁定书提到，“《最高人民法院关于在审理经济纠纷案件中涉及经济犯罪嫌疑若干问题的规定》的相关规定，乃针对经济纠纷案件中经济犯罪而言。被告提出的抗辩，涉及暴力犯罪而非经济犯罪，故检察机关引用该规定，与本案无关。同时，该《规定》所说‘经审理认为’，显然是指依照民事诉讼证据制度，从举证质证中，发现相关证据证明案件涉嫌经济犯罪，才能决定移送刑事审查，并非如检察机关所理解，只要一方提出涉嫌经济犯罪，便必须移送。否则，民事诉讼中，任何举证不能的一方，都可能以对方涉嫌犯罪为抗辩理由请求停止民事诉讼，进一步，民事诉讼制度将无存在的必要”。此便属于这种情况。再如，该裁定书提到，“虽然刑事诉讼法规定，任何单位和个人‘发现有犯罪事实或者犯罪嫌疑人’后将如何，但根据我国刑事诉讼‘以事实为依据、以法律为准绳’，及‘未经法院审判任何人不得被认定有罪’的基本原则，‘发现有犯罪事实或者犯罪嫌疑人’的前提，必须是相当充分的证据佐证。借款纠纷一案中，被告提出‘受到胁迫’，但无证据证明，也未提供报案信息，故属于‘没有相当充分证据佐证’。以这种情况论，若法院终结民事诉讼，移送刑事侦查机关，不但于法无据，且本身就是失职，没有体现司法公正”。这依然属于这种情况。对这个问题，如果要问实践中应如何解决，则等于在问，“当没有法律规定和法律原则可适用时，法官应如何审理案件”，此为古老的法律哲学问题，不属于本书所要分析的范围。如果为了“充分”名义，主张运用其他论证资源尤其是法理资源以推理，则是本书作者所反对的。这种“充分”，实际上试图运用隐蔽方式主张法官可灵活审理案件，甚至创制法律规定性质的“标准”。下一章第二节，将对与这个问题相关的立法理性和司法理性的重要分别，作出分析。

第二章

为何“充分”

多言数穷，不如守中。*

---

* 朱谦之（编著）:《老子校释》，龙门联合书局1958年版，第4页。

前面一章，以一份省高级人民法院的终审裁定书为样本，详尽排列了其中法律论证的内容及要点，并由此展开，深入讨论了一个问题，即为使法律论证得以充分，终审裁定书的“作者”在具体化的法律规定、条文化的法律原则及一般形式逻辑之外，时有使用“说理方法”“经验常识”和“法律原理”，是否存在某些困境。前面一章的中心观点，在于强调，法律论证应是节制的，不应追求“充分”，并以“说理方法”“经验常识”和“法律原理”为重点分析了为何需如此。

本章，将推进第一章的思考。本章首先讨论的第一个问题，即法律论证中对“充分”的追求，极可能来自一个理由，该理由是，有时的确可发现，“充分”的论证化解了争议，实现了“很有道理”或“令人信服”，但此理由本身是否存在着疑问？本章其次讨论另一个问题，即追求法律论证中的“充分”，有时缘于人们相信，此至少能表现司法裁判是理性的，展现司法裁判的正当性，但果真如此及在何种意义上才能如此？本章再次还将讨论一个问题，即对法律论证中的“充分”的热衷，亦因为一个理由，其因展示了清晰细节的推理过程，一切予以表现出来，故可防止“语焉不详”隐藏的司法腐败，但实际上，是否真能如想如愿？讨论上述三个问题后，本章将联系司法公正的概念，进一步阐明“充分”的追求或许事与愿违，而单纯的法律论证，即仅适用细节化的法律规定、条文化的法律原则及一般形式逻辑，以展现法律裁判的理由，是最理想的。

一、充分论证导致没有争议？

显然，前面一章，对“说理方法”“经验常识”和“法律原理”之运用展开的所有质疑，必须面对一个基本困难：为何有时，经过这些论证资源的运用，及论证交锋，法律纠纷中的争议消失了？此困难可用另外一种方式予以表达：说理方法和经验常识是多样化的，具有“地方性”，而法律原理亦存在不同的理解面相，但为何这些“障碍”，有时未阻挡“一致意见”的形成？该困难意味着，前面一章分析的说理方法、经验常识及法律原理，以社会法律实践论，有时，或许不是可不断展开争论的，而其在运用成功之际，恰增加了司法裁判的权威性。反过来亦可认为，这样一个反质疑，正是强烈支持法律论证应充分的关键理由之一。①

可设想，前面一章及本章所讨论的一份终审裁定书，其法律论证，或许有朝一日的确出现了“没有争议”，此有可能。但时至今日，似乎是不太可能的。因为，可注意当时的情形如何之严峻，以至现在看来，“可能”均是颇渺茫的。当时，所涉案件为市中级人民法院一审，之后，市人民检察院抗诉且省人民检察院支持抗诉，最后，省高级人民法院以“经审判委员会讨论”的方式，以定案。而终审裁定书，其中“经审判委员会讨论”的措辞，既是明显的“运用‘集体’应对外来某方压力”的一种策略，又是暗示争论可持续存在的

① 一些支持“法律论证应当充分”观点的学者，均含蓄地暗示过这一点，如使用“能使当事人心服口服”等用语。例子，参见张静、李守一：《法理论证与判决理由》，《西北第二民族学院学报》2002年第2期，第90页。

语言象征。实际上，亦的确能看到，人们还在争论。[①]

当然，该份终审裁定书引发的争议的最终结局将如何，非本章讨论的意图所在且无法讨论清楚。本章，需要回应上述困难。依然从这份裁定书入手。

该份裁定书提到了，该法官、辩护人及二审法院中的某些法官，尤其是该法院审判委员会的某些“重要法官”，对裁定书中法律论证的“充分”，是没有意见的，其相互之间可看到“没有争议”或“一致意见”。但重要的且已然如前所看到的，控方及另外的旁观者，甚至可能包括二审法院中的某些“异议”法官，却存争议或相反的意见。这样一种分类差异意味着什么？

首先，此意味着，需注意人们通常是在何种条件下，使用“没有争议”“一致意见”之类陈述的。事实上，可觉察，这类陈述的使用总在隐约地指向特定群体、场合及时间，换言之，提及“没有争议”或“一致意见”，其欲在特定群体、场合及时间内显示话语的意思指向。故问题在于，何种主体、何类场合、何段时间，出现了“没有争议”或“一致意见”。若条件是限定的，如立场观点颇接近的人群，同时在人数较少的场合下，另限于短促的时间段，其中，才可能见到此种情形，反之，则极可能另当别论。

而由此进一步看，可指出，条件越复杂或范围越多变，如更多持不同思想的人员加入进来，更多的讨论场合变换起来，更多的时

①2005 年中国法院网法治论坛第八期电子杂志，之中便提到关于此案的详尽争论。“中国法院网讯”提到，“莫兆军案一度是大家争论的焦点，日前，莫兆军现身法治论坛，引发了莫兆军案是是非非的大争论，本期杂志，我们辑选了诸多网友观点，以飨读者”。见漆浩：《中国法院网讯》，载中国法院网，http://www.chinacourt.org/article/detail/2005/10/id/182270.shtml，2014 年 6 月 7 日访问。

间段延续下去，使用“没有争议”或“一致意见”的陈述，便可能越困难。不难理解，一般看，公开化的裁判文书是一定要进入社会的，其阅读者，犹如该份终审裁定书一样，当然并不限于具体诉讼中的控方、辩方和二审法院，作为佩雷尔曼（Chaim Perelman）“一般听众”概念的社会阅读者，[①] 是潜在地不断增加的。而一般理论上，社会阅读者的角色及观念的复杂，包括数量的不断增加，便意味着前面一章提到的说理方法、经验常识和法律原理的“多样化”“地方性”，其进一步的卷入或“发酵”（尽管，在这种“多样化”和“地方性”不断累积的同时，亦会出现新的特定群体、场合、时间的“没有争议”或“一致意见”）。[②] 在此，不仅从更复杂的条件或更多变的范围，而且从动态角度观之，都能且更能深入理解，人们不经意使用的“没有争议”及“一致意见”等陈述，究竟是在什么条件下使用的。

其次，此意味着，需注意人们通常是在何种程度上，使用“没有争议”“一致意见”之类陈述的。实践中，应看到，有时出现“没有争议”或“一致意见”，是因为原有的争论，其依据的作为自身基础的说理方法、经验常识和法律原理，会出现暂时的“一方对另一方的接受”，[③] 准确言之，是特定主体、场合及时间中的暂时“一方对

---

① 关于“一般听者”，参见 Chaim Perelman and L. Olbrechts-Tyteca, *The New Rhetoric: A Treatise on Argumentatio*. trans. John Wilkinson and Purcell Weaver , Notre Dame: University of Notre Dame Press, 1969, pp.112-113。

② 在这个意义上，我们便可理解佩雷尔曼为什么说，“重要的不是知道说者所说的真实与重要，而是知道即时听者的观点”。见 Chaim Perelman and L. Olbrechts-Tyteca, The New Rhetoric: A Treatise on Argumentation, pp. 23-24。

③ 这种接受，或许是一方对另一方的诚心诚意的接受，但也许仅仅是相互谅解或妥协。

另一方的接受”，而此“接受”的根本原因，极可能又在于一方在说理方法、经验常识及法律原理上利用了自己的“知识比较优势”，使其暂时得以战胜另一方，其结果，实现了暂时“说服”，或暂时使另一方“失去”论辩能力。这是“没有争议”或“一致意见”的过程能发生的、且易为人忽略的一个基本机制。

由此深入看，“知识比较优势”的暂时征服，其所解决的问题，是认识理解上的“是否很有道理”，而非纯粹的法律事实问题及纯粹的法律规定问题的“多与少”。其无法像数学中，“一加一等于二，二加二等于四是必然的”这类知识，给人们以确凿不疑的认定信息，以不断增加无法抗拒的接受分量。依此而言，暂时“说服”，及暂时使另一方“失去”论辩能力，其所带来的暂时“一方对另一方的接受”，没有且也不可能直接增加“科学、实证、逻辑”意义上的法律理解。再看裁定书，其中提到，“民事诉讼中，一方败诉后采取极端行为，极罕见，尤其是当事人一再放弃有利于自己主张权利的机会”，另提到，“自杀者自杀前，未流露任何情绪和倾向……毫无征兆突然自杀，超出了该法官的正常预见”。假定这两个观点被人接受了，显然，其接受与裁定书中另一个观点被人接受，是存在区别的，即“根据最高人民法院和省高级人民法院错案追究的规定，民事案件，由于出现新的证据而发现原判错误，不能追究办案人员的责任……”前两者被人所接受，是因为接受者被带到了一个思路上，发觉“比较可信”，而后者被人所接受，是因为可确凿无疑地知道一个具体的法律性规定。前两者，没有也不可能直接增加“科学、实证、逻辑”意义上的法律理解，而后者却增加了。就此意义而言，所谓“很有道理”或曰“充分”，其所带来的“没有争议”或“一致意见”，并非牢不可破，却是柔性易变的，完全可能唤醒新的“知识比较优势”，其与运用细节化的法律规则、条文化的法律原则及一般形式逻辑所带来的“没有争议”或“一致意见”，明显不可同日而语。

由此进一步深入，可发觉，“知识比较优势”这一概念，或许正是理解“没有争议”或“一致意见”，何以能在特定条件下出现的关键词。换言之，在说理方法、经验常识和法律原理上，“知识比较优势”必定是存在的，故才能看到乃至谈论特定条件下的“没有争议”或“一致意见”。

再次，更重要的，此意味着，即使可看到以往一个特定条件下的“没有争议”或“一致意见”，发现此是令人欣慰的，对一个当下具有争议的案件，仍无法断定“使得法律论证充分”的结果是否乐观，准确说，“使得充分”的作用，既可能消除争议，也可能保持争议，甚至催生争议。这里的一个问题是有意思的，即针对一个具体的法律裁判，即便在特定的条件下，实现了“没有争议”或“一致意见”，其中的参与者，在另外条件下或许改变了自己的最初判断，将“赞同”变为“反对”或“不支持”，如经过辩论或经过一段时间的反省以改变；当然，反之亦然，即最初“赞同者”，如此变为了“反对者”或“不支持者”。

因此，讨论“一致意见”及“没有争议”的情形，特别是其中机制，及讨论法律论证是否应充分，也提示着须关注未来时态的理解问题。说理方法、经验常识及法理认识的“地方性”和“多样化”，决定了无法存在一个逻辑，其能证明，过去较多的“没有争议”或“一致意见”（假定较多），对其进行模仿，未来可促进较多的类似状态的实现。

综上所述，一个经验事实，即“很有道理”或“充分”的法律论证有时实现了“没有争议”或“一致意见”，对前面一章的相关讨论及观点，并未且无法形成一个困难。相反，依这样一个经验，以设想并主张推进法律论证的“充分”，或许不是一个恰当有益的思路。[①] 另前一章及本章所主张的“法律论证不应充分”，没有否定此经验事实，而旨在强调，应对“说理方式”、“经验常识”及“法律原理”的潜在“分歧”，保持必要的警觉，进一步，对此经验事实，反而应保持必要的追究和反思。[②]

二、司法理性与裁判的正当性

支持法律论证“应充分”的另一个重要理由，在于这样一种认识，即“充分”的追求，可表明司法裁判至少传递了理性的信息，其存“有根有据”的纹路，由此，展现了司法裁判的正当性。如有学者称，判决的正当化，“要求审判的公开，包括判决理由的公开，使社会公众了解法院作出判决的事实上的根据和法律上的理由，对案件的性质、情节的酌量、权利的予夺，能够知悉其缘由，以便‘以

---

① 有学者已提到类似问题，但因为文章主题，没有深入分析。参见苏力：《判决书的背后》，《法学研究》2001 年第 3 期，第 17 页。

② 在这个意义上，我们可注意，有学者认为“暂时合意是有价值的”这一观点，其本身可能便需商榷。桑斯坦（Cass Sunstein）认为，人们之间的“未完全理论化的一致意见”(incompletely theorized agreements)，在法律论证中具有重要作用，因为法院可据此“相互尊重、公正、迅速、没有失误地解决案件纠纷”。此观点在英语国家学术界颇引人注目。桑斯坦的目的，是想说明这种“未完全理论化的一致意见”，要比德沃金（Ronald Dworkin）的“法官应建构一个基本理论以法律论证”的思想，更有价值更实用，后者费时费力，且也不甚可能实现。参见 Cass Sunstein, *Legal Reasoning and Political Conflict*, New York: Oxford University Press, 1996, pp.6-8, 50。在本书作者看，无论德沃金还是桑斯坦的观点，均需重新考虑。

人们看得见的方式实现正义'"。[①] 而将案件的争议释放出来，使人知晓，不会削弱反易增加司法裁判的社会认同，"一份充分说理的判决，本身就表明法官在裁判过程中是公正司法、不偏不倚的，这也是法院裁判正当化的重要依据"。[②] 甚至可说，充分地说明判决理由，"将司法行为置于当事人、上诉审法院及社会公众的监督之下，那么，以裁判文书向整个社会宣告这样的判决结果，已经超出了向社会证明裁判行为正当性的意义"。[③] 依这样的理由，即使说理方法、经验常识及法律原理的使用，未必终结司法裁判的争议，其价值仍然是正面的。

在此，两个问题需澄清，其一，经"充分"之努力，能否的确表明了司法的法律论证是理性的，进一步，即便在某种意义上可称"是理性的"，就司法而言，其"理性"能否成为一种"合适"的"理性"？其二，司法裁判正当性的社会认同，与这种"充分"努力的相互关系，究竟是怎样的？

先讨论第一个问题的前一点，即"充分"的努力能否表明"是理性的"。不能否认，通过所谓"充分"的法律论证，某些情况下，可能会使人们认为司法裁判"是理性的""有根有据"，且"还是具有正当性的"。有时，裁判理由的充分陈述，的确为司法赢得了"并

---

① 龙宗智：《刑事判决应加强判决理由》，《现代法学》1999 年第 2 期，第 36 页。

② 王利明：《用判决书说理促公正》，《人民法院报》2013 年 4 月 25 日，第 2 版。

③ 傅郁林：《民事裁判文书的功能与风格》，《中国社会科学》2000 年第 4 期，第 133 页。

非任意”“并非专断”“理性审判”，乃至“司法公正”的赞誉。[①] 但需清晰地看到，司法裁判的“是理性的”“有根有据”，其基本前提之一，是司法在持续努力“充分”的过程中真实表现了无法指摘的“道理呈现”，至少为，“当下”的难以质疑的“道理表达”。众所周知，仅讲出某些道理，仅说明某些根由，或仅陈述某些理据，极可能不足以让一种法律论证成为通常理解的“是理性的”，或“有根有据”。此外，若通过法律论证体现出来的道理、根由、依据，遭遇了有力的反驳，或更有力的，经反驳表达出来的道理等，被认为是“似乎更正确的”或“更可接受的”（即使需用“比较正确或可接受的”表述予以修饰），则认为曾阐述出来而又遭遇反驳的道理等是理性的，有根有据，便是更困难的，称其为“不理性”，似乎更适宜。这意味着，提到司法裁判的理性、有根有据，不仅意在希望司法应陈述道理、根由及依据，而且意在要求陈述出来的道理等无法辩驳、不可动摇，其要求是颇高的，又因司法裁判的重要性是怎样强调均不过分的，其要求甚至颇苛刻，此更关键。而经前面一章的分析，为使法律论证得以“充分”，势必须在说理方法、经验常识、法律原理上持续地展开努力，但所有这些“充分”的论证资源，却本身即为常可争议的，在被用来推论观点时，易被反驳，极难实现这里所说的“是理性的”“有根有据”的要求。

故“充分”与“是理性的”“有根有据”，其间很难存在必然的联系，而经“充分”努力，或许的确不能表明司法的法律论证是理

① 英语国家不少法院的判决，即如此。另可注意，法国大革命之后，对司法历史的讨论常涉及大革命之前的法国法院裁判，此裁判常被称为任意、专断，且没有理性。讨论的预设前提之一，即为通过充分的裁判理由的陈述，才能体现“理性司法”直至“司法公正”。

性的。[①]

现看前一问题的第二点，即“充分”的努力即便“是理性的”，此理性是否为“合适”的一种“理性”。依本书作者看，即便认为上述“充分”，表现了“很有道理”，故可归属一类“是理性的”及“有根有据”，但仍应看到，其就司法而言恐难认为是“合适”的理性。通过前面一章的一系列分析，至少可发觉，类似裁定书中的“说理方法”“经验常识”及“法律原理”的运用，或称“充分”，其明显带有“通过对话以说服对方”的策略，甚至带有“积极化解对立意见”的期待。[②]就广泛的一般社会政治生活而言，此策略或期待，可认为是颇宝贵的，且亦应竭力发扬，但这不能成为将其推入司法领域、特别是司法裁判理由生产机制领域的一个理由。[③]因为，这些策略或期待，其所体现的“很有道理”，即便称为“是理性的”，仍是一种“政治理性”，更准确地说，是一种“立法理性”。广泛的政治生活中或立法过程中，因社会常缺乏具有共识性的唯一正确的公共理想，对“通过对话以说服对方”或“积极化解对立意见”的推动，便为基本要求，亦为特定的要求。与此有别，面对广泛的一般社会，

---

① 关于这个观点的一些有启发的相关论述思考，可参见 Peter Suber, “Legal Reasoning After Post-Modern Critique of Reason ”, *Legal Writing, The Journal of the Legal Writing Institute*. vol.3, 1997, pp.21-50。

② 当然不排除还有“开人心智”的启蒙希望。如最高人民法院提到，裁判文书“不仅要记录裁判过程，而且要公开裁判理由，使裁判文书成为向社会公众展示司法公正形象的载体，进行法制教育的生动教材”。最高人民法院：《人民法院五年改革纲要》，《中华人民共和国最高人民法院公报》1999 年第 6 期，第 187 页。

③ 有学者的确主张应提倡法律论证的对话性、说服性。例子，参见解兴权：《法律推理的涵义、性质及其功能》，《法律科学》1998 年第 6 期，第 10 页。

司法却需依据某个已通过公共政治途径或立法过程而确立的标准，[①]解决相关的社会问题，其固然是在解决纠纷，但终究不是解决政治立法的纷争。此为司法的一般特性。故通常看，司法在更广泛的一般社会中应具有区别于“立法理性”的“司法理性”，[②]而其所追求的“有根有据”，亦应有别于政治立法领域的“有根有据”。司法中，运用“增加确定法律信息、进而逐步令人相信确凿无疑”的手段的合法性，显然优于运用“知识比较优势”。前面反复讨论的裁定书，作为例子，之中提到，“法院和该法官，受民事诉讼证据规则限制，进而作出与事实不符的判决，其本身也是受害者”，另提到，“根据最高人民法院和二审法院错案追究的规定，民事案件由于出现新的证据而发现原判错误需要纠正的，不属错案，不能追究办案人员的责任”。涉及“法院和该法官亦为受害者”的一类表述，虽可认为是“有根有据”的，甚至可肯定其拥有“知识比较优势”，但以社会一般认同的司法陈述的合法性看，其仍无法与陈述“最高人民法院和二审法院错案追究的规定”的前一表述，相提并论。

就此而论，即便认为通过“充分”的努力，可表明司法裁判的“一种理性”，此理性依然是可疑的，几乎难以认为是人们普遍期待的标准意义的司法理性。

---

① 这里提到的“标准”，涉及复杂的法律解释问题，但此处忽略之。另有时某些法学理论者和法律实践者，的确认为法院可做些“立法”工作，如填补法律的空白。此为复杂问题，需另文撰述讨论。因为，这样一种看法是较传统的看法，而其他法学理论者或法律实践者并不如此认为，还有某些法学理论者及法律实践者直截了当地认为，法院根本无此权力。此外，法律是否有空白，也是可争论的，有人或许便认为空白不是法律本身具有的，而是因为人们有不同看法而产生。

② 关于司法理性的近来较经典、完善的论述，可参见 Joseph Raz, “The Relevance of Coherence”, *Boston University Law Review*. vol.72, 1992, pp.273-321。

讨论第二个问题，即法院裁判正当性的社会认同与这种“充分”的努力，其相互关系，究竟是怎样的？

首先，应注意到，中国当代相当一部分主张法院应充分说明自己裁判理由的学术文本，均已提到英语国家重要法官的“充分”法律论证的写作，且时常有意或无意，以其作为中国司法裁判文书制度变革的蓝本。[①] 这些文本，当然，亦小心地提示了中国的司法制度与英语国家的基本区别，但就观察英语国家的法官法律论证写作而言，尤其是在“这种充分判决，是否带来裁判正当性的社会认同”问题上，依然明显带有了部分的浪漫想象，即仿佛这些国家中，法官“充分”的法律论证写作，其与“法院裁判正当性的社会认同”之间，存在着某种内在的联系，[②] 故由此设想，在中国实现法律论证的“充分”，亦可带来同样的效果。

但实际上，英语国家的法官“充分”的法律论证，其与“法院裁判正当性的社会认同”的联系，并非如想象的那样，联系多么紧密，或多么乐观。相反，观察者可轻松地发现，正是在这些英语国家，一份“论证颇充分”的裁判文书出现后，引起人们的争议是司空见惯的。旁观者，常看到的，恐怕不是“一致推崇”，却是“不断讨论”，或赞同或反对。而所有这些“不断讨论”，又在相当程度上，影响了法院裁判正当性的社会认同，甚至影响了法院的“公正形象”。关于“负面影响”的问题，可注意几个现象，其一，在英语国家，尤其是美国，经由法律推论以对法院裁判正当性提出深度怀疑的现实主义

---

① 突出例子，可参见唐仲清：《判决书制作应确立判决理由的法律地位》，《现代法学》1999 年第 1 期，第 88-89 页。

② 众所周知，在英语国家法官具有很高的社会地位，受人尊敬。

法学理论、批判法学理论和狭义的后现代法学理论，[①] 首先得以产生，并迅速蔓延；[②] 其二，在这些国家，以律师作为标志的法律专业人士，最关心的是论辩修辞、对立判例、胜诉技巧，而对法院可能作出的裁判是否公正，则似显“漠不关心”，此几乎是一种普遍的行业惯习；[③] 其三，在这些国家，关于法庭辩论、展示律师技艺、暗示法律的复杂推论的重要性，从而批判法院裁判正当性的大众文化运作，相比欧洲大陆国家，可谓是大行其道，更是热闹非凡，[④] 以致更有学者称，“公众要比法律职业界对法律更玩世不恭”。[⑤]

此外，还需特别注意英语国家的“繁荣”的法学学术生产，尤其是美国的。在其法学学术文本中，当然包括一般媒体表现出来的文本，可看到大量的对复杂裁判论说的不断争论，持续不断地对法院的评论，所有这些，同样远比欧洲大陆国家更明显，如波斯纳所言，“在诸如美国这样以判例法为向导的法律体制中，法学教授所做的就是阅读司法意见并试图从诸多案件中发现其中的基本格局……”[⑥] 而另可辅助此判断的是，法学院的教学中，英语国家的法

---

① 见刘星：《法律是什么》（修订版），法律出版社2009年版，第41-83、194-236、237-258页。

② 人们可以认为这些理论是处于边缘的，但对其却无法忽视。

③ 这个问题可参见 Richard A. Epstein, *Simple Rules for a Complex World*. Cambridge : Harvard University Press, 1995, pp.1-3。

④See Symposium: Law and Popular Culture, Legal Studies Forum. vol.22, 1998; *A Symposium on Film and Law*, Oklahoma City University Law Review. vol.22, 1997; Symposium: Picturing Justice: Images of Law and Lawyers in the Visual Media, University of San Francisco Law Review. vol.30, 1996; Symposium: Popular Legal Culture, Yale law Journal. vol.98, 1989.

⑤[美]理查德·A. 波斯纳：《超越法律》，苏力译，中国政法大学出版社2001年版，第560页。

⑥见[美]理查德·A. 波斯纳：《超越法律》，第96页。

学教材，常备有大量的司法实践裁判论说的举要及分析。在此，针对法院裁判的学术生产，主要是从两个方面展开的，之一，为裁判结果，之一，为裁判论说。裁判结果，自然可成为学术生产的一个刺激来源，且学术生产者可从多重角度对其展开分析研究，其亦为大陆国家法学学术生产所从事的一个重要工作。但将裁判结果和裁判论说结合起来，进行双重及互动的研究，显然不同于仅对裁判结果作出的研究。“两个对象”和“一个对象”的区别，不能说是决定性的，但肯定是重要的。此处想指出的是，裁判论说，特别是“充分”的裁判论说，更涉及或直接涉及说理方法、经验常识及法律原理，显然，其更易为法学学术生产提供更广阔、直接的刺激需求，因为，学术生产，常与“推论”有着天然关联。[①] 当然，法学学术生产的“繁荣”，并不必然说明法院裁判缺乏了社会的广泛认同，因为，社会公众可以且时常不去理会法学的学术生产，但一定程度上，仍可作出这样的说明。其中重要的原因，在于争议案件的裁判论说，其所引发的法学学术生产的复杂，通过大众媒体传播方式及法律的普及式教育方式，总会渗入社会意见的广泛生产过程，使其变得较复杂，进一步，增加了影响裁判结果的社会认同的可能性。

作为补充，相反可注意另一个现象，即其他许多国家法院，特别是欧洲大陆国家的法院，其中，并不“充分”的裁判文书，却时常也获得了正当性的社会认同，在这些国家，社会对“没有充分论证”的法院裁判的反应，除个别情形，一般是较平静的。[②]

上述各方面的情形表明，法院裁判正当性的社会认同的缘由，

---

① 学者总要论证自己的观点。

② 作为例外，典型的个别情况，如法国大革命前的法国法院裁判，其裁判理由是不“充分”的，故遭遇来自社会的关于裁判正当性及公正性的质疑。

是复杂的，同时，“充分”的法律论证，其与正当性社会认同的合谋关系，比起两者之间所产生的背离关系，极难判断何者是更易出现的。故重要的，依然在于裁判理由的“充分”的内在结构，本身便存在了“悖论”元素。

其次，认为裁判论说的“充分”与法院裁判的社会认同，存在着某种内在关联，此观点，有时是以另一个观点为基础的，即“思考理性”与公正存在着内在关联。后一观点想表达的意思，即为越增加“思考理性”，越容易实现公正或达成公正的共识，进一步，公正实现了，或公正的共识出现了，法院裁判的社会认同亦会自然而然地形成。[①] 但尽管可假定，甚至认定公正的实现和公正的共识得以出现，是法院裁判的社会认同的一个基本条件，然而所有这些，并非一定是“思考理性”运作的结果，有时，或许与“思考理性”是根本无关的，更极端者，有时，甚至越增加“思考理性”，越有可能无法实现公正，越有可能引发“公正共识”的分裂。[②] 另众所周知，经验有时可说明，一些公正的实现及公正共识的出现，是历史变迁的自然产物，与直觉、妥协甚至是斗争存在着联系。此外，“何为思考理性”，其本身也是可争论的，“何为公正”及“何为公正共识”，本身又是可争论的。其实，法律语境中，诉讼及司法审判制度的普遍存在，已反向说明了利益纷争总是普遍存在的，[③] 而利益纷争的普

---

①这样认识的文本例子，参见中国学者王红岩：《判决书写作理由初探》，《内蒙古大学学报》（哲学社会科学版）1995 年第 3 期，第 107 页；胡平仁：《法律接受初探》，《行政与法》2001 年第 2 期，第 91 页。

②当人们缺乏共同的文化背景、价值判断意识形态，及利益纷争明显，此便可见。人们可能使用“强词夺理”“狡辩”或“诡辩”等表达感受。

③See Richard A. Epstein, Simple Rules for a Complex World, p.39.

遍存在，足以说明社会理解的多样性和地方性是普遍的，而这些问题，又从根基上动摇着“思考理性和公正”的可能勾连。而就具体的司法裁判文书看，实际上，如有学者已提到的，有时对司法裁判，一般社会听众更关注裁判的结果，若结果可接受，被认为是颇公正的，其完全可能不去理会司法裁判文书究竟是如何论证、特别是如何“充分”论证理由的。甚至，即使没有“理由”或“充分的理由”论证，裁判结果也会获得一般社会听众的认同。反之，若裁判结果是不可接受的，“充分”论证恰可能被视为“狡辩”，视为修辞式的遮掩。其缘于，一般社会听众的基本的情理理解、道德判断、公正标准，有时即为司法裁判的唯一尺度。[①]

故有理由认为，“思考理性”至少不是容易走向公正的，或许反之，可能导致何为公正的持续纷争，缘此，“思考理性”与司法裁判的社会认同的关系，是复杂的。“充分”的裁判论说的展开，并不一定增加司法裁判的社会认同，也许反之，削弱了此认同。法律语境中，公正的实现及公正共识的达成，乃至司法裁判的社会认同，或许更依赖“思考理性”之外的其他种类的实用智识资源。

三、充分论证与司法公正

主张“充分”的法律论证，且主张在裁判文书中详尽写明裁判的理由，此外，与认为如此之论证，或如此写明理由，可避免“和不公正相互关联”的司法腐败，有着联系。其意思是，将法律论证

---

① 苏力：《法条主义、民意与难办案件、民意》，《中外法学》2009 年第 1 期，第 101-104 页。

予以“充分”的方式展开，且在裁判文书中将各种裁判的理由详尽列出，可将司法思维的实际状况，乃至司法思维的真实动机及目的，揭示出来，既如此，显然有利于社会化的外部观察及监督。[①] 一段时期以来，中国呼吁司法公正和憎恶司法腐败，是一个重要的社会运动和社会反应，其已成为“充分”的法律论证的激励因素之一。

毋庸置疑，提倡及要求司法公正，是正确的，对司法腐败，也必须保持高度的警惕并采取相应的有效措施。但“充分”的法律论证，或将裁判理由详尽地予以写出，是否可真正实现司法公正，及成为防止司法腐败的有效措施，则是需讨论的另外一个问题。其或许是复杂的。

第一，对司法职业人员，尤其是训练有素的裁判者，因专业娴熟之故，用“充分”的方式将裁判文书加以论证并非有何困难，利用“充分”的论证资源，以详尽说明裁判理由，亦可能驾轻就熟。在此，作为“充分”表征的论证资源，如说理方法、经验常识及法律原理，本身便存可争论性，如此，针对一种感受期待，运用不同的说理方法，说出不同的经验常识，展示不同的法律原理，就会存在可操作可利用的空间。这意味着，“充分”的法律论证，或详尽地说明裁判理由，有时在未担当防止司法腐败的功能之际，反倒可能预先成为了“司法不公正”“司法腐败”的一种理性化的包装屏障。

第二，所谓外部观察乃至监督，其本身亦是有疑问的。其一，对所谓“充分”的法律论证，确定其为正确的或为错误的，并非是一个轻而易举的问题。前面一章已反复讨论，使用说理方法、经验

① 见刘治斌：《法律方法论》，山东人民出版社 2007 年版，第 364 页；另见方洁：《判决书应当陈述理由》，《法商研究》2001 年第 4 期，第 117 页。

常识及法律原理展开的“充分”论证，易引发“疑问招惹”，由此，除社会出现了一个关于某“充分”的共识之外，实际上，没有其他标准可资利用，以宣称其是正确的或是错误的。如此一个困难问题的存在，便决定了，基于“自己”认为正确的标准的外部观察乃至监督，缺乏正当的理由以指出某法律人或某法律群体的“充分”论证是错误的，直至对其指责。其二，专业外的外部观察乃至监督，其得以成立，预设的一个前提是“观察者乃至监督者更专业”，或称“更有职业能力慎察专业内的一个问题”，而司法裁判的“充分”论证，其说理方法与经验常识两项可运用的推理资源，尽管并非是内部专业化的，但至少与法律的专业问题密切联系，是在与法律专业相关问题的讨论中发挥作用的，故对法律专业相关问题的“非专业理解”，势必形成对说理方法与经验常识进行合理判断的障碍。与此相连，作为“充分”论证的另一个可运用的推理资源，即法律原理，其本身便为法律专业相关问题的延伸及理论化，不熟悉法律专业的相关问题，更是无从思考法律原理、并判断其论证运用的是与非。故外部观察乃至监督，在此更会遇到困难。甚至，情形或是相反的，称专业内人士可观察乃至监督专业外人士的“充分”论证，却似更符合逻辑。

第三，强调外部观察乃至监督的意义，还可能增强法律论证在社会理解层面上的“垄断局面”，因为，法律人可能迫于压力，而愈来愈在法律论证上构筑精细化、繁复性的论说迷宫，使社会的外行人更难理解。在此，完全可想象，若一份裁判文书的论证十分“充分”，颇像法学的一篇学术论文，有如被赞美的英语国家的某些裁判文书的“论文化”，[①] 不仅旁征博引，而且持续论理，其结果，将如何会使社会的外行人更彻底地遭遇阅读困难，甚至失去阅读的耐心，或畏惧而退。

实际上，在此，讨论防止司法不公正、司法腐败的逻辑，乃至“观察与监督”的逻辑，已在逐渐离开“使裁判文书充分论证”的思考路径。问题的棘手所在，既不是“谁来监督监督者”，也不是“外部观察及监督者是否享有理性的优先性”，而是如何建构专业、职业内部的横向及纵向的权力制约框架。不难理解，一般看，揭露法律职业内部的不公正及腐败问题，亦只能依靠法律职业内部的专业人士。而原有的专业的“理性屏障”“垄断局面”，大体上，必须且只能从内部予以撕开和瓦解。[②]

或许，有人认为，正如此处提到的内部监督及职业内部揭露是可能的，也是可行的，故要求法律论证的“充分”，裁判理由的详尽列出，可使法律共同体内部成员实现相互监督，进一步，防止司法的不公正或腐败的出现。但这里依然存在两个问题。

---

① 法学界熟知，有时对英语国家的裁判文书的赞叹，正因为其努力使之成为一篇法学论文。如中国法学界常讨论的里格斯苏帕尔玛案（Riggs v. Palmer），其中，法官旁征博引，以阐述自己的判决理由。就先例看，法院不断提到以往法院的判决，且提到国外法院的判决，论证自己判决的依据，而就理论看，法院不仅提到培根（Francis Bacon）、布莱克斯通（William Blackstone）的论述，而且提到普芬道夫（Samuel Pufendorf）甚至亚里士多德的论述，支持自己判决的观点。参见 Riggs v. Palmer, 115 NY 508, 1889, pp.510-511。

② 美国联邦上诉法院前首席大法官克里福特·华莱士（Clifford Wallace）指出，“抵制司法腐败的机制应当建立在司法体制之内是有非常重要的原因的”；并认为，“一个肆无忌惮的行政首脑会用反腐败机制惩罚那些与其意见相左的法官，而司法界其他的人很快就会得到这样的信息而不敢有所作为”。[美] 克里福特·华莱士：《当前国际司法改革的三个主要问题》（吕芳译），《法律适用》2007 年第 5 期，第 91 页。

首先，就最高审级的一个法院看，如最高人民法院，是否可通过观察“法律论证的充分与否”，或“裁判理由列出的详尽与否”，以对之监督？答案，显然是否定的。司法审级及“最终由法院进行审判”的权力的制度设置，决定了此法院的“充分论证”，是无法遭遇法律职业内部质疑的，相反，其所作的“充分论证”，原本似应成为其他级别法院或其他类法律机构的标准。从下级法院“观察”上级法院的充分法律论证看，情形是同样的。

其次，尽管通过“法律论证的充分与否”的法律论证，或“裁判理由的详尽与否”，上级法院或最高人民法院可监督下级法院，但通常情况下，“充分的论证”，总缘于“争议问题的复杂”和“观点对立的严峻”，而对其加以审查，亦总是需要在“说理方法”“经验常识”“法律原理”等方面持续展开，故不同的看法及观点，总是存在的，进一步，通过不同的看法及观点以确定不公正或腐败的问题，也总是困难的。事实上，对司法上的不公正或腐败的揭示，必须依赖确凿无疑的事实证明和无可辩驳的理由陈述，却不能依赖富有弹性的“相对有理”的“充分”论证。最终，所有可依赖的内容，又必须是内部的横向纵向权力的基本结构。

概括来说，正是因为这些缘故，解决司法不公正和腐败的思考目标，即便是在当代中国，依然不是追求“充分”的法律论证。

四、单纯的法律论证

行文至此，本章应转入对“单纯”的法律论证之意义展开分析。前面一章，对“充分”的法律论证作出了界定，其是指，“说理方法”“经验常识”和“法律原理”等论证资源的运用。与之对应，前面一章，亦对“单纯”的法律论证作出了限定，其指细节化的法律规定、条文化的法律原则及一般形式逻辑的运用。[①]“充分”的法律论证目的，在于“很有道理”；而“单纯”的法律论证的目的，则是仅寄希望于将确定无疑的法律依据，在推理层面予以增添。

前面一章及本章讨论的一份裁定书，涉及较复杂而又争议的事实认定和法律适用问题，进一步，涉及许多枝节观点的论证，及枝节观点论证和中心观点论证两者相互关系的问题。二审法院提出的诸项理由陈述，几乎全部属于枝节观点的论证，其目标，自然是指向一个中心观点，即“该法官玩忽职守罪不能成立”。当然，其中枝节观点，又包含了彼此相互支持、下枝节观点支持上枝节观点的递进。显然，本书作者主张“单纯”的法律论证，而非“充分”的法律论证，正是旨在主张二审法院提出的诸项理由陈述，应全部成为细节化的法律规定、条文化的法律原则及一般形式推理的展示说明。概言之，细节化的法律规定，与条文化的法律原则，解决“适用标准”的问题，而一般形式推理，解决“事实认定”及枝节观点和中心观点的相互连接，包括枝节观点彼此相互支持的问题，自然，个别情形下，细节化的法律规定和条文化的法律原则，也会或亦应解决“事实认定”的问题。

其实，在该裁定书中，已能看到若干“单纯”的法律论证。如其中提到，因为，“根据法院组织法、民事诉讼法和最高人民法院关于落实法院审判组织权限的有关解释，合议庭，或独任法官，有权作出判决，对重大疑难案件，可提请院长提交审判委员会讨论决定”，

---

① 关于如何运用细节化的法律规定和条文化的法律原则进行形式推理，及如何理解此时形式推理的各种特性，以往学界讨论甚多，相关研究颇丰富。本书作者于此没有新的观点，亦无另外的思考。故不探讨“形式推理”问题。

另因为，“合议庭，或独任法官，有权决定是否报告，及是否需要请示院长、庭长，除经法定程序由审判委员会决定，院长、庭长，不能改变合议庭或独任法官的意见”，所以，“合议庭，或独任法官，审理非重大疑难案件后直接作出判决，是正确履行职责的行为；检察机关，以该法官未听取领导意见自行下判，作为指控不正确履行职责的一个理由，不能成立”。再如，该裁定书提到，因为，“根据最高人民法院和二审法院错案追究的规定，民事案件由于出现新的证据而发现原判错误需纠正的，不属错案，不能追究办案人员的责任”，而民事诉讼中“胁迫证据，是在民事判决之后出现的，且在民事诉讼中无法取得，故该法官民事判决不属错案”，所以，“该法官民事判决不属错案”，进一步，“自杀者自杀，与该法官的职务行为没有必然联系”。

相对“充分”的法律论证，“单纯”的法律论证具有何种优点？

第一，显而易见，“单纯”的法律论证具有清晰明确的优点。“单纯”的法律论证，其所使用的“大前提”，是简单明了的，不需进一步的解释，反之，“充分”的法律论证，所使用的“大前提”本身常显复杂，又因“可争议性”，常需某种阐明或论说。故前者比之后者所展示的论证，更易使人感到意思确定。而简单明了的“大前提”，与人们的认识期待及接受意愿更接近。

再看裁定书中的例子。其中指出，“《最高人民法院关于在审理经济纠纷案件中涉及经济犯罪嫌疑若干问题的规定》的相关规定，是针对经济纠纷案件中经济犯罪而言的，被告提出的抗辩，涉及暴力犯罪而非经济犯罪”，故“检察机关引用该规定与本案无关”。此前提简单明了，即“暴力犯罪和经济犯罪是不同的”，于是，其推论清晰明确，即“因为两者区别，故不能适用这条规定”。显然，对其认识极易，而对其接受是没有任何障碍的。

与此相反，裁定书中的另一个例子，提到“民事诉讼中，在当事人无法举证时，法院可依职权调查取证，但民事诉讼中法院调查核实证据的手段十分有限，不可能也不允许采取类似刑事诉讼中取证方式获取证据”，故“之后公安机关介入，原告承认事实，这是民事诉讼中法官不可能做到的”，进一步，“民事判决结果与客观事实不符，非因为该法官职务行为所致”。此论证，涉及作为大前提的法律原理的说明，即遇到“认真细究者”需要解释，为何民事诉讼中法院调查核实证据的方式，一定不同于刑事诉讼；进一步，若不同，不同之处又何在。另如此论证，还会遭遇其他追问，如“为何民事诉讼中，法官依职权调查取证据的手段本来即十分有限的？”……此均缘于论证的大前提，原本即非简单明了，而存在需解释的若干空间。

在此，针对上述相反的例子，可设想，若二审法院不提出这样的大前提，而是直接提出刑事诉讼法的相关规定，如公安机关可运用“勘验、检查、搜查、通缉”等手段以调查取证，但民事诉讼法，却未规定审理民事案件的法官可采用同样的手段，如此，大前提的解释空间，便会缩小，甚至完全消失。其论证遭遇追问的可能性，亦会明显降低，论证本身的可接受性却会提升。[①]

---

① 当然，在这里如果有明确的法律规定或法律原则可直接适用，则二审法院极可能非如此推论。但即使如此，我们依然可提出另外的疑问：为何不能指出刑事诉讼法等与取证相关的规定，以断定是不同的？此外，公安机关所做的不正是依据相关的具体法律规定？司法实践中，因为没有明确规定或法律原则而运用法律原理进行论证，是较常见的。本书作者在此提出的进一步疑问，实际上是建议，遇到这种情况时，并不一定在单纯的法律论证上无可奈何。问题关键，在于继续且不断寻找法律规定和法律原则，以实现单纯的法律论证。关于这点，我们可注意司法实践中，有些法院实际上已经在寻找类似相近的法律规定或法律原则，以审判案件。参见下文。

第二，因为清晰明确，对“单纯”的法律论证提出质疑，是没有任何意义的。当然此处，一个前提是，对细节化的法律规定及条文化的法律原则的意思，不存在分歧的理解。[①] 以前面提到的例子作为说明。二审法院提出，“根据最高人民法院和省高级人民法院的规定，民事案件由于出现新的证据而发现原判错误需要纠正的，不属错案，不能追究办案人员的责任……胁迫证据，是在民事判决之后出现的，且在民事诉讼中是无法取得的，故该法官民事判决不属错案”。显然，对最高人民法院及省高级人民法院的相关规定，如不存在含义上的分歧意见，则质疑该法官的民事判决为何不是错案，等于是在质疑上述相关规定，此是毫无意义的。此论证，就可接受性而言，不存在任何的竞争者。与此不同，对“充分”的法律论证提出质疑，并非没有意义，因为，对立的、也具备“充分”特征的法律论证，在可接受性上，能成为竞争者，且数量可潜在地增加，只要争论不断展开。

第三，“单纯”的法律论证，由于其清晰明确、难以质疑，进一步，几乎是最好、最有效的抵挡外部裁判异议，甚至“不予理解的抗议”的话语屏障，此外，由于其能够不折不扣地表现法院是在“依法裁判”，故亦为最佳的保持法院裁判正当性的社会认同的话语运

---

① 如果有不同看法，则涉及法律解释问题。法律解释是另外问题，与本章及前面一章所论述的法律论证有所不同。仍以终审裁定书提到的“最高人民法院《关于在审理经济纠纷案件中涉及经济犯罪嫌疑若干问题的规定》的相关规定，乃针对经济纠纷案件中经济犯罪而言。被告提出的抗辩，涉及暴力犯罪而非经济犯罪，故检察机关引用该规定，与本案无关……”为例，如果对最高人民法院《规定》中的相关规定，即“经济犯罪”的意思有不同意见，则需要解释“经济犯罪”的含义。解释可以是简单的，也可以是复杂的。但解释之后，不论解释结果如何，依然需推论“检察机关适用这一规定是否与本案无关”。故法律解释和法律论证大体来说，存在区别。

作。裁判作出后，引发裁判阅读者的不满及“反对”，是难免的。但在各个枝节问题上，若裁判所表现的依据，是细节化的法律规定或条文化的法律原则，则阅读者，将会发现，自己不满或“反对”的对象是明确硬性的“法律”，进一步，阅读者便较可能像接受已颁布的立法条文一样，接受法院裁判，除非，阅读者认为细节化的法律规定和条文化的法律原则，其本身内容就是需要反对的。[①] 与此相反，若发现裁判在各个枝节问题上，所表现的依据，是展示法律论证“充分”的说理方法、经验常识及法律原理的运用，其论证又是可争议的，阅读者的不满或“反对”，则是不易消失，且却可能变本加厉，因为，这里出现的是“公说婆说”的现象，出现的是，“为何你认为的有道理，我认为的就没有道理”的思维抗拒。

第四，“单纯”的法律论证，其优点还在于，缘其完全依托在细节化的法律规定、条文化的法律原则的基础上，包括一般形式逻辑，故可摆脱“诉讼理性纠缠”的阴影，即对裁判理由的不断揣测追觅。显然，不断揣测追觅，本身便为以往不断被诟病的“缠讼”的一个“司法理性化”的翻版。“充分”的法律论证，其在理性思考上，具有开放的结构，而提到“说理方法”及“经验常识”，包括“法律原理”，亦因其缺乏确定的标准以断定，故无论公开的司法讨论，如裁判文书表达，还是隐蔽的司法讨论，如合议庭合议、审判委员会审议，均可能为此付出并非必要的殚精竭虑，甚至误入论理的迷津。此外，经前面一章和本章，其中对一份终身裁定书的不断讨论及细致辩驳，还可看到，对“充分”的法律论证，不论控方、辩方，还

---

① 我们可注意桑斯坦所说的这样一段阐述：“从某种角度看，规则可减轻法官在具体案件中的责任。法官可宣称，如此审判不是自己的选择，而是规则制定者的意思”。Cass Sunstein, *Legal Reasoning and Political Conflict*, p.114.

是二审法院，包括潜在的各类阅读者，均可持续地提出疑问并持续回应，由此，“追逐理由何在”的偏好，还会逐渐膨胀，其结果，对任何一方，只要试图“充分”，则均可能陷入“越试图‘有理由’越可能出现‘没理由’或适得其反”的悖论。而“单纯”的法律论证，仅为自己提出了“直接性”的论证要求，却无“间接性”的论证负担的设置，故明显没有此类自我解构的风险。[①] 此颇为理想。

当然，一个相关问题亦需讨论。

有人或许认为，若任何时候，均能适用细节化的法律规定或条文化的法律原则，则当然是完美的，但有时，正是因为无法发现相关的法律规定，或法律原则，故采用“充分”的法律论证实为一类不得已的应对手段。[②] 依此论，采用“充分”论证的各种资源，有时是必要的。

但依本书作者看，这里，重要而关键的，不是首先“承认无法发现”，而是“努力寻找”，其次，不是“仅在‘一条法律路线上’去发现或寻找”，而是尝试“在‘不同法律路线上’以求答案”。以现代中国的法律体系论，各类法律规定已是丰富多样，发现相关的法律规定或法律原则一般而言总是可能的。而关于“可能”的问题，完全可注意人们颇熟悉的一个经典例子——四川泸州市张学英案。[③] 此案中，初期，一般人及法律工作者均倾向认为其仅涉及继承法的遗赠规定。但法院，包括许多一般人，知晓如依照继承法的遗赠规定处理案件，便将与社会的一般伦理理解发生较明显的冲突，其结

---

① 还有一个问题，如爱泼斯坦所说，如何节约理性资源。参见 Richard A. Epstein, *Simple Rules for a Complex World*, p.99。

② 司法实践中，有时法官等法律人确实这样认为。

③ 此案关键点是遗嘱人将遗产遗赠婚外第三者。详见《四川省泸州市中级人民法院民事判决书》(2001) 泸民一终字第 621 号。

果，便等于，允许“第三者”可依据法律以继承遗产。[①] 显然，法院不希望得到这样的法律结论。若依上述“‘充分’的论证为不得已的应对方式”的思路，此案中，法院应利用“充分”的推论资源，如说理方法、经验常识及法律原理，甚至道德理据、一般情理、社会诉求等，以论证“第三者”何以不能获得遗产。但法院并非如此，而是在民法通则中，“寻找”并“发现”了“民事行为不得违背公序良俗，否则属无效民事行为”的条文化的法律原则，且是在“不同法律路线上”以“寻找”及“发现”的，后以此为据，作出判决。[②] 张学英案的司法实践，显然，可为“无法发现相关的法律规定，或法律原则”的困惑，提供启发。在此，有人或许进一步认为，有时是“的确无法发现”的。而若如此认为，等于是在张学英案中，对“第三者能否继承遗赠财产”的具体案件问题，认为“的确无法发现相应的细节化的法律规定，或条文化的法律原则”。但张学英的司法裁判实践，却提供了正相反的答案。

自然，由此又会引出一个可讨论的问题，即如果且可能“寻找”并“发现”，并能在“不同法律路线上”以求答案，则为何法院可如此，换言之，法院是否需对另外细节化法律规定或条文化法律原则的“选择”适用，作出论证？事实上，众所周知，司法实践中已存在一种现象，即针对一个案件的正式法律规定或法律原则的适用，异议时有出现，当事人或其他旁观者时有提出疑问：为何不适用其他的法律规定或法律原则？[③] 而前述张学英案，显然，有人便会提出一

① 参阅《四川省泸州市中级人民法院民事判决书》(2001）泸民一终字第621号。

② 再阅《四川省泸州市中级人民法院民事判决书》(2001）泸民一终字第621号。

③ 从当事人角度看，只要不服裁判，当事人总可以提出“应当或者可以适用另外的法律规定或法律原则”的观点。

个质疑，即为何法院适用了民法通则的“公序良俗”的条文化法律原则，却不适用继承法的细节化遗赠规定？如此，法律论证的“充分”，如运用说理方法、经验常识，特别是法律原理等以作出推论，是否依然具有存在之必要？

在本书作者看，这里，质疑虽指向了欲使“充分”的法律论证得以复活，因为，“充分”之论证，有时对“单纯”的法律论证本身即存意义，[①] 但实际上，细节化的法律规定或条文化的法律原则，其适用在此遇到的问题，仍可依照前面主张“单纯”法律论证的逻辑予以化解，即依然通过“单纯”的法律论证以应对。张学英案中法院二审的裁判理由，进一步可作例子。关于为何适用民法通则的“公序良俗”的法律原则，而非适用继承法的遗赠规定，二审法院指出，根据立法法，上位法的效力优先于下位法，而民法通则属于上位法，继承法属于下位法，故适用前者为正确。[②] 明显可见，张学英案中的二审裁判理由的陈述，依然运用了“单纯”的法律论证以解决另一层面的“单纯”法律论证遇到的问题。[③]

---

① 有学者便主张用“充分”的法律论证解决此问题。如陈金钊认为，“对此法官也必须以论证的姿态予以回答……以往我们可能认为法律是立法机关制定的，但法律论证理论中的法律不是指那种体系性法律，而是作为法律推理大前提的法律，这种法律不是现成的法律，而是需要经过论证的法律……法律论证的内容可体现判决书中的说明理由部分。具体法律论证的方法多种多样，既可以运用公平正义观念、公序良俗，也可以运用法理学说、科学道理。当然在法治原则下，更主要的是应用法学原理、法律价值和法律精神”。陈金钊:《司法过程中的法律方法论》,《法制与社会发展》2002 年第 4 期，第 35 页。

② 见《四川省泸州市中级人民法院民事判决书》(2001) 泸民一终字第 621 号。

③ 当然，此案二审判决书中，似亦运用了其他类似“充分”的法律论证以推论为何适用民法通则的法律原则，如针对人们可能设想的“特别法优先于普通法”的法理，提到“上位法优先于下位法”的法理。参阅《四川省泸州市中级人民法院民事判决书》(2001) 泸民一终字第 621 号。

五、余论

本章，详尽讨论了支持“充分”的法律论证的若干理由，并予以辨析，以此为基础，讨论了为何应支持“单纯”的法律论证。前面一章及本章的讨论，主要集中于裁判文书的“充分”论证问题，并兼及了司法者内部就案件讨论而涉及的“充分”论证的努力是否适宜的问题。

但本章，亦分析过一个现象，即特定群体、场合及时间，“充分”的法律论证有时的确可以发挥作用，因为，“知识比较优势”是可利用的。这意味着，条件限定时，如微观的司法审判过程，尤其是诉讼参与者人数颇有限的基层司法中，“充分”的论证或说理，可能在与当事人口头交流、释明、解释、说服以表明司法裁判为何需如此解决问题时，还是具有意义的。显然，这或许提示了一个新的讨论路径。下面两章，将经此而展开。

第三章

“辨法析理”的背后

分叉路口，没有一个为旅行者竖起的栅栏，上写“此路不通”。*

*[美]本杰明·N.卡多佐：《法律的成长·法律科学的悖论》，董炯、彭冰译，中国法制出版社2002年版，第35页。

一、问题与思路

中国基层法院的司法方法，是一个重要的问题。目前看，法学界针对其展开的研究，主要集中在了两个方向。第一，从司法方法自身的角度，以讨论较纯粹的技术运用。第二，从司法方法使用的语境的角度，以分析该方法的社会建构及其限制条件。

一般看，从两个方向展开的研究，是彼此分立的。第一个方向的研究，其基本预设的立场在于司法方法是可独立的，或称与外部世界并无必然的联系。此方向，大体上，坚持了司法方法的职业意义，且认为在“法治的框架”或“法治的理想”中，司法方法应具有自身的法律的独立性。从逻辑、语言、论证等层面展开的司法方法的研究，包括法律规定的层面，如法律对调解方法的规定，可特别明显地发现这一倾向。即使有时可归属这一方向的研究者主张，为了适应社会，司法方法的运用应具有一定的灵活性，其依然认为，司法方法具有自身法律意义的规定内涵。如针对作为明显灵活例子的司法中的“辩证推理方法”，研究者便认为，其中包含了“万变不离其宗”的法律意义的方法内容。[①] 第一个方向的研究，主要上是“规范意义”的，即从各种角度提出，就法律职业而言，“应当”如何技术化地运用司法方法，或法律职业意义的方法的内在要求应是什么。

---

① 例子，参见邱爱民、张宝玲：《论司法裁判中的辩证推理》，《经济与社会发展》2004 年第 1 期，第 119-124 页。

第二个方向的研究者，基本认为，司法方法是受环境制约的，且认为在具体环境中才能理解司法方法本身的意义。这一观念，大体而言，是在主张司法方法自身没有独立性，特别是“隔离”的法律职业意义上的独立性。此外，这一方向的研究者，认为司法方法是在“具体解决现实社会纠纷问题中”展开的，且是“应对性”的，或“回应性”的。而关于如何“在具体解决现实社会纠纷问题中展开”，及“应对性”或“回应性”，作为例子，法律社会学视野中的“调解方式”的分析研究，可说颇为具有代表性。[①]第二个方向的研究，总体论，是“经验意义”的，即从各种角度提出，司法方法“实际上”是怎样发挥作用的，或司法方法本身与外部世界的相互关系“实际上”是什么。

就各自主张的实践意图而言，前一个方向，可归属自上而下的积极推进式的“逻辑主义”，后一个方向，可归属自下而上的静待演化式的“实用主义”。另需补充的是，两者之间，尽管是“彼此分立”的，却同时蕴涵着彼此相互“压抑”的思考欲望，换言之，前者“逻辑主义”，认为后者是过于保守的，似裹足不前，而后者“实用主义”，则认为前者是过于激进的，被浪漫的想象所牵引了；此相互“压抑”的思考欲望，在今天中国司法改革的话语语境中，尤其明显。

在本书作者看来，两个方向的研究，因其各自具有侧重点，且各自具有逻辑主义或实用主义的方向追求，当然，另因为过去二元对

---

① 例子，参见刘思达：《法律移植与合法性冲突——现代性语境下的中国基层司法》，《社会学研究》2005 年第 3 期，第 20-51 页。更为微观具体关系的分析研究例子，参见赵晓力：《关系 / 事件、行动策略和法律的叙事——对一起“依法收贷案”的分析》，载强世功编《调解、法制与现代性：中国调解制度研究》，北中国法制出版社 2001 年版，第 462-483 页。

立的法学理论分析框架——与逻辑主义和实用主义实的二元态势相互对应——的影响，即要么从法律规范角度以分析法律，要么从社会实践角度以分析法律，故均存在着一个思考盲点：法律职业化的司法方法的设想，其与社会适应性，或称“应对性”及“回应性”的司法方法的设想，两者之间，是否可能具有某种隐蔽的逻辑连接？

本章和下一章，将通过一个现在人们普遍知晓、但为法学界理论大体忽略[①]的一位先进法官人物，即宋鱼水，[②]其“司法经验”，[③]尝试阐明并论证法律职业化的司法方法设想和社会适应性的司法方法设

---

①目前，学者从学术理论角度探讨的，不多见。一些零散学术见解主要参见《山东审判》编辑部、济南中院研究室：《“宋鱼水审案方法”与当代司法方法专题研讨》，《山东审判》2005年第3期，第16-25页；宁杰、满红杰：《宋鱼水审案方法与当代司法方法》，《人民法院报》2005年5月16日，第B2版。另有李柱石、杨晗春：《从马锡五到宋鱼水，对“能调则调”原则的研究》，《华章》2013年第24期，第45-47页；孙海龙、董倚铭：《法律发现理论的发展道路》，《法律适用》2006年第10期，第17-21页。

②1968年出生，女，1988年加入中国共产党；1989年毕业于中国人民大学法学院，获法学学士学位；1999年毕业于中国人民大学法学院，获法律硕士学位。1989年开始，在北京市海淀区人民法院工作，先后任书记员、审判员、副庭长；2002年开始，任该法院民五庭（知识产权庭）庭长，并任该法院副院长。2014年开始，任北京市第三中级人民法院副院长。先后荣立一等功两次、二等功两次；被最高人民法院和全国妇联分别授予“十大杰出青年法官”“人民满意的好法官”“十行百佳妇女”“全国三八红旗手”等荣誉称号；2006年，被最高人民法院和北京市政法委分别授予“全国模范法官”“中国法官十杰”“人民满意的政法干部标兵”等荣誉称号，并荣获全国“五一劳动奖章”。独立办案多年来（截至2007年），审理各类民商事案件1200余件，其中300余件属于疑难、复杂、新型案件。

③关于宋鱼水“司法经验”的报道介绍非常丰富，参见下文注释中各种资料。另见龙翼飞、周继军：《辨法析理，胜败皆服——主审法官宋鱼水司法判例点评》，人民出版社2005年版；赵冬苓编剧、徐耿导演，2006年拍摄公映的电影《真水无香》。后将不少报刊记者撰写的相关文章汇集起来的书，有中央宣传部新闻局、中央先进性教育活动办公室、最高人民法院编：《宋鱼水：新型法官》，学习出版社2005年版。

想之间，存在的隐蔽的逻辑连接；进一步，尝试阐明且论证，尤其针对中国，无论是农村还是城市，此种连接不仅的确是真实存在的，而且是应当存在的。以此作为基础，本章和下一章，希望阐明并论证，作为一种成功的“司法经验”的表达，这位法官的司法实践之中存在着可建构的一类方法意义上的模型，且此模型意味着，作为一种司法方法，其内部若干要素存在着结构关联。在本书作者看，若此论证是可成立的，则司法方法中的逻辑主义和实用主义，两者之外或之间，或许可呈现一个具有诱惑力的“第三条道路”。

此外，本章和下一章，期待通过上述论证，以表明在何种意义上可比较恰当地谈论“司法公正”。显然，过去的理论和实践中，怎样认识、说明、表达、主张“司法公正”，是一个颇富争议的问题，在今天的中国实践语境中，争议甚至可能是更严重的。从不同的理解角度看，以不同群体论，尤其首先经不同主体的立场态度以观察，人们均能发现针对“司法公正”而言的不同解释及意见。[①] 所以如此，不仅缘于“公正”的提出，其与不同利益的愿望存在着密切联系，而且缘于众所周知的“公正”问题，其本身在公共空间中，十分容易陷入与知识理解及价值判断相关联的主观化思想纷争的困境。更主要的，在于即使是在中国，亦能发现，相对法律职业化的司法方法的设想，“司法公正”，自然而然地是和法律职业群体的视角联系在一起的，此为现代法治要求及推进的一种结果；与其不同，相对社会适应性的司法方法设想，“司法公正”，却自然而然地主要是和社会公众的视角联系在一起的，此另为现实社会需要及诉求的一种结果。而在许多情况下，法律职业群体视角中的“司法公正”，其与

① 参见何家弘：《试论司法公正的相对性》，《中国司法》2000 年第 4 期，第 5-6 页。

社会公众视角中的“司法公正”，总存在相互脱节的情形，甚至彼此矛盾。如现在常出现的社会对法律职业活动，特别是司法活动，其不尊重民意的抱怨，[1]像曾被热议的李昌奎案、[2]许霆案[3]等，在很大程度上，便是此种脱节或矛盾问题的集中表现。当然，即使是法律职业的内部，或公众群体的内部，亦存在针对“司法公正”而言的相互脱节、甚至彼此矛盾的观念态度。但相对法律职业群体和社会公众群体这样两个主要部分的对应关系，两群体各自内部的相互脱节，甚至彼此矛盾，则是次要的，因为，以宏观视野论，或基本层面看，不能忽视乃至必须认真对待的却是社会一般群体，总在试图向法律职业群体提出司法公正的“诉求”，甚或是“抗议”。

依本章及下一章的思路，若能在前述司法方法意义上的逻辑主义和实用主义之间，发现或建构一个“第三条道路”的司法模型，则谈论“司法公正”，也许可出现较乐观的社会整体意识形态合作的前景。

首先说明几个问题。

第一，本章及下一章，其所讨论的现在人们普遍知晓的“宋鱼水经验”，尽管是以个体化作为表现的，甚至具有典型性，但却仍具有一定的“一般人”的普遍特征。此现实对象中，一个情形是值得

---

① 这里不涉及“司法腐败”问题，而且，本文不准备将司法腐败联系起来讨论司法公正。

② 参阅《云南省昭通市中级人民法院刑事附带民事判决书》(2010) 昭中刑初字第 52 号;《云南省高级人民法院刑事判决书》(2010) 云高法终字第 1314 号。另见侯永胜:《经最高人民法院核准，云南李昌奎被依法执行死刑》，载央视网，http://news.cntv.cn/law/20110929/119559.shtml，2014 年 6 月 7 日访问。

③ 参阅《广东省广州市中级人民法院刑事判决书》(2007) 穗中法刑二初字第 196 号;《广东省广州市中级人民法院刑事判决书》(2008) 穗中法刑二重字第 2 号。

注意的，当然，相信不少人已经有所注意，即宋鱼水在其日常的司法实践中，及在后来的事迹巡回报告中，[1]一般而言，令人感到“与其距离很近”，或“犹如身在旁边”。这里的意思是，宋鱼水的事迹的确引人注目，且使他人感动，但人们总会发觉，其与“宏大理想化”的“先进典型”似乎没有合而为一，其似乎未在一种常人看来不甚可能到达的彼岸中，以构筑一个“乌托邦式的他者”，相反，其实践是“日常化”的，并“眼前化”，具有一种能使一般人感到若自觉模仿，则不难实现的“普适性”。

在此，一个信息是这样的：宋鱼水的司法方法本身及其语境，和一般多数人的司法方法本身及其语境，具有彼此类似的层面，且可以“彼此潜在地过渡”。[2]换言之，即便能在“宋鱼水经验”中，联想到历史话语和当代话语建构起来的“包公”“海瑞”“马锡武”等形象，或许另有法学职业特别期待的现代法律精英式的“西方法官”形象，宋鱼水的“展现”，却依然是平常人家的“包公”“海瑞”“马锡武”，或“西方法官”。这意味着，其中能发现一种普遍性的“较易推广”的展开平台。因此，在这个具体的经验中，挖掘一类司法模型，及实践活动的重要结构，具有为未来提供建设性思考的普遍意义。

第二，本文使用的材料，大体来自报刊、杂志、网络等各种媒体表达出来的文字叙述。分析“宋鱼水经验”这样的现实个案，为真正“进入实际的法律生活”以获得第一手的实证信息，亲历性的

---

① 参见下文引文资料。

② 我们可注意，针对宋鱼水的司法方法，有的法官就说，宋鱼水所做的所想的，我们也曾做过想过。见《山东审判》编辑部、济南中院研究室：《“宋鱼水审案方法”与当代司法方法专题研讨》，第18页。

访谈调查，本是必要的，且进行一些相关性的现实周边情形考察，亦为必要。但就本章及下一章的主题而言，相关的各类媒体文字叙述中的材料，已是较充足的，或说已具备实证的功能。因为，此材料已表现出了观察询问角度的丰富性，及人物本身信息透露的丰富性。更重要的，在于这些文字叙述的内容，基本看，较少人为的加工，一般情况下对于“读者”而言，是较平易近人的，甚至有时使人感觉，作为模范宣传似乎应更多突出“高大”一面，隐去“渺小”一面，但其却没有回避“渺小”的内容，如有报道提及，宋鱼水自己说，作为法官模范，“我常常觉得领导选我真的选错了”，[①] 再如，一次采访中，许多记者不断追问宋鱼水，为何对当事人特别地具有耐心，尤其是关心作为社会弱势群体的当事人，但宋鱼水却突然一反常态，武断地摆手说，“其实，你们不会真地明白我的感受”，似乎无奈而又惆怅。[②]

因此，有理由称，此材料是较“可信”的。这意味着，此材料及其传递的相关信息，能与经验世界形成较稳固的对应关系。故本书作者认为，依据此材料展开分析是可行的。当然，必要之际，结合其他学者已调查的针对司法实践中法官活动的其他经验资料，展开相互印证，在本书作者看，亦为有益。顺此而言，需强调的是，本文叙述讨论的重点实际为材料之上的理论分析。

第三，本章之第二节，首先将从微观的具体审判方法的层面，考察“宋鱼水经验”中司法运作的一类结构。以此为起点，继而在略微扩展的“带有社会性内容”的司法活动层面，本章之第三节，

---

① 见赵晓秋：《盛名之下：对话宋鱼水》，《法律与生活》2005 年第 10 期，第 8 页。

② 见朱玉、刘江：《法官宋鱼水的故事》，载中央宣传部新闻局、中央先进性教育活动办公室、最高人民法院编《宋鱼水：新型法官》，第 22 页。

将考察前述结构的“外层”部分，适度地拓宽司法方法功能结构的分析边界，且适度地增加关于这一结构的考察目标。当然，此等于静悄悄地，突破了传统法律教义学，包括传统的法律社会学，所限定的司法模型的结构框架。进一步，后面的分析内容中，本章之第四节，将在“宋鱼水经验”的“职业处事方式”和“日常处事方式”之间，建立一种思考联系。作为例子，根据材料，宋鱼水一方面会用法言法语说出，“如果想要胜诉，就需提供足够的证据”①，此为一种“职业处事方式”；②另一方面，当有人希望宋鱼水考虑人情并请其出来见面时，宋鱼水会不断地使用“我很忙呀”、“以后再说”等，③如此一类许多人在一般生活中均会较策略使用的托辞，作为“抵御手段”，此为一种“日常处事方式”，在这里，宋鱼水并未“严肃正式”地宣称，“我是法官，故不能在法院之外和当事人见面”，或“不能和你在外见面，这是法院纪律”。在本书作者看，两种处事方式之间，存在着重要关系，之中，存在着值得深入思考的结构内容。若宋鱼水的司法方法的确包含了成功之处，或可谓之新的“中国经验”，则宋鱼水在两者之间运用的独特协调互动模式，是重要问题之一，且颇为具有理论启发的价值。

当然，如上所述，司法方法一类结构的边界拓展，意味着通常理解的“司法模型”将会发生重要变化，但此正是本章各小节所期

---

① 参见荀红：《青年法官的榜样——宋鱼水》，《人民法院报》2002年6月9日，第1版。

② 在本章及下一章的研究中，“职业处事方式”不仅是“法言法语”的，有时也是“行政灵活”的。但这里的“行政灵活”是司法运作中的。详见后文。

③ 见朱玉、刘江：《法官宋鱼水的故事》，载中央宣传部新闻局、中央先进性教育活动办公室、最高人民法院编《宋鱼水：新型法官》，第15页。

待的结果。恰恰是从这里切入，自然是出发点之一，或许可逐渐走向新的一类司法模型的深入理解，换言之，在已知的司法方法谱系中，逐渐走向新的一类对象的深入把握。其实，亦是由此，本章各小节将阐述，在中国，作为一种司法模型的司法方法，有时是，且应当主要是在其他日常方法的辅助中成就自我的，至少，此为一个有益的方向。进一步，本章各小节将说明，如果希望运用司法方法的目标之一，在当下中国是司法公正，特别是不能忽略的社会一般民众所期待的“司法公正”，则重视“职业”的司法技术和“日常”的周边方法的有效互补，便是一个重要的途径。此外，亦经由这里，本书作者将说明，我们如何才可能逐渐触摸上面提到的法律职业化的司法方法设想，其和社会适应性的司法方法设想之间的隐蔽的逻辑连接。

第四，还需提到，司法方法的实践，的确有如上述“实用主义”思路所明示的，和社会环境存在着紧密联系。故本章第五节，将在宋鱼水的个人司法方法和更广泛的外部世界的关系中，展开分析。但此分析，不意味着简单延续“社会学”意义的思路，相反，其另外具有“政治学”意义的“规范意图”。这意思是，本章第五节，将在特别具有社会因素却又特别具有“规范涵义”的“司法公正”问题的视野中，去分析以“宋鱼水经验”作为标志的司法方法，其与更广泛的外部世界的关系。同时，这一节，亦将在这种关系中，且又在“司法模型”的意义上，去揭示一种互动特征的“依赖效应”。具体说，此小节将通过具有特殊意义的宋鱼水“日常处事方式”这一要素，将职业意义的司法处理方法，和社会意义的司法处理方法，即对社会积极回应的司法方式，勾连起来，从社会其他群体的视角中，反观新的司法模型的外部适应能力，及该模式与社会的互动机制。依此看，本章第五节的分析考察，尽管是功能主义的，但此功能主义，在坚持“描述”意义的同时又在逐步移向“规范”亦即“应然”的追求。

二、在司法中怎样说理

“宋鱼水的经验”中，尤为引人注意的话语标识之一，即“辨法析理、胜败皆服”。[①] 从现有的媒体报道和各类评论看，人们对其所产生的兴趣是颇高昂的，且试图从中分析司法方法本身的“卓有成效”的专门技术。此话语标识的基本内容，依人们时常所解说的，在于表达这样一个意思，即“充分说明法律道理和审判理由”，是“取得良好的审判效果”或说使所有当事人信服的一个根据。[②] 宋鱼水的一位同事便指出：宋鱼水的“案子判得公正，经得住推敲。就连输官司的人，也不得不心服口服”。[③] 不能否认，中国司法中，及法律制度运作较好的其他国家司法中，通过充分说理式的审判，从而促使诉讼各方感到满意的情形的确是存在的。但我们也会发觉，且需承认，充分说理式的审判，并不必然导致诉讼各方“皆大欢喜”的局面，有时，甚至越是充分说理，越有可能导致诉讼一方进一步的不解、责难和抱怨。前面两章对此已作详尽讨论。其实，针对宋鱼水的经

---

① 在最典型的各类报道介绍中，这是首先被提到的。

② 见《山东审判》编辑部、济南中院研究室：《“宋鱼水审案方法”与当代司法方法专题研讨》，第 20 页。

③ 见汲传排：《百姓信赖的好法官宋鱼水》，《北京日报》2004 年 1 月 3 日，第 1 版。

验，便有观察评论已提到，“胜败皆服”是较困难的，[①]一位基层法院院长甚至明确指出，许多法官自己便认为，审判案件让当事人全都满意是不大可能的。[②]而事实上，某些案件中，宋鱼水亦曾遇到败诉一方不服判决的情形。如一个案件管辖权问题的案件，江苏电视台记者诉北京新浪网的案件管辖权，原告始终不服，甚至不参加开庭，宋鱼水于是作出了一个原告不满意或有意见的裁定。[③]

这里的问题是什么？

注意“辨法析理、胜败皆服”这一话语表达的实际出处，是有益的，因为，这一实际出处，本身就是重要的，透露着针对“充分说理”而来的复杂内容。

一次审判中，宋鱼水遇到了一个第三次参加自己审判活动的当事人。对这位当事人，前两次的诉讼结果，为一胜一负。新的案件，涉及一套生产设备的融资租赁纠纷，且在宋鱼水审理之际，此类纠纷较少见，而关于如何适用法律，人们也存在着不同意见。宋鱼水为了慎重解决纠纷，特向有关专家咨询，征求意见，且阅读了大量的相关书籍。最后的判决中，宋鱼水在某些方面，支持了这位当事人的诉讼请求。由于难以接受宋鱼水驳回其余部分诉讼请求，当事人及其代理人，手持一些法律条文和司法解释，找到了宋鱼水反复

---

① 例子，见王松苗：《胜败皆服：能不能成为司法工作的最高追求》，《检察日报》，2004年12月15日，第3版。

② 见《山东审判》编辑部、济南中院研究室：《“宋鱼水审案方法”与当代司法方法专题研讨》，第19页。

③ 见成岚（责任编辑）：《“平民法官”宋鱼水在线谈新时期的法官该怎么当》，载新华网，http://news3.xinhuanet.com/school/2005-01/14/content_2458151.htm，2014年6月10日访问。这个例子说明的问题是重要的。因为，其表明宋鱼水充分说理方法的效果具有“地方性”，一旦处于广阔的空间，就会遭遇差异。

询问。宋鱼水根据自己参阅的各种资料，给予了逐条解释，且“一讲就是两个多小时”；最后，代理人临走时说到，“在你这打官司不是一次两次了，还真是赢得堂堂正正，输得明明白白”；不久，一面锦旗送到了宋鱼水所在的法院，上面写到“辨法析理、胜败皆服”。[①]正是经由此案的审判，“辨法析理、胜败皆服”，开始了自己的话语传播的旅程。

此处，提到这一话语表达来自一个具体案件当事人一方的赞扬评价，并不意在提示，其中包含了偶然性，也不意在提示，“辨法析理、胜败皆服”是个不太现实、甚至过于理想的司法目标；而是意在提示，这一话语表达中，被人所忽略了“现实经验”的另外一面，同时意在提示，在“另外一面”，我们或许可发现新的思路。

这个“实际出处”中，几个细节是需要注意的，其间相互联系也需注意，但人们以往对其却较少讨论。第一，案件本身如何判决，在当时的语境中，没有定论，是可争论的；第二，宋鱼水的判决书部分文字陈述，对这位当事人而言，特别是代理人，显然并未得到认同；第三，案件中，“诉讼代理人”是一位较熟悉法律的专业人士——律师，但宋鱼水却需要用“两个多小时”来解释自己的判决理由。

显然，经三个细节可看出，单纯的运用“充分说理”，是难以解决“胜败皆服”的。故最后一个细节，可能尤为重要，因为，如果没有后来的“两个多小时”的详细解说，尤其是针对一位较熟悉法律的专业人士——律师——的详细解说，“不服判决”恐怕是会持续下去的。第一个细节所说明的是，案件本身较复杂，且人们对其具有“不同看法”，此已预示着“说理取胜”是比较困难的。第二个细

① 详情，见张显峰：《胜败皆服宋鱼水》，《科技日报》2005年1月13日，第1版。

节所说明的问题是，判决本身，当然包含判决理由的文字陈述（另需注意，宋鱼水一直强调判决书的理由说明应通俗易懂[①]），从开始的时候，便未得到当事人的“心服口服”。第一个细节和第二个细节共同隐含着一个方向：集中于“充分说理”恐怕不会“胜败皆服”。由此，第三个细节就是需要集中讨论的。

第三个细节，是指宋鱼水的“两个多小时的详细解说”。对此细节，通常而言，人们十分容易认为这是颇负责、具有耐心且“体谅民众”的良好职业伦理的表现。这种观点，表面上看，没有什么不妥当的地方，另颇符合现在中国“司法为民”的社会呼吁的话语观念。但这一思路却与上面提到的思路，即集中于强调“充分说理是取得良好审判效果的一个根据”的思路，类似地集中于强调了一个不同的内容：司法时，耐心、理解、同情和认真对待当事人，是取得良好审判效果的一个根据。[②]在此可觉察，如果前者，即集中于强调“充分说理是取得良好审判效果的一个根据”，是本章开始部分提到的强调“法律职业意义的内在要求”的意识表现，则后者，即这里所说的“在司法中耐心、理解、同情和认真对待当事人是取得良好审判效果的一个根据”，便是本章开始部分提到的强调“社会公众意义的外在要求”的意识表现。后者，是“法学职业”之外的人，包括司法职业的相当一部分人，所比较重视的。[③]

---

① 见宋鱼水：《亲笔阐释法官职业》，《法律与生活》2005年第19期，第9页。

② 关于后一个思路的较突出的一般言说例子，参见何良彬：《司法理念变革面临的问题与矛盾——从司法改革的反思着眼》，《当代法官》（四川省成都市中级人民法院主办）2006年第2期，第9页。

③ 许多一般民众是这样的。从事司法职业有10多年或更多年限的人，时常也会如此（在各级法院资深法官和领导的讲话、文章中我们都可看到这点）。

但在这个事例中，单纯的负责、耐心、善解，显然是不能解决“专业诉讼代理人”疑问的。法律运作的过程中，包括已逐步走进现代法制模式的中国司法环境，纯粹的道德感化的作用有时肯定是有限的，且有时反易遭遇进入诉讼的当事人特别是“专业诉讼代理人”的疑惑不解，他们会问：为何要用道德的话语而非法律的话语来作感化？

当然，相当一些评论者亦提到了两个方面的“折衷结合”。有人认为，宋鱼水不仅具有现代法官应具备的良好业务素质，而且具有“人民法官”应具备的“一心为民”的社会责任意识。[①] 根据“折衷结合论”，宋鱼水的“两个多小时的详细解说”，一方面，是在运用法律知识不断地进行专业化的说服工作，另一方面，是在凭借基本的道德良善进行社会性的感化工作。可指出，这一“折衷结合”的观点，虽然能从表面上说明“现实经验”，但因为时常没有深入地解释或挖掘两个方面的某种内在关联，故等于是仅仅表达了两个方面的外在联系，或者，仅仅暗示了两个方面的内在联系，并且，仅仅在一般“宣传”的意义上，重复了过去时常出现的对某些“模范法官”的简单评论。

本书作者认为，第三个细节所涉及的问题，其实是究竟怎样看待这样两个方面的内在关联。此内在关联，可能是我们初步理解宋鱼水司法方法作为新模型的一个关键。

首先，就司法话语运作的过程而言，两个方面，其间存在着相互支撑的功能关系，每一方面对另一方面来说都是不可或缺的。我

① 例如，一些人提到了这个观念。参见《山东审判》编辑部、济南中院研究室：《“宋鱼水审案方法”与当代司法方法专题研讨》，第16-18、22页。

们可以这样看待问题，在宋鱼水的司法微观场景中，作为司法者的宋鱼水和作为被司法者的当事人，包括专业代理人，他们之间的“充分说理”的对话关系，既是一个前者话语不断征服的过程，又是一个前者话语不断遭遇抵抗的过程。这意味着，宋鱼水司法中的“充分说理”，既有可能不断地“驯服”对方的思考，从而实现征服，也有可能不断地“解放”对方的思考，当然另有可能对对方的思考没有任何功效，从而遭遇抵抗。[①] 遭遇抵抗时，宋鱼水如果想要对方接受自己的司法结论，也就必须要去依赖“充分说理”之外的另种手段——“以诚相待”（或说“耐心”）。上面提到的具体事例中，“以诚相待”，是以“两个多小时的解说”作为符号表达的。这种“以诚相待”，所以能够发挥作用，乃因为宋鱼水已优先具有了以“威权法官”作为社会角色展示的特定地位，这种特定地位，根据韦伯（Max Weber）的法理型的权威原理，较易发挥“化解对方心理抵抗”的作用，即使对方是法律专业化的诉讼代理人。因此，“以诚相待”，也就展现了具有特殊后续支撑功能的意义。没有作为另种手段的“以诚相待”，宋鱼水针对当事人的司法“充分说理”，包括针对专业诉讼代理人，也就可能是“最终没有结果”的。深而言之，这里的辩证结论是，没有“以诚相待”的功能发挥，“充分说理”本身也就可能失去功能。在宋鱼水的上述“现实经验”中，“以诚相待”应对的问题，正是第一个细节和第二个细节所共同隐含的问题——单纯“充分说理”恐怕不会“胜败皆服”。

与之相对，反过来看，司法解说也有可能是以“以诚相待”开始的。司法微观场景中，虽然宋鱼水的特定威权地位，使其具有了

---

① 关于这个问题的深入讨论，见本书前面两章。

一定的话语权力征服的优势，但“以诚相待”，依然可能是在两个方向发展的。其一，作为当事人的对方，或许很快接受了宋鱼水的司法结论，此时，魅力型的司法权威很快发挥了决定性的作用。其二，对方也许基于一定法律话语的知识结构，及对司法者的“法律职业性质”的认定，在赞赏甚至敬佩“以诚相待”的同时，又在期待宋鱼水陈述法律上的理由依据，换言之，对方也许认为，“仅有诚挚”是不能令人完全满意的，甚至有时，对方也许认为，“仅仅以诚相待”是特别令人费解的。在第二种情况中，尤其是当司法语境已被现代法律专业化职业化的“科学话语”在相当程度上所支配之际，对方和宋鱼水的对话关系，自然而然地，颇依赖法言法语的“充分说理”的叙述以不断地加以维持。这意味着，如果宋鱼水运用“以诚相待”的手段不能实现目的，“充分说理”，便具有了后续支撑功能的意义，也意味着，事实上当“以诚相待”失去了魅力型权威的功效之际，对方恰恰期待的则是“充分说理”。因此，宋鱼水的上述“现实经验”中，“以诚相待”，又以“充分说理”作为必要条件。没有作为另外一种手段的“充分说理”，宋鱼水的以“两个多小时”作为表现的“以诚相待”，同样可能是“最终没有结果”的。这里，我们可得到对称的同样辩证的结论：没有“充分说理”的功能发挥，“以诚相待”本身，便完全可能失去功能。

当然，上述两者之间相互支撑的辩证功能关系，首先，自然需要在时间的持续序列中加以理解。这里的意思是说，两者之间的功能支持，以时间序列看，是相互持续交替的，换言之，即使其中之一曾经出现了，但在再次需要的时候并不在场，则另外一个也将可能失去自己可以发挥的功能作用，进一步，它们的辩证关系，是在时间的持续序列中不断展开的。其次，上述两者之间相互支撑的关系，并不一定是“各自分量等同”的，甚至具体情形中，各有所重。这意味着，有时一个方面所占比重为较多，另一个方面所占比重为较少，较多与较少，是由实践微观语境来决定的。因此，它们的辩证关系，还是在结构的巧妙调整中不断存续的。[①]

就此意义而言，在宋鱼水的“两个多小时的详细解说”这一细节中，“专业工作”和“一心为民”之间所包含的某种微观结构，是“充分说理”和“以诚相待”两者之间的辩证支撑。

毫无疑问，在中国基层法院的司法实践中，我们可发现类似的这里所讨论的“宋鱼水式微观结构”，且此可能还是较普遍的。许多法官，在日常的案件审理中，如合同纠纷、离婚纠纷、债务纠纷，甚至侵权纠纷……都会时而不自觉地交替运用两种方式，有时可能还是自觉的。[②]但宋鱼水的个人实践，具有代表性。其代表性，第一，体现在宋鱼水本人在主体情感上，更为真挚地融合了两种方式；第二，体现在人们可通过容易被忽略的“事物丰富过程”，来去浓缩化地想象“辨法析理、胜败皆服”。当然，最关键的，则是作为一种模

---

① 作为事例，我们可注意，2000 年在某公司诉林某一案中，宋鱼水主要运用的是“充分说理”，并赢得了旁听者和专业人士普遍称赞。见荀红：《青年法官的榜样——宋鱼水》，第 1 版。与之有别，在另一个具体审判中，当一位老作家不断地“没有按照人们通常理解的法律专业方式陈述自己诉讼主张”时，即使在场的其他人已失去耐心，宋鱼水依然认真且“目不转睛”地听取完这位老作家的陈述，宋鱼水主要运用了“以诚相待”。最后，老作家虽然败诉，但依然认为宋鱼水的判决是可接受的。因为老作家认为，宋鱼水是唯一认真听取自己意见的“人民法官”。见王峰：《让人“胜败皆服”的好法官——记北京市海淀区人民法院知识产权庭庭长宋鱼水》，《法制日报》2004 年 11 月 24 日，第 5 版。宋鱼水曾提到：认真倾听当事人的陈述，同时记住法官的一个职责是让当事人懂法、守法、信仰法律，从法院走出去后感觉法院是温暖的。见成岚（责任编辑）：《“平民法官”宋鱼水在线谈新时期的法官该怎么当》。

② 在《人民司法》、《人民法院报》、人民法院网等法院系统报刊媒体中，我们可看到大量的事例。

型实践，其代表性，第三在于宋鱼水与其他法官相比，主体意识上，可能更自觉地将两种方式的交替运用作为了长期职业活动的基本内容。曾任宋鱼水书两年记员的一位法官提到，“在审判中，宋鱼水刚柔相济，刚就是她严格执法，柔就是很讲究方式方法”；[①] 身为宋鱼水同事的马秀荣更准确地讲到，通过宋鱼水，可发觉“耐心”不再是个人的性格，而是法官的职业品格。[②] 而其他法官，总体看，未必如此。其他法官，有时也许在一种方式失效之际，放弃了或没有想到另一种方式的接替，如我们常可觉察的，由于信奉严格的程序主义，或许会怀疑“以诚相待”运用的正当性。故宋鱼水的经验，标志着一个方向，展示着一个模型范例。

三、具体司法说理的辅助结构

上面分析，仅针对微观场景中的单一司法活动而展开。仅仅如此分析，相对“宋鱼水经验”的司法模型而言，是远远不够的。因为，宋鱼水的“耐心说理”——为便于后文叙述本书作者将“充分说理”和“以诚相待”的辩证支撑浓缩称为“耐心说理”——是在宋鱼水自身的职业活动谱系和日常活动谱系的衬托中以发挥作用。我们不仅可看到，宋鱼水的“耐心说理”，与其职业活动谱系、日常活动谱系，存在着密切勾连，而且可看到，其职业活动谱系与其日常活动谱系，亦存在密切勾连，之中，我们另外可看到逐步延伸的相互关

---

① 宋莹：《思维置换》，《前线》2005 年第 2 期，第 50 页。

② 马秀荣所说，见《人民日报》编辑部：《公正司法的好法官，倾心为民的好党员——宋鱼水同志先进事迹报告团发言摘编》，《人民日报》2005 年 3 月 25 日，第 4 版。

系，及逐步扩大的实践结构。这是特别重要的。尤其需要提到的，则是“宋鱼水的经验”中，某种以特定方式为主要特征的日常活动谱系，颇为具有吸引力，可对上述“宋鱼水方法”中的“耐心说理”，形成别具一格的功能意义上的有力支持，进一步，宋鱼水的“司法模型”，可呈现出区别于其他司法模型的内涵特质。

这一节，首先探讨宋鱼水的“耐心说理”和其职业活动谱系、日常活动谱系的密切勾连。下一节，讨论其职业活动谱系和其日常活动谱系的相互关系。

以职业活动的谱系论，宋鱼水，有时被认为是“专业型法官”，或另称“专家型法官”，[①] 与人们现在熟知的中国当代农村“实用型法官”金桂兰形成了有意思的对比（但后文，将说明宋鱼水有时同样也是“实用型”的）。[②]“专业型法官”的称谓，意味着现代职业司法知识的具备，及现代法律职业素质的展现。此外，相当长的一段时期里，宋鱼水主要审理一般的经济纠纷案件，之后主要审理知识产权纠纷案件，并曾任知识产权庭的庭长。此或许是被称为“专业型（专家型）法官”的另一原因。当然，在这里需要提到的，则是宋鱼

① 宋鱼水的同事，海淀区人民法院副院长陈琦即如此称呼，见吴闽、文为明：《法官宋鱼水》，载中央宣传部新闻局、中央先进性教育活动办公室、最高人民法院编《宋鱼水：新型法官》，第 59 页。另见张召国：《矢志成为“专家型”法官》，载中央宣传部新闻局、中央先进性教育活动办公室、最高人民法院编《宋鱼水：新型法官》，第 136-141 页；刘岚：《“专家型”法官与“实用型”法官——金桂兰事迹采访手记之四》，载中国法院网，http://www.chinacourt.org/article/detail/2013/06/id/187714.shtml，2014 年 6 月 9 日访问。

② 关于金桂兰的情况，参阅刘岚：《黑土地上的女法官：记黑龙江省宁安市法院东京城法庭法官金桂兰（上）》，《人民法院报》2005 年 11 月 2 日，第 1 版；刘岚、吕爱哲：《黑土地上的女法官：记黑龙江省宁安市法院东京城法庭法官金桂兰（下）》，《人民法院报》2005 年 11 月 3 日，第 1 版。

水不仅努力研习相关的法律职业知识，深入分析相关事务在法律上的关系，成绩显著，而且努力在审判活动中运用现代法学竭力倡导的推论方式审理案件。如多年来，其撰写了《无效合同的认定和处理》等10多篇对审判实践有积极意义的学术论文，[①] 其撰写的《试析知识产权案件审理的公正性》，曾被《新华文摘》全文转载。[②] 而在一起民工向餐馆店主追讨工钱的案件中，尽管宋鱼水认为民工的遭遇，使其唤起了同情弱者的强烈社会责任感，但其依然首先运用准确且强有力的法学法律知识审理案件。这起纠纷中，因为餐馆的店主履次更换，故拖欠民工工资的店主不是后来的店主。作为被告，后来的店主十分不满，拒绝支付。宋鱼水则指出，由于餐馆名号没有更换，现在店主必须首先偿付民工工钱，后可以向过去的店主追讨债务，这是法律的明确理解。于是，案件得以顺利解决。[③]

以其日常活动谱系论，宋鱼水被许多人称为了“平民法官”。[④]“平民法官”的修辞，一方面，包含了“为民着想”“为民服务”的涵义，另一方面，包含了我们需要深入讨论的宋鱼水日常活动本身的“朴实、平易”的涵义。关于“朴实、平易”的涵义，可注意三个典型例子。第一，就为人言，宋鱼水自己坚持认为人要讲情，又要讲义。[⑤]

---

① 至2014年6月，据中国知网中国期刊全文数据库，宋鱼水为作者的文章近40篇，其中20篇左右为正式论文，亦发表在《法学家》《法学》《人民司法》《中国审判》《知识产权》《河南社会科学》等重要期刊。

② 《新华文摘》2006年第5期。

③ 见张召国：《“始终铭记法官的职责”——宋鱼水先进事迹系列报道之一》，《人民法院报》2004年9月18日，第1版。像这样以娴熟的法律知识和法律推论方式解决纠纷，在宋鱼水的职业活动中颇常见。

④ 在几乎每个报道中，都可以看到这个称谓。

⑤ 见《人民日报》编辑部：《公正司法的好法官，倾心为民的好党员——宋鱼水同志先进事迹报告团发言摘编》，第4版

第二，在生活和一般精神上，宋鱼水就像许多父母一样，期待自己的孩子读上好的学校，且曾经因为孩子择校费的困难而深感苦恼；[①] 当因为本职工作繁忙，不得不放弃和家人在一起的时间之际，她也常常感到内心的不安。[②] 第三，从日常处事方式看，有如本文开始提到的，当朋友老乡等“熟人”要求见面，想“走后门”以期关照，宋鱼水并不因为法官这一社会角色的“纪律”要求，生硬地表达拒绝，相反，她有时就像一般人一样，有些“老练”地使用“我很忙呀”“以后再说”等托辞方式，婉转地加以拒绝，其有时甚至还说，“我也有过徇私情的杂念”“老师和同学的人情案能不办吗？”“老乡的人情怎样拒绝？”[③] 当然，宋鱼水的日常活动谱系，另有其他方面的复杂内容，如其如何像普通人一样，“狡猾”地利用自己孩子喜欢玩电脑和丈夫“周旋”，以机巧地处理家庭与工作关系。[④] 但上面提到“朴实、平易”甚至颇近人情的三个例子所表示的内容，十分显著，

---

① 见陈知春：《带着感激的心情生活和工作》，载中央宣传部新闻局、中央先进性教育活动办公室、最高人民法院编《宋鱼水：新型法官》，第 296 页。

② 见张召国：《“始终铭记法官的职责”——宋鱼水先进事迹系列报道之一》，第 1 版。

③ 见张子杨、吴允波、田克新：《辨法析理化干戈，胜败皆服宋鱼水》，《大众日报》2005 年 4 月 28 日，第 1 版。另有一个事例需提到，宋鱼水的一位年青法官同事一次接受了当事人送的化妆品，宋鱼水让这位同事把化妆品送回去，但叮嘱“态度一定温和”。见朱玉、刘江：《法官宋鱼水的故事》，载中央宣传部新闻局、中央先进性教育活动办公室、最高人民法院编《宋鱼水：新型法官》，第 14 页。其实，关于这个问题，我们可注意许多法官实践，他们也像宋鱼水一样较灵活地处理“人情案”的问题，甚至利用“说情人”来解决问题，而不是生硬地拒绝说情。典型例子，参见最高人民法院政治部编：《全国法官十杰》（第 2 辑），人民法院出版社 2006 年版，第 143、176-177、192 页。这说明，宋鱼水的这个经验在法官群体中不是孤立的。

④ 见《人民法院报》编辑：《宋鱼水：始终保持一份内心的安静》，《人民法院报》2003 年 3 月 4 日，第 1 版。

足以提示意义。

在这样的职业活动谱系和日常活动谱系中，我们可在背景结构的意义上，以深入理解前面一节分析的“耐心说理”。

首先，“说理”依赖法律专业知识储备，且需经常实践，换言之，正是经过不断的职业训练和磨炼，“说理”才能在具体的微观场景中，具备“瓦解”“击溃”对方思想阵地的话语质素。[①] 与此同时，职业活动谱系所具有的背景结构意义，在于从宏观上搭建具体的“耐心说理”的合法性基础。这里的意思是说，因为职业活动谱系时常是在场的，不断以“本职工作形式”来作表达，所以，具体微观场景中的“耐心说理”，可较为顺利地被社会视为宋鱼水“司法工作家族”的一名成员。当人们常看到或听说宋鱼水的职业活动，即使是部分的，或者，事后知道了她的这一活动，甚至仅仅知道了她是经过法律职业训练且是一名长期从事审判工作的专业法官之际，[②] 质疑“耐心说理”的“司法正当性”，是比较困难的。当然，“耐心说理”中的“耐心”，也有可能使传统正宗法学理解中的“司法”，变得并不十分纯粹，但经由职业活动谱系这一宏观过程，“说理”本身，又将“耐心”吸入了司法审判柔性边界的内侧。因此，总体看，在法律职业方法内在角度的意义上，宋鱼水的职业活动谱系，自然可成为其“耐心说理”的背景结构意义上的支撑要素。

---

① 反过来看，新的具体场景中的“说理”，本身又能成为宋鱼水职业活动的一个延续，或可说，宋鱼水的职业活动本身正是经由日积月累的具体“说理”来实现的。这个意义上，具体场景中的“说理”，其与“职业活动”之间存在着技术性的相辅相成的结构关系。

② 见前文注释中“宋鱼水简介”。另，其曾出国法律培训 4 个月。见宋鱼水：《学习，使我不断地飞跃》，《人民日报》2005 年 4 月 26 日，第 14 版。

其次，以具体的日常活动谱系论，有如“说理”和职业活动谱系存在着密切关联一样，“耐心”亦与日常活动谱系的自然显现，存在着密切关联。日常活动谱系的表达，其内容，是主体性格、思想、情绪、愿望的内在流露。[①] 主体性格、思想、情绪和愿望，滋生、培育且决定着“耐心”的呈现和性质。在此，我们可发觉，宋鱼水的“朴实、平易”甚至颇近人情的日常活动，是怎样推动且制约着其“耐心”自然而然地表达的。讲情讲义、心灵“矛盾”、待人平和，使其“耐心”没有矫饰，或人为的痕迹。此外，更重要的，“耐心”的他者接受，是可以凭借日常生活的“朴实、平易”当然包括颇近人情来铺垫的。在讲情讲义、心灵“矛盾”、待人平和等情形中，宋鱼水的性格、思想、愿望，没有呈现出“高山仰止”的道德光环（当然，她有时也有很高尚的情怀表现），大体而言，其是更为“内在人性”的。于是，由此搭建的日常活动谱系，对他者来说是“邻家”的、“身边”的。而由此滋生的，或说由日常活动谱系衬托的“耐心”，通常论，也就不大可能过于“乌托邦”，或属于战术策略化（至少在很多情况下）。经由这里而来的宋鱼水的“耐心”，在自然流露之际，同样是可以自然感化他者的。

没有人会否认，伦理极高尚的“耐心”是更为可贵的，没有人会否认，战术策略化的“耐心”具有解决具体问题的实际意义，但人们不能因此忽略上述另外一类平实化的“耐心”的存在，以及其所发挥的微妙的感化作用，尽管，就被感化者心理而言，“耐心”的种类可能是不重要的。在这个意义上，当宋鱼水“为人朴实平易”的信息是畅通的时候，或者，当人们在宋鱼水的日常活动中，事前

① 本文在此不涉及心理学意义上的“耐心”是如何产生的问题。尽管，这可能也是重要的。

或事后体察了宋鱼水这类“做事”谱系之际，“耐心说理”中的“耐心”和“说理”，也就可形成更为相得益彰、更紧密支持的结构关系。因此，宋鱼水“耐心说理”的“耐心”，其和日常活动谱系之间，他人同样可体会一种重要的结构关联。实际上，宋鱼水的“耐心说理”的成功，正是这一结构关联的焦点凸显。作为例子，本章前面提到的“诉讼代理人”，正是因为参加了宋鱼水审理的三次诉讼，从而至少是部分地熟悉了宋鱼水的某些为人特点，进一步，接收了其法律意见。

深入看，集中于日常活动谱系这一问题，我们可发现，宋鱼水的重要标记之一是“平常人的亲近”。另外，我们可发觉，这种“平常人的亲近”，能在法官角色的宋鱼水和社会一般群体之间，在宋鱼水和其他与其社会角色类似的法官主体之间，形成一种较为普遍化的结构对应，换言之，我们可感觉到，就社会的一般常人而言，宋鱼水的“平常人的亲近”，在具有较普遍的可接受性的同时，[①]具有较普遍的社会日常活动的可映射性。可映射性是指，一般常人通常也有颇类似的活动模式。当然，更需要提到的，则是宋鱼水“朴实、平易”的日常活动谱系对其“耐心说理”的结构支撑，作为典型范例，相对其他可能类似的法官而言，具有明显的自然持续性，进一步，具有从中深入分析提炼的模型意义。

四、职业活动和日常活动的关系

从背景结构的角度看，如前面已提到，像“说理”和“耐心”

① 有人直接指出了这点，见《山东审判》编辑部、济南中院研究室：《“宋鱼水审案方法”与当代司法方法专题研讨》，第16页。

之间的相互支撑关系一样，宋鱼水的职业活动谱系和日常活动谱系亦具有这种关系。此外，这种关系，相互结合，以支撑着上面分析的相互结合的“耐心说理”。为理解这一点，我们需要再次回到宋鱼水的职业活动谱系。

我们可看到，尽管宋鱼水的职业活动谱系主要是“正规法治”的，但这种职业活动，必要之际，有时又是偏离“正规法治”的，或可这样来说，有时又是法学学者经常“感到不便评论”——因为宋鱼水是作为一个先进人物代表而被广泛宣传——的“行政灵活式”的，亦可称之为能动的“实用主义”的。试举一例。2001年，在一起设计图纸侵权纠纷案中，当证据确凿且被告没有任何可辩解理由的情况下（被告开始时，强硬地拒绝承认自己的侵权行为），宋鱼水出人意料，没有直接判决被告败诉，而是在转而调解的同时，帮助原告被告去设想日后怎样相互合作。此案中，宋鱼水考虑的是，如果直接判决，则被告极可能无法继续发展。[①] 再看一例。2003年，在一起涉及网络数字图书馆的侵权纠纷案中，当感到既没有法律规定可作为依据，又没有司法实践可供借鉴之际，宋鱼水和同事共同探讨，仔细分析了双方当事人的切身利益，且考虑了中国数字图书馆的发展动态，从而“积极主动”地作出判决认定侵权成立。[②]

---

① 见赖仁琼：《辨法析理，胜败皆服——记全国模范法官宋鱼水》，《人民日报》2004年12月15日，第10版。宋鱼水常记得大学老师曾经说过的话：“最次的调解胜过最好的判决”。见张靖：《法官的力量——记共产党员、北京市海淀区人民法院知识产权庭庭长宋鱼水（中）》，《北京日报》2005年1月14日，第2版。

② 此判决，后作为范例刊登在2002年《最高人民法院公报》。见路长青：《公正司法一心为民——记全国模范法官宋鱼水》，《中关村》2008年第2期，第89页。

关于宋鱼水的“偏离正规法治”“行政式的主动”和“实用主义灵活”，我们另外可注意宋鱼水的一些“颇为容易引起法学家们警惕”的言辞。针对法律程序问题，她曾说过，“作为法官，重要的不是实现了什么程序，而是为当事人解决了什么问题”。[①]针对审判中“领导过问”的现象，她有这样的看法，领导过问，“要看是从私人角度过问，还是从国家大局出发过问，问题不在于过不过问，而在于过问什么；而且，领导素质有时是比较高的”。[②]在更抽象的法学家们“时常价值态度一致”的权与法的关系问题上，宋鱼水说，“两者不一定是冲突的，重要的是解决问题”。[③]关于法官回避问题，她同样别具一格地这样理解，“回避不一定就是一个很好的方法，重要的是具有诚意地审判案件”。[④]宋鱼水还曾几分生动地讲过：“当举办一场音乐会的时候，许多人都会买票，而法官更多地应该关注那些进不了音乐会的弱势群体，怎么样给他们精神上的慰籍”。[⑤]这不禁令人想起庞德（Roscoe Pound）的明星演出剧场的经典比喻。[⑥]只是，庞德是“自由主义”（强调程序）色彩的“实用主义”，宋鱼水，在此，则是“左

---

① 见李奎：《人民信任的好法官——记北京市海淀法院宋鱼水》，《北京法制报》2003年12月22日，第1版。

② 见成岚：《“平民法官”宋鱼水在线谈新时期的法官该怎么当》。

③ 见成岚：《“平民法官”宋鱼水在线谈新时期的法官该怎么当》。

④ 见成岚：《“平民法官”宋鱼水在线谈新时期的法官该怎么当》。关于这点，她还更为“大胆”地说，“对回避我还有更深的理解。不论是老乡也好，还是同学也好，如果我是公正的法官，我肯定能够公正地办理案件，我的当事人也能相信我公正的办理案件，那么，不回避并不见得就是违法的”。见成岚：《“平民法官”宋鱼水在线谈新时期的法官该怎么当》。

⑤ 见王君、梁兴旺：《让司法公正的“阳光”关爱到每一个人》，载中国广播网，http://www.cnr.cn/home/column/sys/rwjj/200501120054.html，2014年6月10日访问。

⑥ 见[美]庞德：《通过法律的社会控制·法律的任务》，沈宗灵、董世忠译，杨昌裕、楼邦彦校，商务印书馆1984年版，第34页。

翼民众”（强调低层）色彩的“实用主义”。

可认为，宋鱼水的这些观念，对她的有时法学家们感到另类的职业活动，是至关重要的。

如此，在这些有些另类的“司法经验”中，宋鱼水的职业活动谱系，其和其日常活动谱系究竟构成了怎样的结构关系？

第一，这些并不经常的有些“变异”的职业活动，可与宋鱼水日常活动谱系的上述“朴实、平易”特点，形成有效的相互协助。我们首先需注意的，则是某些时候呈现出来的“实用主义”，或“行政式的主动”，甚至“对正规法治的适当偏离”，其与宋鱼水的“朴实、平易”的日常活动表现之间存在着另外一层的融洽对应。可发觉，诸如“实用主义”等职业活动，是为了适应复杂社会而产生的，是对复杂社会所作出的必要反应，甚至可说，是法律职业活动对复杂社会的部分“本能反应”。没有这一部分的“本能反应”，法律职业活动，在一定意义上，也就无法更有效地发挥自己职业角色的作用。这不仅在中国是如此，而且在号称“特别法治”的西方国家亦如此。[①] 而“朴实、平易”，还有颇近人情的日常活动方式，同样是对复杂社会的本能反应。

就日常活动方式看，两种较极端的表现，“道德极高尚”，及“道德十分低下”，尽管也是对复杂社会的某种反应，但通常来说，并不属于一般常人行动意义上的自然反应。通常情况下，“道德极高尚”需要意识形态上的相当主动、自觉的观念激励，同样，“道德十分低下”，亦需要另外一类的相当主动的观念助推。此外，两种道德表现

① 关于这点，参见［美］本杰明·卡多佐：《司法过程的性质》，苏力译，商务印书馆 2003 年版，第 60-88 页。

的社会等价回报，是不高的。对“道德极高尚”而言，人们通常不易对“道德极高尚”的人，表现出同样的“道德极高尚”,[①] 而对“道德十分低下”，也是大致如此，当然，此为针对一般情况而言。这意味着，“道德极高尚”和“道德十分低下”，均需要精神成本和行动成本的极大付出，才能自我实践。这也是为什么，社会中通常而言表现出了“道德极高尚”和“道德十分低下”的主体总是相对个别，而表现出了“朴实、平易”日常活动方式的主体总是相对普遍的原因所在。进一步，这意味着，“道德极高尚”，及“道德十分低下”，均对通常的复杂社会不易（当然而非完全不能）形成有效的适应关系，相反，“朴实、平易”，恰恰容易对通常的复杂社会形成有效的适应关系。

正是在这个意义上，“实用主义”的灵活职业行动，和“朴实、平易”及颇近人情的日常活动谱系，是相辅相成的，它们可在精神和行动两个层面上，成本低微地相互协作，更有成效地应对复杂社会。

同样是在这个意义上，我们也就可以理解，如何能非常容易地感觉到宋鱼水在“领导过问”“权法关系”“审判回避”等问题上的认识及态度，其与她的“讲情讲义”“我很忙呀”，或“以后再说”（前面提到的“托辞”方法）等日常活动谱系之间，所存在的颇为妙不可言的互补关系，它们之间，是极其自然的。一个“讲情讲义”的人，善用“我很忙呀”等托辞，以善意地应对他人不当要求的人，怎会生硬地拒绝“领导过问”，生硬地认为“除‘法’之外‘权’是无法解决具体问题”的，生硬地主张，只有“回避”才能实现司法公正？

---

① 特殊条件下，如中国的 1950 年代，也许人们可以这样表现。

在此，贯通两者的逻辑链条是，在“道德极为高尚”和“道德十分低下”之间所开辟的中性的“自然适应社会”的一以贯之。

第二，反过来看，宋鱼水的“朴实、平易”的日常活动谱系，并不因此，就使她的“正规法治”的“法律职业活动”呈现了尴尬的局面，相反，在复杂的社会中，“朴实、平易”的日常活动谱系，其和宋鱼水的“正规法治”的社会法律实践，同样可以是相辅相成的。“依法办事”，或“秉公执法”，或“坚持原则”等，固然可因为“道德极高尚”而成为令人特别赞誉的旗帜标志，但它们终究带有“过于理想化”的印记，且由于精神和行动方面的过高成本，而难以不断实践。与此不同，“依法办事”，或“秉公执法”，或“坚持原则”等，如果是在“朴实、平易”的人格活动中展现的，则在得到社会普遍认可的同时，便易持续不断地实践，因为，精神成本和行动成本在此是不高的。宋鱼水的同事就曾提到，宋鱼水“能够让当事人平平和和地接受自己的观点，而并不丧失原则”。[①] 依此而言，尽管宋鱼水的“朴实、平易”的日常活动谱系，和其“正规法治”的社会法律实践之间的结构关系，没有像宋鱼水的这种日常活动谱系和其“实用主义”的社会法律实践之间的关系那样特别牢固，但这一关系，依然可以是稳定存续的。

从社会接受的角度看，我们可更为清晰地看到这一稳定存续。可设想，当发现对方像己一样，具有常人的一般想法和感受，通常而言，己方则是容易理解对方针对自己的做事方式的，即便这种方式的具体结果，己方是不想或不太愿意接受的。实际上，宋鱼水的

① 见李奎：《人民信任的好法官——记北京市海淀法院宋鱼水》，《北京法制报》2003年12月22日，第1版。

一个具体实践，可充分地说明这点。一次，宋鱼水的老乡来找宋鱼水，请求她在法院中帮助自己一方赢得诉讼。宋鱼水，知道老乡来了以后首先是特别高兴，希望自己能够热情接待，[①]然而，当知道老乡的实际目的，宋鱼水感到了“十分难受”，且表现出了“难受”和“左右为难”。看到宋鱼水“难受”，且“左右为难”，老乡说到，“要是让你为难就算了，我要做人，你更要做人，我不会怪你的”。[②]这里，宋鱼水坚持了“法治主义”，没有违背原则，但却依然得到了老乡的真心接受。在此，特别值得注意的，则是这样一种接受的基础，显然不是宋鱼水的宏大式“天下为公”的“坚持原则”，而是宋鱼水的平易式“以心相待”的“坚持原则”。[③]

另外，依然值得注意的，我们可发觉，从某种角度看，“以心相待”的“坚持原则”所具有的意义，未必就是低于“天下为公”的。因为，前者也许要比后者具有更加容易持续下去的可能性，毕竟，人们之间，时常会有“将心比心”“设身处地”的相互设想，故而，前者可能也是更为稳定的。关于老乡求情的事例，我们可反之想象，如果宋鱼水声称自己是“公正”的法官，义正词严地拒绝，且批评老乡“走后门”，是社会不正之风的严重表现，则“颇重人情”的老乡，是否还会有“我要做人，你更要做人，我不会怪你的”的表达？

---

① 鱼水特别提到，“自己上学时全靠乡亲们资助”，现在要好好地“招待”。见张靖：《追求胜败皆服的好法官宋鱼水》，《北京日报》2004年9月14日，第1版。

② 见许跃芝：《法庭就是公正的殿堂》，载中央宣传部新闻局、中央先进性教育活动办公室、最高人民法院编《宋鱼水：新型法官》，第38页。此事详细过程，参阅吴闯、文为明：《法官宋鱼水》，载中央宣传部新闻局、中央先进性教育活动办公室、最高人民法院编《宋鱼水：新型法官》，第56-57页。

③ 而此时语境中这种平易式的“坚持原则”，和本文前面提到的宋鱼水“因为孩子择校费而苦恼”的精神情绪，也是相互连贯的。

或者，老乡怎样接受宋鱼水的“坚持原则”，他们之间的关系以后会是怎样？进一步，宋鱼水的“坚持原则”，如何才能较稳定地持续下去？

我们不能完全否认老乡还会作出这种表达，接受宋鱼水的拒绝，及和宋鱼水继续保持“老乡”关系的可能性，不能完全否认，缘此，宋鱼水没有负担地继续“坚持原则”的可能性。但相对来说，这些可能性是较小的。因为，老乡极可能发现，其和宋鱼水的关系“非常有距离”，没有什么可“贴心”的；在宋鱼水一方，她会发觉，将不得不面对较高昂的在老乡面前的精神成本和行动成本，如同乡之情的巨大压力。于是，对宋鱼水而言，较高的精神成本和行动成本，可能使其“义正词严”的“坚持原则”要比“以心相待”的“坚持原则”，来得较难稳定地持续下去。

我们可在更广阔的空间中看这里的问题。上述事例中的“以心相待”的“坚持原则”，尽管是在熟人之间发生的，在熟人之间，也是更易发挥作用的，但其在陌生人之间同样可产生意义。因为，人们之间常呈现的“将心比心”“设身处地”等相互设想，不仅在熟人之间较明显，而且在陌生人之间也是可出现的。当陌生人发现对方“将心比心”，一般没有多大理由总是给予冷眼看待，进一步，在更多情况下也会“将心比心”地对待问题。从事社会心理学实验研究的美国学者便指出，就对他人的印象而言，“真诚通常被认为是一种很好的品质，相应地，人们通常给它一个最大的数值”。[①] 在此，特别具有针对性的是，在某人属于“威权”法官社会角色这一具体语境中，作为陌生人的其他人，如果感觉到了法官“以心相待”，则也

①[美]J.L. 弗里德曼、D.O. 西尔斯、J.M. 卡尔史密斯：《社会心理学》，高地、高佳等译，周先庚校，黑龙江人民出版社 1984 年版，第 87 页。更为全面细致的讨论，见该书第 83-88、183、194 页。

十分可能接受“以心相待”的“坚持原则”。宋鱼水的一个事例，可说明这里的分析。一位博士研究生抄袭了他人文字作品，宋鱼水认为，必须“公开赔礼道歉”。博士研究生说如果这样，因人人皆知，自己的前途将会彻底葬送，但宋鱼水“坚持原则”，且诚挚地教育这位博士研究生。尽管判决时，博士研究生十分“抱怨”，但时隔不到两年他便寄来了祝福卡，表示自己当时十分幼稚，称“宋鱼水实际上是挽救了自己”，并向宋鱼水表达了敬意。[①] 实际上，有报道说，常能看到陌生人“在她裁判之后，走上街头，燃放鞭炮”。[②]

现在，需进一步分析这样一个问题：宋鱼水的职业活动和日常活动的结构关系，对前面提到的“耐心说理”，具有怎样的意义？

在由富有吸引力的宋鱼水式的日常活动谱系作为一个要素的“职业活动和日常活动的相互支撑结构”中，“耐心说理”，可得到更有效的背景结构上的支持。因为，宋鱼水的“职业活动”，由于与其日常活动形成了相互融洽的结构关系，在支撑“耐心说理”上，具有了更稳固的力量功能。这里，更稳固的力量功能，来自互补性极高的宋鱼水式的日常活动谱系的内在衬托。与之相对，宋鱼水的“日常活动”，由于和其“职业活动”形成了紧密相连的相互映照，甚至是后者的不可或缺的角色配合要素，在辅助“耐心说理”上，具有了更有效的“法律帮手”的协助意义。同样，更有效的“法律帮手”的协助意义，来自支撑性极高的宋鱼水的职业活动谱系的平台搭建。

进而言之，具体微观的“耐心说理”，由于和“职业活动与日常活动的互补结构”相互连接，便具有了自我不断再生的机制和动力。

---

① 见梁兴旺、王君：《“辨法析理，胜败皆服”的好法官宋鱼水》，载中央宣传部新闻局、中央先进性教育活动办公室、最高人民法院编《宋鱼水：新型法官》，第 41 页。

② 张显峰：《泾渭分明宋鱼水》，第 1 版。

当无论是“法治主义”的职业活动，还是“实用主义”的职业活动，可很好地经过以“朴实、平易”为特征的日常活动以持续展开之际，同时，当“朴实、平易”，甚至颇近人情的日常活动，可很好地经过职业活动以持续展现自身之际，在具体案件中，“耐心说理”，也就成为了不可或缺的方法表达，同时，还获得了自然而然的背景推动。我们可清晰地发觉，宋鱼水的“耐心说理”，不是心血来潮，亦不属“谋略战术”（至少在相当多的场合下），更非粉饰作秀；相反，在其虔诚而又灵活的职业活动和真实而又平凡的日常活动的相互勾连中，却可找到动力根源，其“耐心说理”，是这一相互勾连的一个自然而又具体的“孕育生产”。

将前面一节和这节概括起来，可指出，宋鱼水的“耐心说理”，其和职业活动谱系、日常活动谱系之间，另职业活动谱系和日常活动谱系之间，及在“耐心说理”和“职业活动与日常活动的互补关联”之中，我们均能发现相互支撑的结构关系，其中，“朴实、平易”，甚至颇近人情的日常表达，使这一复杂结构更形成了独特、新质的“司法模型”。

五、个人司法方法与外部世界

在“宋鱼水经验”中，如果我们可看到“耐心说理”的微观内在勾连，且可看到“耐心说理”和宋鱼水的“职业活动”“日常活动”之间的另一层次的结构关系，则现在，我们需要从当事人、“律师”，包括其他法律专业性的代理人，还有社会公众，及作为宋鱼水同行的法律职业人士（法官）等外部视角，[①] 以进一步分析“宋鱼水个人司法方式”，其与外部世界之间的关系。这一关系，同样具有相互性。

在此，首先需要说明，有如任何法律治理手段一样，司法方法本身，不仅具有自身的边界，而且也是在社会关系中不断建构的。于是，有如“法律不能仅仅从其本身来理解”（马克思语）一样，司法方法，亦不能仅仅从其本身来理解。事实上，上述具有特色的宋鱼水的“日常活动谱系”，已经预示着不能仅仅从传统的司法个人主体如何运用一种司法方法的角度去思考司法模型，尤其是“宋鱼水经验”中的司法模型。“日常活动谱系”，本身是和外部世界联系在一起的，不仅如此，“法治主义”的“职业活动谱系”，亦经由“日常活动谱系”和外部世界产生了关系，而“实用主义”的“职业活动谱系”，则是直接和外部世界产生了关系。所有这些，均和宋鱼水个人以外的各类群体存在着关联。这意味着，“宋鱼水经验”中的司法方式，不论是微观的“耐心说理”这一形式，还是这一形式和“职业活动”“日常活动”的相互勾连，都是在宋鱼水个人回应外部世界的过程中建构的。正是在这种回应外部世界的建构中，宋鱼水式的司法方式，在另一层面获得了存续的条件和动力。

同时，一种司法方式，需要对司法公正的要求有所回应；反之，人们常讨论的“司法公正”，也在要求在这种回应外部世界的建构中，以审视一种司法方式。认识到一点，可能颇重要，即“司法公正”是在社会各种复杂因素的相互作用中，形成自己大致坐标的。可发

① 为何这样分类，见下文。当然还有其他分类方法，但针对审判活动中互动关系而言，此分类可更为有效地促进我们对这里讨论的问题的分析理解。

觉，甚至应直接指出，人们——不论是谁——所期待的司法公正，总是不能简单地从司法主体个人司法方式中逻辑地推导出来，同样，也不能简单地从法学职业群体的主观设想中演绎出来，另外，亦不能简单地从某个社会个人或某个社会群体的“呼吁”中，概括出来。司法公正，实为社会语境化的产物，是在具体实践环境中呈现的，更准确地说，是在人们实践过程里的主观意识形态的相互交流中“约定”出来的。正因为“司法公正”存在着主观性，容易众说纷纭，存在着“契约性”，需相互理解，故任何一类群体将自己的标准强加于他者群体，是困难的，也是不甚可能有效的，而且，有时还存在着负面的意义。[①] 若从这一角度进入，将一种司法方法和外部世界联系起来予以考察，显得尤为重要。

在此，首先需分析宋鱼水个人司法方式，其与作为当事人的社会角色群体之间的相互关系。

前面第四节的讨论，已部分地涉及了“当事人的角色”。第四节，从社会接受的角度提到了“老乡求情”，及“博士抄袭”的例子，其中，所反映的正是宋鱼水的个人司法方法和当事人的相互关系。司法过程中，首先具有社会意义的关系，恐怕就是法官与当事人的关系。因为，以“当事人身份”表现出来的潜在社会群体，是最为广泛的（见下面分析），这一群体，对司法方法的反应，进一步，也是最具有社会意义的。如此，在宋鱼水的个人司法方法和当事人的社会角色之间，我们可看到什么关系？

我们可看到更牢固的相互信赖的关系。

---

① 一般性讨论，参见 Brian Barry, *Theories of Justice*. Berkeley: University of California Press, 1989, pp.269-272。

针对“老乡求情”这一事例，宋鱼水本人曾提到这样一个看法，“大多数老百姓托人情，只是希望得到一个公正的判决，只要公正，老百姓是会理解的”。[①] 这一看法大体来说是正确的。可认为，这点和学者们晚近研究的一个问题有关，即司法中的逆向选择效应。[②] 根据这一初步研究，司法中，越是疑难案件，或说越是感到没有把握的案件，当事人往往不愿寻求司法审判以解决。所以如此，在于“信息不对称”，即当事人并不知道法院将会怎样司法。[③] 在本书作者看，可翻转过来看待这里的问题，即如果不得不去法院，则在条件可能之际，甚至不大可能之际，一般而言，尽力“托人情”便是一个必然的选择，因为，“托人情”是补偿“信息不对称”后果的直接有效的方法。就此论，宋鱼水本人的看法，所以大体而言是正确的，正是因为宋鱼水感到自己司法方法，用学术研究的术语描绘之，可成为弥补“信息不对称”后果的另一有效方法，而且，是具有正当性的有效方法，可实现“只要公正，老百姓是会理解的”这一表述所提示的目标。

为解决“信息不对称”的问题，我们当然可通过各种方式，如司法内部的自我监督、司法外部的他者监督、主动地将判决理由公布出来、积极倡导统一一致的司法方法、积极倡导“公正为民”的

① 她同时说，“法官也是生活在社会中，人情世故总是免不了的”。见李郁：《根本的原则——记人民的好法官宋鱼水（一）》，《法制日报》2005年1月13日，第1版。宋鱼水的这种看法，也是她没有生硬地拒绝老乡“走后门”的一个原因。

② 见张维迎、柯荣住：《诉讼过程中的逆向选择及其解释——以契约纠纷的基层法院判决书为例的经验研究》，《中国社会科学》2002年第2期，第31-43页。

③ 从不同实证资料角度和解释意图对此问题的进一步研究，参见贺欣：《运作不良的基层法院？》，载苏力主编《法律和社会科学》，法律出版社2006年版，第30-62页。

司法理念等，以作出努力。这些自然是有意义的。但在宋鱼水的“说理”和“耐心”的辩证支撑中，在其“职业活动”和“日常活动”的相互协作中，在后两者对前两者的功能支持中，特别是当其颇为具有吸引力的“朴实、平易”的日常活动方式，成为其个人司法方法的一个关键要素之际，一种司法公正的信息，可更为具有“亲历”“亲知”性质地直接传达给“当事人”，这种信息，对“当事人”，可被认为是更可靠的。

在此，核心问题是这样的，无论关于司法的相互监督，还是判决理由的主动陈述、判决的统一一致、“公正为民”的观念倡导等（这些都是人们普遍提到的），之中，均缺乏了“朴实、平易”的日常活动方式这一重要内容。对比如此几种努力，以“朴实、平易”作为主要特征的宋鱼水式的司法模型，相对而言，更易使人产生“可信感”。因为，面对宋鱼水的“朴实、平易”的日常活动，“当事人”容易看到与自己有些对应的活动“影像”。在“当事人”发现宋鱼水的为人处世，其与自己是接近之际，同时，当发现宋鱼水“以心相待”之际，而且，若发现宋鱼水的司法依然整体上是职业化的表现，“当事人”相信宋鱼水会公正地审判案件，便为自然而然的。单独就倡导“公正为民”而言，这一倡导，及由此而来的伦理极高尚的“模范人物”，当然亦可产生“可信感”，甚至更可“使人深信不疑”，但是如同前面第四节中分析所暗示的，由于较高的精神成本和行动成本，此倡导的效果，及“模范人物”的呈现，总是个别化的，进一步，较难在社会中现实地广泛铺开。此外，“公正为民”话语的效果，及“模范人物”的感人效应，正因为总是个别化的，正因为或多或少需要“彼岸的憧憬想象”以支撑，而宋鱼水的司法方法，仅需“此岸的观察认同”便能实现，所以，对“当事人”而言，且从社会群体绝大多数人的角度看，前者“可信感”的普遍性，不能和宋鱼水的司法方法同日而语。

反之，由于可更容易地在“当事人”中产生“可信感”，宋鱼水的司法方法，本身作为一种模型，也就较为容易存续下去。进而言之，一种司法方式的“付出”和“回报”可成为正比之际，此正比，也就可成为这种方式不断展开和实践的有效激励。因此，宋鱼水的司法方法，其与“当事人”之间的相互依赖关系，是更为牢固的。在大量的各种媒体报道中，我们可发现许多这类实际情形。[①] 在此，通过更牢固的宋鱼水司法方法和“当事人”之间的相互依赖关系，我们还能发现，“司法公正”，同时具有了更容易在相互理解中以实现“意识形态合作”的方向途径。

现在，需考察宋鱼水的个人司法方法和“律师”角色的社会群体的关系。

“律师”角色，是嫁接“当事人”和“司法活动”之间联系的重要桥梁。“律师”，既可以将“当事人”的要求竭尽全力地表达给“法官”，也可以反过来，将“法官”的思考尽力传递给“当事人”，从而以不断变换专业和非专业方法的形式，在“当事人”和“司法活动”之间带动信息流通。就社会群体的广度而言，“律师”的意义，并不要比“当事人”来得重要，但其法律职业的“沟通”角色意义，显然是不能忽略的。

从宋鱼水的个人司法方法和“律师”角色的关系看，由于本身就是职业的，且由于是以法律知识劳动作为手段以获取自己收益，并为“当事人”取得收益，如此，“律师”则会站在法律职业及“当

---

① 参见本文注释中的各种报道资料。

事人价值期待”的双重立场上，看待宋鱼水的个人司法方法。第一，在宋鱼水的“耐心说理”和职业活动谱系所形成的关系中，“律师”可清晰地看到对方和自己的专业谱系的类似，由此，“职业认同感”，有助强化“律师”和宋鱼水式法官的彼此理解。第二，在“当事人价值期待”的推动下，“律师”有时亦会从专业之外的角度，以“试图控制”司法活动。“律师”可能运用策略化的、非专业的话语手段，寻求获得“法官”的理解，[①]可能运用“联络感情”等其他手段，试图动摇“法官”的司法意见。但恰恰因为面对的是宋鱼水的“耐心说理”，其和以“朴实、平易”为主要特征的日常活动之间的结构关系，及灵活的职业方法——如上述“实用主义”的司法方式——和这种日常活动的结构关系，故“律师”便更易产生“展开以职业话语为主的沟通”的激励。[②]在这个意义上，“律师”角色的专业活动，其与宋鱼水式的司法活动之间，便更易形成相互推动的局面。[③]其中根本原因，在于双方活动方式的投入和回报，同样是成正比的，即“律师”的专业活动投入越多，从宋鱼水的司法活动的反应中回报越多，反之，宋鱼水的司法活动的专业内容投入越多，从“律师”的反应中回报越多。

---

① 诉讼过程中，甚至集中于法庭审判，我们均能发现律师有时会使用“感染性”“渲染性”甚至“煽动性”语言，以表达“律师意见”。严格考察，这些“律师意见”，极可能不是“法律轨道上的”。多数情况下，律师自己未必不知道自己的话语表现是“法律外”的，还是“法律内”的。

② 关于这点的实际律师表现例子，参见赵晓秋：《“理想法官”的5个关键词——宋鱼水现象的律师解读》，《法律与生活》2005年第3期，第48页；《人民日报》编辑部：《公正司法的好法官，倾心为民的好党员——宋鱼水同志先进事迹报告团发言摘编》，第4版。

③ 通过宋鱼水撰写的一篇文章，我们可发现其主观上亦如此期待。见宋鱼水：《一名法官对律师的心语心愿》，《中国知识产权报》2005年11月18日，第3版。

此外，这种沟通的结果之一，则是“相互理解过程形成的司法公正”的又一层面的较为顺利的实现。

“当事人”群体、“律师”角色的社会群体之后，需考察宋鱼水的个人司法方法和社会公众的相互关系。

表面看，对比“当事人”群体和“律师”群体，宋鱼水的个人司法方法与社会公众的关系，是间接的。但我们可发觉，一方面，社会公众有时犹如上面提到的，正是潜在的“当事人”，或“由人推己”，即预测如果自己成为了“当事人”则会怎样，以观察司法活动，另一方面，社会公众有时也会站在“第三方”的立场，使具体的司法活动成为“公共事件”，诉诸普遍化的社会评论。以“第三方”立场论，宋鱼水的个人司法方法，其和社会公众又在“社会宏观语境”中具有了直接关系。这种关系的性质在于，社会场域中，“社会公众”的角色作用，无论作为较稳定的“来源”，如通过赞许舆论或默认，还是作为较常见的“否定”拖累，如通过批评舆论或不屑，均会在更广泛的层面上，深刻影响宋鱼水的个人司法方法。我们可这样认为，任何一种司法方法，如果在社会场域中缺乏基本的“支撑”来源，则保持自身的持久性，特别是正当性，便是困难的。

然而，在宋鱼水的个人司法方法和社会公众之间，我们恰恰可体会来自社会公众的较稳定的“支撑”来源。

宋鱼水的个人司法方法，基本说，不是在过于理想化的“彼岸”中展现的，而是在“朴实、平易”的日常进程中，自然成就。于是，这种司法方法在社会公众中，是以“随风潜入夜”的方式获得接受的。在此，依然如同前面反复提到的，社会公众作为最为普遍的而又一般化的社会群体，较容易在这种司法方法中发现自我的同类行为“影像”，是较容易觉察“亲民”“平民”，及由此而来的“为民”的素朴特质的，且此显然非过于人为。在社会公众对宋鱼水事迹的反应中，我们可清晰地发现这一情形。如新华网组织的一次网谈中，网友曾提到，以前树立不少模范法官人物，但许多很快便被人们遗忘了，而平民式的先锋法官人物，如宋鱼水，才会让人们不断记忆，还有网友提到，真心希望看到更多像宋鱼水这样的法官。[①] 正是就此而言，这样一种“随风潜入夜”的接受，尽管不是特别“令‘我’崇敬式”的，但却是更为“耐久持续式”的。由此出现的认同支持，就时间方面而言，也就是更为“稳定化”的。[②]

如果从相互性的角度看，当宋鱼水的个人司法方法可得到社会公众的广泛、而又稳定的认同之际，其本身，又能获得联系不断的外在推动。因此，两者的关系，依然是更存互有促进作用的。

除社会公众，我们需考察宋鱼水的个人司法方法和作为宋鱼水同行的法律职业群体，即法官，其相互关系。

为分析这一相互关系，首先需强调，在讨论司法方法时，包括讨论司法公正问题，将“法官”角色的法律职业群体视为“平凡”群体既是必要的，也是现实的。正像有学者已指出，只有从“现实”的角度去看待“法官”，关于司法的制度分析，才是更有意义的。[③]

---

① 见成岚：《“平民法官”宋鱼水在线谈新时期的法官该怎么当》。

② 人们可能认为，理想化的“天下为公”的司法方法，才是更容易得到公众持久认同的。在本书作者看，这也许是种错觉。因为，我们可发现这样一个常见的“欣赏活动情形”，在以文学方式加以渲染的形象中，过于理想化的正面人物，从时间上来说，其感染力总是不如“复杂化”的正面人物；前者可能更具有冲击力，但后者显然更为具有持久性。感染力持久的，社会的认同支持也是持久的，故也是更稳定化的。

③ 见[美]理查德·A. 波斯纳：《超越法律》，苏力译，中国政法大学出版社 2001 年版，第 126-130 页，及这些页码中注释提到的其他学者文献。

这并非否定“高尚楷模”的作用，而是将重点移向“建设性”的、且“更有实践可行性”的思考方案。此也并非否定“法官”的职业伦理要求的作用，而是为了更准确地定位这种要求的“实在”内容。之外，这也丝毫没有“贬低”现实法官的意思，而是为了将现实法官“丰富”的自身实际表达出来。

依此出发，在宋鱼水的个人司法方法和作为同行的“法官”群体之间，我们可看到对比前面三个群体，“当事人”“律师”及社会公众，更紧密的相互支持的关系。

第一，作为宋鱼水同行的“法官”，在中国的语境中，随法制建设及法律训练的不断推进，还有“法治话语”的深刻影响，在司法实践中，越来越呈现了以“法治主义”为主的集体行动方式。作为具有结构性的宋鱼水的个人司法方法，一方面，是在这种集体行动的背景中产生的，另一方面，又为这一集体行动方式中的个体分子，同时，还是这种集体行动方式的一个显著标志，因为，如前所述，作为被宣传的“典型”，宋鱼水特别重视法律专业的研习，重视在司法中贯穿现代法治话语赞扬的法律推论。针对宋鱼水的“法治主义”职业活动，不论是在“具体耐心”中展开的，还是以“朴实、平易”的日常活动作为衬托，我们均能在这种集体行动中，发现相互对应、相互协作的关系。就此看，宋鱼水的“专业法官”主调颜色，没有发生变化。宋鱼水的同事说，专业上，她“善于向周围的同事学习……非常注意发现吸取别人的优点、长处”；[①] 另有其同事说，海淀区法院知识产权庭的法官，非常“乐于学习钻研……宋鱼水是他

① 见杨宾：《我心目中的宋鱼水——同事对宋鱼水精神的解读》，《前线》2005年第2期，第50页。

们之中最突出的一个”。[①]

在这个意义上，中国“法官”群体的“专业主导”支撑着宋鱼水的“法治主义”，反过来，宋鱼水的个人司法方法，作为一分子，亦在微观层面推进着这一“专业主导”。

第二，以“朴实、平易”甚至颇近人情的日常活动谱系作为显著特征的宋鱼水的司法方法，在大多数法官本身是“平凡人”的条件下，较容易引起后者的自然赞许，及模仿欲望。正因为同是“职业法官”角色，且同是需要每天处理大量的平常琐碎的工作事务，甚至同是具有“凡人”常有的“酸甜苦辣”，所以，作为宋鱼水同行的“法官”群体，可在宋鱼水的个人司法方法中，找到“自己似乎也能如此”的想象根据。换言之，在这里，“法官”群体中的成员较容易进入这样一种思考认同，“既然她可做到，为什么我不行”。事实上，在宋鱼水的经验被广为介绍后，有法官的确在反问：“在一般情况下我们和宋鱼水没有什么区别，为什么她可以做得更好？”[②]此表明，我们的确可觉察宋鱼水个人司法方法，其和“法官”群体之间的可能是较明显的相互对应关系。

如果可将这里的思考推进一步，则得出如下一个结论是自然的，即当“法官”群体成员的自然赞许，及模仿欲望是较为普遍的时候，宋鱼水的个人司法方法，在影响自己同行之际，也就获得了自我持

---

① 见梁彩恒：《“我的背后，有亿万双眼睛在审视”——记北京市海淀区人民法院知识产权庭庭长宋鱼水》，载人民网，http://politics.people.com.cn/GB/8198/42824/42826/3112207.html，2014 年 6 月 10 日访问。

② 一位北京市朝阳区人民法院的法官便提到这点。见滑玉珍、王京庄、王志宇：《让司法正气深入人心——宋鱼水先进事迹巡回报告侧记》，《人民法院报》2005 年 6 月 3 日，第 1 版。

续的源泉和动力，而其中关系，又是相辅相成的。

第三，从司法方法本身的多样形式看，如审判、调解等，宋鱼水时有的“对正规法治的偏离”，或“行政式的灵活”，或“实用主义”等司法行动，正如其“法治主义”和“法官”群体专业活动的相互关系一样，与“法官”群体的部分“灵活司法”，亦为相互协调。中国语境中，无论审判还是调解的情况下，犹如法学研究者常分析的，法律实践者常承认的，为更好地解决实际问题，“法官”群体总是主动，或不得不，采用被传统法学定义成“比较灵活”的司法方式。此在基层法院可能是更明显的。[①] 可认为，宋鱼水的“某些灵活”，是中国法官集体“某些灵活”的一个组成部分，同样是在其中孕育的，反之作为典型，又在推动着这一“灵活实践”。我们不仅可以在宋鱼水的“某些灵活”中，透视中国基层法院“法官”群体的“务实”的一般品性，而且可以在后者中，体会宋鱼水的“某些灵活”的内在实质。正是在中国的语境中，宋鱼水的“某些灵活”，可以在后者中，获得最大限度的“身份认同”，两者之间的关系，进一步又是相互辅助的。

---

① 这方面的有益讨论，参见苏力：《送法下乡》，北京：中国政法大学出版社，2000 年，第 316-321 页。

第四章

如何理解“标准”的司法方法

特性的确立，既是容易的，又是困难的。*

*［法］米歇尔·福柯:《词与物：人文科学考古学》，莫伟民译，上海三联书店 2002 年版，第 184 页。

一、“耐心”的时间成本

前面一章，以宋鱼水的微观“耐心说理”结构作为起点，逐步推向宋鱼水的职业活动谱系和日常活动谱系，并在层次相对扩展的意义上，将两种活动谱系和“耐心说理”结合起来，勾画了其中进一步的结构关系。此外，在和外部世界各类群体构成的关系中，前面一章，进一步扩展地分析了宋鱼水的司法结构的位置和功能。前面一章的分析，强调了宋鱼水的司法方法，经由以“朴实、平易”的日常活动谱系作为独特表征的各种要素的相互勾连，形成了宋鱼水式的新的司法模型。

当然，作为一种新的司法模型，“宋鱼水的经验”是会面对争论的，且其本身，亦涉及了非常广泛的理论问题。本章将择其五个重点展开相关分析，因为，此五个重点是人们讨论“宋鱼水经验”时总会涉及的。其依次是：（一）“耐心”的时间成本；（二）何谓“标准”的司法方法；（三）此“经验”的普遍性与制度创新问题；（四）中国司法的“社会需求”；（五）中国的司法市场。本章前三小节，讨论前三个问题，且主要意在回应相关的质疑以拓展此经验价值的理解空间。本章第四、五小节，讨论后两个问题，并侧重阐述宋鱼水式司法模型中的特征之一，即“主动亲民为民”，其在中国的持续意义，另在学术理论的层面上联系中国红色法制中曾出现的解放区“马锡武审判”，及建国初期“人民司法”，以着重剖解这一特征在中国的历史逻辑和现实逻辑，进一步，再次深入论证，新的司法模型何以能够成就自我且具有生命力。

这一节，先讨论“耐心”的时间成本。

宋鱼水的司法模型中，作为结构要素内容之一的“耐心”，或称“以诚相待”，是颇重要的，且是必要的，但如果“耐心”是必要的，则时间精力有限的“法院”尤其是较繁忙的基层法院，如何才能在实践中保持“耐心”？此问题的另外涵义是，“耐心”是否以法院，特别是基层法院的“司法效率低下”作为代价？宋鱼水自己曾提到，其所在区法院的案件数量压力很大，有时，一年会有4万个左右的案件需处理，此意味着，“很多星期六的时间都是牺牲在工作岗位上，无数个日日夜夜都是在灯光下工作着的”。[①]有的司法工作者亦曾指出，开庭过程中，任凭当事人不断讲述，则无法避免一个局面即“效率很低”；[②]“拖沓的庭审占去了合议庭成员的时间，影响的不仅是自己主审案件的效率，也影响了他人的效率”，为了提高司法效率，“让当事人在庭审中说话，让当事人充分的阐述意见不等于让当事人信马由缰的发言”。[③]而前面一章的一个注释，提到过一个事例，即一次庭审过程中，宋鱼水耐心听取了一位“老作家”的长时间的陈述，最后，“老作家”接受了宋鱼水的审判意见，但接受的重要前提便是“‘老作家’认为，宋鱼水是第一个愿意耐心听取自己陈述的法官”。[④]如果在每个颇有争议的案件中法院均如此司法，则其时间和精力上

---

① 见成岚：《“平民法官”宋鱼水在线谈新时期的法官该怎么当》，载新华网，http://news3.xinhuanet.com/school/2005-01/14/content_2458151.htm，2014年6月10日访问。

② 见方小玲、王建华、秦志松：《强化服判息讼“五步工作法”》，《人民检察》2006年第6期，第48页。

③ 见山东省高级人民法院政治部、本刊编辑部：《“司法理念与办案方法大讨论”笔谈》，《山东审判》2005年第5期，第25-26页。

④ 见第三章，注释29。

是否可能，尤其是在“充分说理”这一本身便是需要时间和精力的时候？这是一个问题。

本书作者认为，第一，在颇有争议的案件中，如前面一章第二节所分析的，“耐心”可有效地协助“充分说理”，有效协助的意义，正是在于节约“充分说理”的时间和精力，或说如果没有“耐心”的介入，“充分说理”有时反之却需更多的时间和精力。这里的细节机制是这样的，其一，某些情况下，不论怎样展开细致的“论证说理”，均有可能无法解决“当事人”最终接受“司法公正”的问题，无论实体上的，还是程序上的，因为，人们之间可能存在着深刻广泛的意见分歧，甚至无法达成桑斯坦（Cass Sunstein）所分析的暂时的“未完全化理论协议”；[①] 其二，在此，“耐心”的一个重要功能，便是在具体司法中缓解对“司法公正”的无穷无尽的没有结论的追究，因为，“当事人”面对“耐心”时，被“耐心”打动，进一步淡化“争理”的欲望，是完全可能的。关于此细节机制，除“宋鱼水的经验”，我们可注意另外一个法官的“经验陈述”。2005 年全国法官十杰之一，广东省佛山市中级人民法院法官黄学军，同样具有“耐心倾听”的司法实践经历，她曾提到，民事案件的许多当事人，诉讼能力较低，“如果法官不让当事人把话说完，他就会有一种有冤无处诉的感觉，即使在程序和实体上再公正，也不能消除当事人的疑惑，当事人对判决就不能心服口服。法官如果没有这种“不厌其烦”的态度，庭审就不能成为缓解纠纷的‘减压器’，不能成为化解矛盾

---

①Cass Sunstein, *Legal Reasoning and Political Conflict*. New York: Oxford University Press, 1996, pp.3-9, 35-48.

的‘润滑剂’”。[①]

因此，以“耐心”作为表现形式的新的司法模型，在基层法院，并不一定是以“效率低下”作为代价的，却是或许更有“效率”的。

关于基层法院法官办案数量过多，故难以表现“耐心”的问题，在本书作者看，还需注意另外两个方面。其一，从具体案件审理的过程看，法官“耐心”所面对的当事人陈述，并不是“时间无限延长”的，即一般而言，当事人自己有时便会限制一定的陈述时间。因为，通常论，以叙述精力耗费的自我容忍的心理经验角度说，若无特殊的要求及期待，或精神方面上的特别状况，一个人的独自陈述达至两、三个小时的时长，已属较可观的情形了，过长的陈述时间对于一个人自己而言，亦是无法承受。同时，当事人经过相当一段时间的陈述后，发现别人特别是法官，依然“耐心”地等待，而自己却依然不断地消耗时间，自己也会发觉这是些许“过分”的。因此，在基层法院的审理过程中，“耐心”所面对的“当事人陈述长时间”，实际上，并非有如前述顾虑所想象得特别严重。其二，即便认为在每个案件中，的确需要大量的时间和精力以展现“耐心”（其实，显然并不是在每个案件中），故在当下此是不太现实的，我们依然可指出，如果认为这里的“耐心”，有如前面所分析的，十分重要，则从法官人员的资源配置上实现数量的增加，可成为解决问题的一个办法。在此，问题的关键，已变成如何认识及理解“耐心”的价值或

① 见李金红：《让法槌每一次都敲得问心无愧——记广东省佛山市中级人民法院民一庭庭长黄学军》，载中国法院网，http://old.chinacourt.org/html/article/200707/06/255307.shtml，2014 年 6 月 11 日访问。

意义。[①]

第二，以另外一种方式看待问题是重要的，即“耐心”的功能作用，也许不仅在微观上提高了“充分说理”的“效率”，而且从宏观司法运作上，提高了“整体司法”的“效率”。显然，正因为在司法过程中，耗费了一定的时间和精力以听取当事人的陈述，所以，当事人一方，也就可能缺乏了“进一步诉讼”的动力，如上诉、申诉，有时还包括了“上访”。在上述“老作家”的事例中，及前面一章开始部分所提到的引出“辨法析理、胜败皆服”赞辞的其他事例中，诉讼参加者，均很关心自己的诉讼理由的表达。“老作家”事例中，诉讼参加者本身觉得自己诉讼理由至少是部分成立的；后面的其他事例中，诉讼参加者亦相信自己的诉讼理由是“正确”的。如果没有宋鱼水的“耐心”，这些诉讼参加者，在一审之后提起新的诉讼，是完全可能的。当新的进一步诉讼被提起之际，相对而言，就整体司法看，更多的时间精力的成本支出将是不可避免。宋鱼水的一位前同事，海淀区人民法院副院长陈琦，曾提出一个已有答案的问题，问问当事人，其愿意来一次法院说清楚，还是愿意没完没了地一次次跑法院？[②]陈琦认为，宋鱼水是“慢功出细活儿”。因此，“耐心”恰恰可在微观上节约“充分说理”的司法成本的同时，在宏观上，节约整体司法上的更多成本，进一步，从另外角度来看又是高效率

① 其实，为解决办案人数不够的困难，过去，在许多公安司法领域，我们均采用增加人数以解决问题，且也不是未成功。这是另需深入讨论的问题。

② 崔丽：《时代先锋宋鱼水》，载中央宣传部新闻局、中央先进性教育活动办公室、最高人民法院编《宋鱼水：新型法官》，学习出版社 2005 年版，第 90 页。

的，尽管，这不是必然的。[①]

第三，一个深层的问题也可以展开讨论。爱泼斯坦（Richard Epstein）曾提到，对于某些纠纷而言，标准的或说人们完全认可的“司法公正”，非常难以实现，于是，对司法公正的过度追求，尤其是实体意义上的司法公正的过度追求，包括“充分说理”的不断单独运用，极可能在不能解决“公正”问题的同时，浪费了大量的司法资源。[②]在此，“司法资源”本身浪费的“正当性”问题，便逐渐凸显出来。[③]换言之，这种情形下，“司法资源”的效率问题本身又是一个新层面上的“公正”问题。从这个角度看，“耐心”所解决的问题，不仅是效率性的，而且是“公正性”的，其通过可能避免“充分说理”的不断耗费，在新的层面上解决了另外意义的“效率”与

---

①我们可注意另外一个事例。一次，庭长接待日，宋鱼水接待了一位想上诉的妇女，案件与海淀区人民法院管辖没有关系。这名妇女离婚后，对法院判决不服，但法律上，上诉是不会成功的。宋鱼水耐心听完了妇女陈述，并简短说明了法律规定，告诉她上诉是不可能胜诉的。妇女最后表示非常感激，并决定不上诉。见梁彩恒：《“我的背后，有亿万双眼睛在审视”——记北京市海淀区人民法院知识产权庭庭长宋鱼水》，载人民网，http://politics.people.com.cn/GB/8198/42824/42826/3112207.html，2014年6月10日访问。另一名法官说，“任何一个对当事人的不尊重……都可能使当事人对公正的合理怀疑油然而生，他就不愿意接受你、接受判决。即使你的判决是公正的，当事人也有无穷尽的怀疑，有无穷尽的上访”。梁群：《社会主义司法理念的具体内容》，《当代法官》（四川省成都市中级人民法院主办）2006年第2期，第9页。此外，现在法院普遍实行的“院长接待”制度，实际上从侧面说明了这里提到的“耐心”作用。“院长”有时可以解决法律本身问题，但更重要的是体现了“领导耐心”，进一步，减少了当事人的争讼动力。在这个意义上，我们便可以从更广泛的角度去理解以“耐心”作为结构要素之一的“司法模型”，其与作为制度背景的中国法院系统（经过最高人民法院要求）的“司法答问”（包括主动释明、审后解答……）等措施的内在吻合关系。

②See Richard A. Epstein, *Simple Rules for Complex World*. Cambridge: Harvard University Press, 1995, p.98。

③See Richard A. Epstein, *Simple Rules for Complex World*, p.99。

“公正”的冲突，或说解决着另外意义上的“公正”问题。更何况，宋鱼水式的“耐心”，本身在心理态度上也蕴涵着“公正”倾向，即“司法者通过耐心表达，或称以诚相待，尽可能地尊重被司法者”，进一步以实现“公正对待”。

二、何谓“标准”的司法方法

宋鱼水的司法模型中，“耐心”和“行政上的主动”或“实用主义灵活”，有时存在着较紧密的联系，因为，并非策略化的“耐心”，当然涉及“热心”，使宋鱼水式的司法者有时容易在司法行动中采取较积极主动的方式。如此，这是否使“法官”的角色呈现了错位，如变“中立”为“干预”，变“消极”为“积极”？

这又是一个常在中国语境中被讨论的问题。在宋鱼水的司法中，我们的确可看到解放区时期“马锡武审判”，[①] 及建国初期“人民司法”[②] 的印记，如在审理纠纷的同时，“为群众细致着想”或“主动解决实际问题”。从今天理论法学话语的一般观念看，这种印记，和“标准”的司法方法的特征要求不甚相符。“标准”的司法方法，当然首先是“标准司法”，被认为是“中立”的、“消极”的，因为，司法机制本身便是经由外部社会诉求启动的，“不告不理”乃为最基本的司法原则之一。而且，当今天中国的法制建设越来越正规化之际，“法官”似乎更应在彻底的“去行政化”的方向上，定位与定型。因

---

① 参见张希波：《马锡五与马锡武审判方式》，法律出版社2013年版，第174-186页。

② 关于此问题较深入的概括和讨论，参见李斯特：《人民司法群众路线的谱系》，载苏力主编《法律和社会科学》，法律出版社2006年版，第285页以下。

此，有人认为，宋鱼水的司法方法有时不是严格的“法律方法”。[①]

当然，讨论这个问题的时候，有时人们自然而然地会联系中国的具体实际，以看待中国基层法院司法的这种特点。人们易倾向于认为，宋鱼水及其他基层法院法官的这类司法方法，符合中国基层社会的实际需要。因此，尽管并不符合现代法官“标准”的司法方法的模式，但在某些人看来，其仍然是可理解的。[②]

然而在本书作者看，更有意义的思路则在于重新理解“什么是标准的司法方法”。

前述“批评”观点，及类似倾向的评论，无疑假定了一个“标准”的司法方法，且这一“标准”的司法方法显然或多或少是想象化的一个“西方现代司法模型”的方法，这些观点及评论，另赋予了其“本质”的意义。本书作者认为，这种“标准”的司法方法，当然可归属“司法模型”之一种，但“司法模型”本身又是历史建构的，缘此，这种“标准”的司法方法只是历史中的各类司法方法样本中的一种，并不具有“可西方化”的普遍性，更不具有“可世界化”的普遍性。[③]

事实上，仅从人们颇熟悉的西方司法方法的历史看，在法国近代，即大革命前，便出现过同样行政化的“巴列门审判”。[④] 进入现

① 一位法学教授是这样认为的，参见马蔚：《“辨法析理，胜败皆服”——宋鱼水审案方法剖析》，《工人日报》2005 年 5 月 9 日，第 2 版。

② 参见马蔚：《“辨法析理，胜败皆服”——宋鱼水审案方法剖析》，第 2 版。

③ 有人认为存在世界普遍意义的司法模式，见成都市中级人民法院研究室、成都市锦江区人民法院：《社会主义司法理念与当下司法改革——成都法院第三次法官沙龙综述》，《当代法官》（四川省成都市中级人民法院主办）2006 年第 2 期，第 6 页。

④See John Dawson, *The Oracles of the Law*, Ann Arbor: The University of Michigan Law School, 1968, pp.362-371.

代，在大陆法系相当一些国家中，众所周知，职权主义司法方法已包含了经由历史而来的“法官主动性”的特征，法官不仅可以审理当事人的讼争问题，而且可以在讼争问题之外，积极审理法官自己认为相关的问题，之中，法官并不是“消极”的。此外，在美国19世纪的司法中，曾经存在过“自然正义的司法审查”，法官可通过宣布违反自然正义，以认定一项制定法的规定是无效的。[①]由此而来、或说从历史一直延续至今的“司法违宪审查”的司法模型，又是一个例子。这种模型，如法学界甚至法律界所熟知的，可在解决诉讼各方之间的具体纠纷时，对立法机关的某些制定法条文作出“是否违宪的决定”。在英语国家侵权法的历史中，亦如经由科斯（Ronald Coase）式分析发展而来的新制度经济学所不断探讨的，法官时常像“制定政策”的行政官员一样，审视当事人之间的权利的相互性……所有这些，均为司法方法的样本。在这些司法方法中，我们可看到“复杂”和“多元”，其中，包含着不同程度的“主动性”，有些甚至因为过度的“主动性”，与现在人们习惯设想的“西方标准的现代司法方法”相去甚远。

如果可从历史建构的角度以看待司法方法，则争论宋鱼水的司法方法是否符合标准的司法模型，是没有意义的，进一步，“司法方法”的具体样本的存在问题，也就可转换成一个“是否应运而存”，而非“是否符合理想模式”的问题，同时，其也不是一个“从落后向先进发展”的问题。重要的却是，一种司法方法和社会语境的相互关系，究竟是怎样的。在这个意义上，宋鱼水的“司法方法”，依

① 见［美］克里斯托弗·沃尔夫：《司法能动主义》，黄金荣译，中国政法大学出版社2004年版，第28页。

然是“法官”的法律方法，而真正的问题，是这种司法方法和中国语境是否形成了有益的相互关系。

此外，同样重要的，则是在宋鱼水的“司法方法”中，“耐心”与“行政上的主动”或“实用主义灵活”的相互辅助，是在“职业活动”和“法律说理”的衬托中展开的。宋鱼水，没有完全抛弃法律的专业元素，或现代所说的法律职业技艺的特征，反之，恰时常是特别“法律专业”的，因而，总体看，其是在今天正统法学认为的“法律专业活动”中表达了“主动”与“灵活”。缘此，宋鱼水的“司法方法”，是在现代人们通常指称的——即使是我们承认的——“正式司法”的边界地带滋生、演化的，其在连接“标准模式”——所谓现代的“标准模式”——的“司法方法”之际，或将这类标准模式的“司法方法”作为基础之际，拓展了“司法方法”的理解空间，增加了“司法方法”的新的想象。从这里加以引申，宋鱼水的“司法方法”，实际上是将上述“标准模型”的司法方法进行了新的语境实践、历史推演，且同样提示了后者的“应运而存”的问题。其中，真正的深入问题，又是一种司法方法和社会语境的相互关系究竟是怎样的，而非是否存在一个“标准”的司法方法。[①]

三、普遍性与制度创新

在宋鱼水的“主动”和“灵活”，特别是以“耐心”作为显著标

---

① 值得注意的，是一次网络交流中，一位网友问宋鱼水，有人认为今天中国基层司法在管理体制、权威、职业化、专业化等方面远非标准意义上的司法，如何看待这种观点。宋鱼水说，她不同意这种看法。见《人民法院报》编辑：《宋鱼水：始终保持一份内心的安静》，《人民法院报》2003年3月4日，第1版。

志的司法模型的背后，隐藏着一个人们常讨论的“职业伦理自觉”的问题。这里的隐含意思是指，如果能认为“主动”和“灵活”，特别是“耐心”，的确表达了一个可接受的“法官职业伦理”，则这种伦理的“自觉”，是否可成为普遍的？当不断宣传宋鱼水，且以其作为榜样之际，人们或多或少已假定其本身不是普遍的，至少，目前不是普遍的。于是，大多数法官能否将“耐心”式的司法模型贯穿于日常的司法方法之中，便成一个问题。

在本书作者看，首先，如同前面反复强调的，宋鱼水的“司法模型”的关键，从“模范宣传意义”上论，不在于“高尚无私”，至少主要不在于此一层面，相反，在于一点一滴的“简单平常”，从而以“润物细无声”的方式逐步吸引他者。宋鱼水的一位同事说，宋鱼水“让你可亲、可敬、可学”；[①] 其另一位同事也说，宋鱼水通过素朴淡泊的工作，自然而然地影响了周边的法官群体；[②] 而最高人民法院的一位法官提到，宋鱼水的“事迹并不惊天动地，但平凡的小事汇聚起来，就展现了一个高大的人民法官形象”。[③] 宋鱼水所以如此，因为，其中的显著要素，即“耐心”或称“以诚相待”，是以“朴实、平易”的日常活动方式作为结构支撑的。没有这种活动方式，“耐心”或称“以诚相待”，极可能是“孤独”的，也因此，极可能“过于理想化”。同样有如前面已分析过的，此处之意思，当然并非是说“过于理想化”是不应当的。

---

① 见宋莹：《思维置换》，《前线》2005年第2期，第51页。

② 见成岚：《“平民法官”宋鱼水在线谈新时期的法官该怎么当》，载新华网，http://news3.xinhuanet.com/school/2005-01/14/content_2458151.htm，2014年6月10日访问。

③ 见陈永辉：《学习宋鱼水先进事迹，做好知识产权审判——高法民三庭法官走访海淀法院》，《人民法院报》2005年1月25日，第1版。

而是在说，“过于理想化”的建构才属真正难以普遍化，或可称之，当人们熟悉的日常活动方式是“司法模型”中的特殊结构要素之际，“耐心”也便具有了“更为普遍接受”的现实可能性。[①]

然而，其次，正是此处，更具有实践意义的问题不是“如何宣传推广宋鱼水的经验”，而是“如何理解新型司法模型的制度创新的潜在能力”。宣传推广，归属话语层面的观念努力；理解制度创新的潜在能力，是实践层面的行动准备。制度创新，作为一种行动方案，既有可能是在“行动已普遍存在”的基础上加以提出，也有可能是在“行动尚未普遍存在”的基础上加以提出。有如人们时常所理解，“已普遍存在”，意味着在社会群体的行为中，可发现较广泛的行为模式，因而重要的是如何“萨维尼式”地将其中非正式的“习惯”模式，转换成正式的“制度”模式。“尚未普遍存在”，则意味着两种情形：其一，社会群体行为中，并不存在较广泛的行为模式，故重要的是，人们如何“自上而下”地建立正式的“制度”模式，且“理性主义”地广泛推行；其二，作为典型经验的某种个体行动，其和群体行为之间，存在着相当一些对应关联，人们可在作为典型经验的个体行动中，提炼正式制度的模式因素，同时，可在群体行为中发现这一正式制度建设的广泛的潜在能力，故重要的是，如何机巧地启动群体的集体行动逻辑。显然，在“宋鱼水的经验”和中国基层法官群体之间，我们可看到的，正是“尚未普遍存在”中的第二种情形。如同前面一章所分析的，宋鱼水的司法方法和中国基层法官群体之间，呈现了相辅相成的关系，前者是在后者中孕育、生发的，

---

① 关于这点的重要现实说明，参见滑玉珍、王京庄、王志宇：《让司法正气深入人心——宋鱼水先进事迹巡回报告侧记》，《人民法院报》2005 年 6 月 3 日，第 1 版。其中，足以说明宋鱼水的模型如何具有这种可能性。

后者在前者中可发现“自我形象”的典型映照。于是，这一切意味着，中国基层法官群体的行为模式和宋鱼水是“近距离”的，而“近距离”中，我们自然可看到且激发中国基层法官群体关于“司法模型”制度创新的潜在能力，进一步，在新的层面上，我们也便可理解制度创新的另外一种机制：在群体可轻松模仿的基础上，调节周边制度变量因素，以实现个体典型的普遍化。

再次，更具有学术价值的，则是通过新的司法模型及新的制度创新机制，理论上，我们可重新理解本文开始部分提到的“法律职业化的司法方法主张”，其与“社会适应性的司法方法主张”之间的相互关系。在中国的司法方法建设中，“法律职业化的司法方法主张”和“社会适应性的司法方法主张”，历来是两种基本的思考路径。前者强调了“理想化的司法方法建设的积极推进”，具有强烈的现代性标记；后者则强调了“现实化的司法方法建设的渐进演化”，具有柔韧的怀疑现代性的标记。然而，在“宋鱼水的经验”中，我们可发现，“第三条道路”也是存在的。“第三条道路”既是独立的，又是经由不同侧面，尝试联系前者和后者，且具有鲜明的针对现代性进行自我反思的元素。当然，在此，首先需强调，“第三条道路”不是那种缺乏深层学术理论纹路的在两种主张之间的折衷表达，而我们常可看到，“既要法律职业化又要社会适应性”一类的“合二为一”的说辞，相反，其为具有能力将两种主张各自的内在逻辑勾连起来的独特话语。

所以可如此看待问题，深入说，乃是因为“宋鱼水的经验”中，“法律职业化的司法方法主张”，其和“社会适应性的司法方法主张”的二元对立在某种意义上自我瓦解了。通过宋鱼水的司法模型，我们可发觉，问题不在于究竟是坚持前者还是后者，或坚持两者的简单折衷结合，而在于，如何从某种角度以推进“法律职业内涵”的“社会适应性主张”，同时，从另一角度，以推进“社会适应内涵”的“法律职业化主张”。换言之，我们需理解，“法律职业化的司法方法主张”如何可走进且推进“社会适应性的司法方法主张”，及后者如何可走进且推进前者。我们需看到两者之间新型的辩证关系。关于这点，需深入分析。

其一，在宋鱼水的司法模型中，我们可看到“充分说理”“坚持原则”“‘贯穿法治’的职业活动”等内容，而从中国现代司法方法建设的历程看，这些内容，既是“法律职业化主张”倡导的一个结果，[①] 又是“法律职业化主张”的一个后续推动力量，这些内容，似乎在理论和实践两个层面上印证着“法律职业化主张”。但这些内容，作为宋鱼水式的司法模型的部分因素，是在融入诸如“保持耐心”“行政灵活”“‘朴实平易’的日常活动”等其他因素的过程中，以发挥作用。没有这种融入，“法律职业化主张”色彩的几种因素，难以展现自己具有魅力的有效功能。这里，并非认为，“法律职业化主张”色彩的几种因素，本身在“独立地表现自我”之际缺乏能力与作用，而是认为，它们的实践意义，因此可能是较有限的（参见前面一章的分析）。进一步，正是在融入的过程中，我们可看到一种因为“社会适应性主张”的在场而产生的法律职业化司法能力的提升；我们可看到，“法律职业化主张”，是如何被“社会适应性主张”

---

① 以“充分说理”为例，众所周知，最高人民法院 1999 年便提出人民法院应当在判决书中“充分说理”，其提到，“增强判决书的说理性；通过裁判文书，不仅记录裁判过程，而且公布裁判理由”。见最高人民法院：《人民法院五年改革纲要》，《中华人民共和国最高人民法院公报》1999 年第 6 期，第 187 页。而宋鱼水，是真正法律科班出身。

进入、推进的，从而看到由此产生的新型司法模型的活力增值。这意味着，在融入的过程中，“充分说理”，或“坚持原则”，或“贯穿法治”，很难继续被认为是纯粹的“法律职业化主张”，相反，更有意义的是，它们应被视为具有社会适应性内涵的“法律职业化主张”。①

其二，与此相对，宋鱼水司法模型中的“保持耐心”“行政灵活”“‘朴实平易’的日常活动”等内容，既是中国司法经验世界中，常凸显的“社会适应性主张”这一观念意识制约的一个结果，又是这种“社会适应性主张”的一个未来巩固。②其似乎依然在理论和实践两个方面上印证了这种主张。然而，宋鱼水的这些“另类内容”，同样是在融入“充分说理”“坚持原则”和“‘贯穿法治’的职业活动”的过程中，以发挥作用，是在融入的过程中，表达自身丰富的

---

① 我们可注意一个例子。宋鱼水一次听了法学教授介绍了国外法院有庭前会议的经验，于是认为应学习，并在实践中加以运用。国外庭前会议的作用，主要在于梳理证据问题。但在宋鱼水看，此过程既可以梳理证据，也可以使当事人心平气和、知道在开庭的时候主要应讲述什么内容。见杨宾：《我心目中的宋鱼水——同事对宋鱼水精神的解读》，《前线》2005 年第 2 期，第 49-50 页。

② 这里意思是指，尽管“保持耐心”“‘朴实平易’的日常活动”及“行政灵活”，存在个人主体自觉与否的问题，但如前面一章第四节所分析，其在广泛的司法实践活动中，首先又是针对“如何具体切实解决实际纠纷”这一问题。换言之，在中国广袤的基层司法运作中，复杂现实生活，的确要求基层司法必须能够“卓有成效”地不仅解决具体的诉讼纠纷，而且化解与此相关的其他，如“缠讼”“上访”甚至“群众生活窘迫”等社会难题。正是在此基础上，基层法院系统亦在不断通过各种方式，承认甚至推进“实用主义”的观念意识，进一步，在话语背景意义上期待，更准确地说是要求，宋鱼水在司法中“保持耐心”“行政灵活”，甚至展现“‘朴实平易’的日常活动”。反过来看，宋鱼水通过自我性格化的“保持耐心”“行政灵活”和“‘朴实平易’的日常活动”的独特展现，也使自己实践成为了促进日后基层司法“实用主义”的一个典型召唤。

感染力量。我们同样可认为，没有这种融入，在中国已是持续法治现代化的语境中，尤其是在以“当事人”——要求“法律道理”的“当事人”，包括他们的“诉讼代理人”——作为典型涉讼角色的当代社会一般群体的视野中，宋鱼水的“保持耐心”，或“行政灵活”，或“‘朴实平易’的日常活动”等内容，也将会是意义有限，其整体司法模型，无法成为新型的司法方法的范例，且增加活力。这里，同样不是认为，“社会适应性主张”色彩的几种因素，在“独立地表现自我”之际缺乏能力与作用，而是认为，它们的实践效用，因此可能同样是颇有限的。就此而言，在融入的过程中，它们同样很难继续被认为是纯粹“社会适应性主张”的，相反，其应被视为具有法律职业内涵的“社会适应性主张”。

其三，如果通过宋鱼水的司法模型，可看到“法律职业化主张”不可避免地包含了“社会适应性主张”，后者不可避免地包含了前者，同时，具体活动中，或说在实践的新质模型中，两者的二元对立逐步消解了，实现了“你中有我、我中有你”，则两者在微观层面上，便存在了内在的逻辑关联。这就提示着一点，即中国司法方法建设中的现代性努力，可以接受“自我反思”。在此，“自我反思”，不是自我否定，因而不是否定司法方法建设的现代化推进，而是在中国的语境中，反省直至推陈出新地思考通常所说的“标准意义”或曰“现代西方”的司法方法，在何种意义上是可以呈现“变异”的，及在什么意义上，可在保持自我的同时，限制、改革、丰富自我，进一步，反省直至推陈出新地思考另类司法方法的存在与提出，且将其列入世界司法方法谱系之中。“宋鱼水的经验”，具有刺激这里所讲的现代性自我反思的实证价值，同时，提示着在理论上，应重新理解关于中国司法方法建设的上述两种姿态。

实际上，正是在上述其一、其二、其三这三层分析中，我们完全可深入地理解，为何宋鱼水会提到这样一些话语，如“保持距离不等于保持冷漠”，[①] 审判案件时要“能坐下来，能听进去”，如此“才能让当事人接近你，与你沟通，接受你的观点”，[②] 又如，审判中“仅凭丰富的工作经验、一张笑脸和两袖清风，已不能适应时代的发展和工作需要，原有知识必须不断更新”[③]，再如，判决书要“通俗易懂”（见前面一章第一节）……亦在上述其一、其二、其三的分析中，我们方可理解其中的真正意义。只有在新的司法模型中，在将“法律职业化主张”和“社会适应性主张”有机结合起来的逻辑中，这些容易被人们所忽略的日常的“宋鱼水话语”，才能逐渐显露出具有历史时代涵义的学术价值。

四、中国司法的“社会需求”

现在，我们需在更普遍的意义上分析一个问题，为何在宋鱼水的司法模型中，可看到解放区时期“马锡武审判”和建国初期“人民司法”的印记？这个问题，可用更具有反思意义的方式加以提出，为何在中国的不同历史时期，当然是在中国红色法制的历史谱系中，一种“中国经验”，即“主动贴近民众式的审判”，可不断呈现，甚至在司法现代化高速发展的今天仍不断呈现？此外，我们需分析，

---

① 见《人民日报》编辑部：《公正司法的好法官，倾心为民的好党员——宋鱼水同志先进事迹报告团发言摘编》，《人民日报》2005 年 3 月 25 日，第 4 版。

② 见李奎：《人民信任的好法官——记北京市海淀法院宋鱼水》，《北京法制报》2003 年 12 月 22 日，第 1 版。

③ 宋鱼水：《学习，使我不断地飞跃》，《人民日报》2005 年 4 月 26 日，第 14 版。

这个问题背后的问题又是什么？

宋鱼水自己提过，“应时刻想着普通民众”“要为普通民众解决具体的实际困难问题”。[①] 有人曾问，“这样是否符合法律精神？”宋鱼水回应称，“法律是公正和善良的艺术，法官不能没有理解之心、宽容之心、爱人之心”。[②] 尽管宋鱼水表现了自己独特的“朴实、平易”日常活动的结构因素，同时表现了自己的执著敬业的专业活动的结构因素，但这些因素，是在主动亲民化的司法中展示意义的。因此，我们也就看到了，社会在赞扬宋鱼水“朴实”“敬业”的同时，反馈了颇形象的宋鱼水“有如送鱼送水”的话语表达。[③] 显然，今天的“送鱼送水”，和早期“马锡武审判”和“人民司法”中的“主动亲民为民”，是类似的。

我们当然可认为，宋鱼水的“主动贴近民众”，是中国共产党倡导、领导的为民审判传统的一个延续，且从道德判断上指出这是“理所应当”的，不论时代会如何变化；或者，从法律社会学的角度，认为其中包含了宏观意义的国家治理策略的微观展开，认为这是通过司法争取群众、发动群众及行之有效地解决现实问题的重要方法，认为司法者和司法对象之间的权力矩阵关系，及司法者自己的“周边条件”和“需要”，决定了司法者的这种行动技术，并且，从政治判断角度指出这是“自然而然”的。从实践看，及从宋鱼水的司法活动看，我们不能认为其中没有这些问题。这些观点，自然存在一

---

① 见汲传排：《百姓信赖的好法官宋鱼水》，《北京日报》2004年1月3日，第1版。

② 见汲传排：《百姓信赖的好法官宋鱼水》，第1版。

③ 见成岚：《“平民法官”宋鱼水在线谈新时期的法官该怎么当》，载新华网，http://news3.xinhuanet.com/school/2005-01/14/content_2458151.htm，2014年6月10日访问。

定的解释力，而且，可使人们较清晰地把握“主动贴近民众”这一问题的直观内容，甚至其中深层的某些微观结构。但这些观点，主要是从司法角色的视角，或“第三者”即客观观察者的视角，以展开思考，大体忽视了被司法者的视角。在本书作者看，提供一个被司法者视角的解释，或许可进一步推进我们对问题的理解，对于“宋鱼水经验”，及颇为具有历史延续性的中国“主动贴近民众式的审判”，或许可展示更广阔的历史解释平台。

被司法者的视角，并不意味着要从中国一般民众，或通常所提及的被司法者及潜在的被司法者，其种种意见中概括观念、意识，而是意味着，需深入提出一个经由“被司法者”体现出来的“社会需求”的概念。此概念，包含了这样一个涵义，中国的被司法者，针对司法始终存在着自己的“什么才是司法”的理解，及由此而来的愿望。从基本层面上看，这一理解及愿望可能会因为中国现代司法的发展，或这种司法意识形态的规训，而发生某些变化，但“外行”的社会角色，及被司法者的利益与司法解决方法之间的息息相关，最终决定了这一理解及愿望，相对现代法律职业阶层，不断地是“他者”的，而且，颇为“顽固”。具体说，中国的被司法者是以“预期不断扩张”的“解决问题”这一意识，作为进入司法的预设出发点。中国的被司法者，在要求诸如“伸张法律正义”，或“获得权利认定”等正统——现代所说的正统——司法保护内容的同时，亦在时常额外地期待“解决剩余具体问题”的司法回报。

所以如此，以更广泛的层面论，因为这种额外期待，是中国被司法者对其他所有公共权力运作具有额外期待的一个局部表现。这里，问题的重要之处在于两点：其一，当一种公共权力的运作总是不能“完全”地解决“群众”对象的需求时，需求者转向其他公共权力的救济，便为自然而然的；其二，在司法被认为是公共权力最终救济的情况下，同时，当中国的司法被宣传成为“公民权利保护”的最后一道防线之际，额外地解决剩余问题的欲望，便会相对而言更多地转向司法机制。事实上，当中国“群众”进入司法，他们已发觉，其他公共权力“解决问题”的机制及资源是有限的，不能令人满意，进一步容易有时甚至是势必，希望在司法中“不断扩张”地获得所有问题的解决。就这一方面看，中国的基层环境，决定了中国“群众”不甚可能，且也无意愿，被动地等待司法者来宣布司法方法适用的正统所谓的“本身边界”，其时常将司法，视为了审判意义的“社会协助”，犹如一位法官所提到，“公众希望司法更加大众化，法官更加亲民，为民排忧解难，社会并不需求法院与党政机关的严格分界，甚至在一定程度上需要法院与行政机关在追求价值与运行模式上的趋同”。[①] 因此，在中国被司法者的视野中，宋鱼水式的“关爱司法”，显然要比现代法学的“冷峻司法”，更具有正当性，对照“人民法院”的称谓，前者显然要比后者，具有更“合法”的历史渊源和现实渊源。

此外，这一“社会需求”的概念，在另外层面上也是重要的。因为，第一，当历史中曾经出现过适时、融洽的“群众式司法”经验的时候，历史记忆，总会唤起中国当下集体认同式的社会期待。我们可发现，“马锡武群众司法路线”及“人民司法”等“亲民审判”的观念，甚至“包公”“海瑞”等“‘父母官’的为民审判”的思想，在中国“群众”中显然具有长久的唤醒力。今天，在前面提到的中国社会现实条件下，如群众的纠纷问题有时难以得到有效的解决，

① 见成都市中级人民法院研究室、成都市锦江区人民法院：《社会主义司法理念与当下司法改革——成都法院第三次法官沙龙综述》，第 7 页。

人们依然会以集体认同的方式，等待这些“概念”的现实化。因此，正是在这里，当中国“群众”对司法总是表现了额外期待的时候，需深入反思的，不是中国“群众”是否具有“正确的司法定位理念”，是否具有“现代司法观念”，是否“素质低下”，而是在“社会需求”的概念中，中国司法活动的方式究竟应当是由司法者群体——包括法学家群体——自我界定，还是应由以中国“群众”作为表征的被司法者和司法者彼此合作界定。不能否认，作为公共权力的运用，司法不能等同于其他诸如立法、行政等。和司法者一样，被司法者在一般意义上，也会认为这是必要的。但如同上文已经分析的，“司法”的概念本身毕竟是历史的，不是先验理念的、“本质定义”的。而在此或在中国，所以是历史的，乃是因为，“社会需求”的概念必然隐含着希望且积极地推动司法者去展开需求者期待的司法模式的内容，或可这样认为，中国的红色司法历程，实际上是由中国“群众”推动的，且这种推动亦为不可避免，也将持续不断。进一步，从应然的角度看，“社会需求”的概念，包含了质问司法方法如何形成及如何演化的问题，此外，其在要求司法方法应以被司法者和司法者之间认真的相互对待，作为基本条件。

五、中国的司法市场

我们还需注意，“社会需求”的概念，提示着司法市场的意义。正如有学者提出的，司法产品进入社会市场是以满足需求来展示存在价值的。[①] 以“宋鱼水方法”，及“马锡武方法”“人民司法方法”

---

① 参见苏力：《送法下乡》，中国政法大学出版社2000年版，第268-270页。

为特征的司法产品，在中国城市和农村的基层，显然具有广泛的市场需求。由于各种历史现实的条件匮乏，中国基层的其他公共权力包括司法权力的“社会供给”，长期以来，总是有限的。于是，“主动亲民为民”的司法方法，当司法被视为“最后一道防线”的时候，也就成为了替代性质的较佳产品。然而，“司法市场”本身还有深层的涵义。首先，繁荣与匮乏，在量的方面凸显着上述“司法方法如何形成、如何演化”的正当性问题，换言之，如果繁荣，则证实着正当性是正值的，反之则是负值的。其次，更重要的，市场本身决定着司法建设的未来命运，这里的意思是说，在中国，自上而下的理性者当然可设计且规定司法的一切内容，但中国“群众”本身定义的司法市场，将会以自己的需求概念以接受或拒绝司法的产品。在这个意义上，当认定中国“群众”的被司法者没有现代司法理念的同时，认为“宋鱼水式”的主动亲民为民司法没有恪守现代司法的原则，等于是在否定其中的市场机制。自然，有人可能认为，“主动亲民为民”的司法中，不免存在“人治”或“已过时的魅力型法官”的因素，之中，有些是需要警惕的。[①] 但与其看到，或警惕其中“法官中的人治”的某些问题，[②] 不如反向深入挖掘中国“群众”试图捏塑，或保留某种司法模型的社会动力。这里的根本问题，在于中国“群众”基于自身利益的要求，总会以各种不同形式的压力，以呼吁司法者尤其是自我认为“标准”的司法者，不断地重新思考、重新定义司法方法的形式和边界，总会以中国“群众”自己认可的方

① 的确有人这样认为，见吴杰、李京华：《宋鱼水：努力追求“胜败皆服”的法官》，载中国法院网，http://old.chinacourt.org/public/detail.php?id=142838，2014 年 6 月 12 日访问。

②See Cass Sunstein, *Legal Reasoning and Political Conflict*, pp. 44-46, 134-135.

式，肯定一种司法，疏远另一种司法，进一步，形成“中国群众定义”的司法市场。概括说，“社会需求”决定着司法方法产品的时段性和地方性。忽视市场的意义，便会导致中国的司法远离中国的“群众”社会，进一步，便会导致在强调司法重要的同时，无形中使司法的地位和形象慢慢自我消逝，成为仅具观赏价值的制度摆设，因而，司法建设的自我解构便会不可避免。中国“群众”，也就无可奈何地自然会转向寻求其他非常怪异的与司法建设相异相悖的救济机制，比如上访。[①]

通过上述针对“社会需求”概念的分析，我们可从新的角度，以深入思考和解释为何一种“中国经验”，即“主动贴近民众式的审判”，可不断呈现，甚至在司法现代化高速发展的今天不断呈现。正是因为，被司法者时常试图定义自我理解、期待的“司法”，及被司法者是司法市场的最终消费者，故宋鱼水式的司法模型中势必呈现“马锡武审判”和“人民司法”的印记，使之具有持久的吸引力、感染力，同时，暗示着中国基层司法建设得以不断推进，甚至不断“现代化”的持续根源。

此外，经由上述“社会需求”的剖解，我们能发觉，为民审判传统的宣传上的道德判断，及国家治理策略的观察上的政治判断，实际上，都需要在“社会需求”的范畴理解中得到进一步的阐明和

① 根据“司法逆向选择”理论的分析，司法语境中，当不断满足需求者期待之际，需求者的期待恰恰是不断增长的。换言之，当需求和满足之间的对应关系始终是正比时，需求者对提供满足者也就更会产生依赖，进一步，增加了期待。反之，当满足停滞之际，需求便会减弱甚至最后消失。参见张维迎、柯荣住：《诉讼过程中的逆向选择及其解释——以契约纠纷的基层法院判决书为例的经验研究》，《中国社会科学》2002 年第 2 期，第 31-43 页。

深化。从被司法者出发的“社会需求”的概念，及由“社会需求”概念挖掘的“正当性”问题和“市场化”问题，也许是道德判决和政治判断的逻辑基点。于是，与道德判断相连的“关心群众”，及“爱护群众”，另与政治判断相连的“深入群众”，及“发动群众”，作为话语标识，便需要在“尊重群众”和“回应群众”等用语的基础上重新展现涵义。

深入看，从问题背后的问题来说，以司法信任的角度来看，[①] 被司法者的视角及由此而来的“社会需求”的概念，可促使我们深入思考这样一个问题，当司法因为种种原因，如不能及时审判，或极端形式的审判腐败，逐渐失去社会对其信念的时候，主动贴近民众式的审判，特别是通过宋鱼水经验集中体现的以“耐心”作为结构要素的这种审判，是在何种意义上起到重建信念作用的？或者，这一司法方法，为何要比其他措施，如“制度规定”，或“道德指引”

---

① 下面这一问题的讨论，是基于冯象教授的评论建议及观点提示而展开的，特此致谢。冯象教授认为，宋鱼水式“亲民审判”现象，包括许多法官类似审判方式的运用，其所以具有一定的效果，主要是因为其可以部分地重建民众对司法的信任，此信任，因为较普遍的腐败而曾逐渐失去。因此，“宋鱼水经验”是典型的“后法治”(post-rule of law) 的司法经验。针对这种经验，道德理解式的分析和制度理解式的分析，均为较乏力。而且，道德理解和制度理解，可能掩盖了某些司法负面问题。对于重建司法信念，除了道德宣传和正式制度的努力，新型经验亦为颇重要。此外，司法实践中，我们也可发现法官有时自己便有这样的感受。如一位法官认为，法官需要运用“不厌其烦”，缓和当事人的对立情绪，恢复当事人对法院和法官的信任。见广东省高级人民法院：《争创“三有一好”，争当时代先锋》，载广东法院网，http://www.gdcourts.gov.cn/fgfm/hxj/t20060620_11153.htm，2007 年 5 月 9 日访问。而反过来，一位这名法官审理的案件当事人，即使败诉依然说，这名法官“是我见过的最有耐心、最认真的法官，她的判决，我信服”。见张慧鹏、王华兵、陈笑尘：《南粤法院一枝花》，载广东法院网，http://www.gdcourts.gov.cn/fgfm/hxj/t20060620_11150.htm，2007 年 5 月 9 日访问。当然，本书作者在此展开分析的不当之处，自然归于作者本人。

像前面提到的司法内部的自我监督、司法外部的他者监督、主动地将判决理由公布出来、积极倡导统一一致的司法方法、积极倡导“公正为民”的司法理念等，更具有真实的“重建”意义？实际上，通过宋鱼水式典型的“主动亲民为民司法”，其所透露出来的信息，或许能使我们对照地反思针对信念重建，以往“制度规定”和“道德指引”上的努力所发挥的真正作用。这些努力，是有意义的，但在一定层面上，如同前面一章针对宋鱼水模型和“当事人”的互动关系所分析的，它们有时更可能是效果有限。尤为需要警惕的，则是这些努力，有时可能恰恰遮蔽甚至掩盖了司法过程中的负面内容，进一步，越来越削弱了被司法者对司法的信任判断。因为，就这些努力而言，被司法者自身总是不能从中“亲历”或“亲知”地获得司法活动的“确切信息”，同时，正因为“制度规定”和“道德指引”的存在而产生的屏障隔膜，被司法者，进一步不免更是“模糊揣测”，在经历或听闻某些司法消极现象之后，越是“将信将疑”。相反，主动贴近民众式的审判，尤其是经由耐心式的“宋鱼水经验”推进深化的这类审判，亦如前面一章集中于“当事人和社会公众对宋鱼水模型的反馈”所讨论的，则是可以“十分确切”的；其使被司法者可“亲知”“亲历”地感受和理解司法的细节肌理，直接消除疑惑，经此，使被司法者可由小及大、由点及面地重建司法信念。在这个意义上，一个关于司法信念重建的理论问题势必需提交出来，即相对“主动贴近民众式的审判”，特别是通过“耐心”表现的宋鱼水式的审判，“制度规定”和“道德指引”推动的司法信念重建的方式，是否存在某些自身难以克服的悖论困境？

从更广泛的视野看，在这个背后问题的更深一层，以左翼观点论，就中国以往的旧司法以及西方的过去与现在的司法而言，一般民众对“司法”，总存在着一定的“远离我们”的印象或判断，他们或具有“失望感”及“迷惘感”，或有时还有“生疏感”，不论曾经有过对司法的信念，还是从来没有对司法的信念。于是，在“马锡武审判”“人民司法”及“宋鱼水经验”谱系中的“主动亲民式审判”，通过司法信念的逐步重建，或逐渐确立的机制，我们也就可再次更放大地、且具有历史穿透力地看到一种新型司法模型的理想类型。这种审判，以“司法者亲密接触被司法者”的方式，积极捏塑着不同以往一切司法模型的特定内涵。

六、结语

作为结论，本书作者想指出，“宋鱼水经验”非常之成功，因为，宋鱼水以其实践不仅赢得了被司法者的赞誉敬佩，而且赢得了司法者同行的赞赏尊重。从社会的角度看，当其事迹被传播开来之际，其赢得了普遍认同。在社会心理学实验研究的视野中，宋鱼水赢得所有这些，是十分正常的。我们可注意社会心理学的两个实验研究结果：其一，当知晓一个人既有理性又有耐心的时候，人们对此人印象，通常倾向于正值变化；其二，对社会弱者的尊重，总会引起弱者对尊重者的特别尊重。[①] 然而，我们只有在深入理解了其中的“内在结构”，或说一种新的司法模型之际，在深入理解了其与外在世界的相互联系之际，才能真正理解，为何人们会运用“专家型法官”，或“专业型法官”，另有“平民法官”，或“公正法官”，及颇形象的宋

---

① 见 [美]J.L. 弗里德曼、D.O. 西尔斯、J.M. 卡尔史密斯：《社会心理学》，高地、高佳等译，周先庚校，黑龙江人民出版社 1984 年版，第 89、196 页。作为新质模型的宋鱼水司法方法，与这两个问题均相关。

鱼水“有如送鱼送水”的“一心为民的法官”等，看似互不相连的称谓，不断地从不同角度、运用不同方式以描述宋鱼水。宋鱼水的经验，的确是“中国经验”，但不是“传统”的、“道德”的、“政治”的，而是带有制度创新意义的反思性的。而从司法方法的目标来论，宋鱼水式的模型，在“规范”（normative）层面上，可引领我们更敏锐地触摸中国语境中“司法公正”的社会脉搏。与此相连，在宋鱼水的司法模型中，我们可看到，正是因为蕴涵着人格素质的“中资”普遍性，蕴涵着活动结构的“易仿”普适性，且在中国基层广袤的城市及农村具有普遍的适应能力，所以，针对民众期待的司法公正，中国法官群体尤其是基层法官群体的行动自觉，便无需付出过多的精神成本，及行动成本。就此来说，“星星之火，可以燎原”。

第五章

多元法条主义

可以把双方对某一点的看法比较一下，也可以不必那样直接比较。例如："他对这点那样说，我这样说，我的理由是这样的。"*

* [古希腊]亚里士多德：《修辞学》，罗念生译，三联书店1991年版，第216页。

前面几章，着重讨论两个问题，第一，“充分论证”的司法方法，会遇到怎样的棘手困难，及何种程度上理解“论证”意义为宜；第二，“理性”的和“实用”的司法方法之外，是否存在新型的司法方法。两个问题的讨论，大致涉及“法条”之外的元素，如“充分论证”依赖的说理方法、经验常识、法理运用，再如，理性说理和实用解决所依赖的修辞策略、态度调整，另如，新型司法方法的系统结构。显然，作为传统理解的司法方法，如何理解“条文”本身，亦为重要问题。无论是“怎样论证”，还是“怎样修辞及调整态度”，及“怎样关注新型司法方法的各种要素的相互协作”，均与“条文”本身存在关联。故讨论条文适用有其必要。

众所周知，传统法学理论通过“条文”的解释问题，已竭力发展及推进了被称之为“法律解释”的法律论证和法律方法的研究。本书不欲在此另作尝试。后面两章，本书作者希望讨论人们常忽略的一个问题，多元法条主义的认识和处理，以拓展关于“法条适用”本身的理解空间。本章将从“经验现象”层面，分析作为司法方法一部分的多元法条主义的产生及原因，下一章，从“应然期待”层面，讨论如何在多元法条主义中秉持一种立场，以经“法条适用”的问题，推进司法方法和司法公正的理解。本书讨论多元法条主义及其立场的一个预设，在于这样一个认识，即应当坚守法条，而不应如传统“法律解释理论”倡导的“时可灵活解释”以对待法条。本书作者相信，且通过下面两章的论证将表明，以坚守法条作为司法考量出发点的司法方法，当具有牢固维护“法治理念”这一重要优点之际，同样可语境化地适应现实社会，以“严格”并“活性”的辩证方式，更有益地塑造且促进司法公正。此外，下面两章论证的基本观点，与本书最初两章讨论的“应单纯法律论证”的观点，存在逻辑呼应的关系。

一、问题、界定和思路

法条适用有时会出现争议。而这种争议可分为不同类型：第一，出现两个以上彼此独立的法条的适用主张；第二，单一法条是否应适用；第三，单一法条如何解释为宜；第四，某法条和其他法条的关系究竟是怎样的……本章集中讨论“出现两个以上彼此独立的法条的适用主张”，并将其称为多元法条主义。[①]

不同类型的争议，其间可能存在关联，如“出现两个以上彼此独立的法条的适用主张”可能涉及单一法条是否应适用，或可能涉及单一法条如何解释为宜，或可能涉及某法条和其他法条的关系究竟是怎样的，而其他类型争议，亦或许彼此交织，但“出现两个以上彼此独立的法条的适用主张”或称多元法条主义，可跃然呈现。同时，其他类型的争议反之有时可能并不与其关联，如“单一法条是否应适用”的争论有时可能不涉及“出现两个以上彼此独立的法条的适用主张”，“单一法条如何解释为宜”的争论亦有时可能与其无关联，“某法条和其他法条的关系究竟是怎样的”（像法条竞合中的吸收关系问题）有时同样如此。故对多元法条主义能集中讨论。

---

① 本书作者曾提出“弹性法条主义”的概念，见刘星：《中国早期左翼法学的遗产——新型法条主义如何可能》，《中外法学》2011年第2期，第602页。现在看，“弹性”修饰语不准确。

法律实践中，多元法条主义常见且人们已熟悉。其会出现在具体案件，如屡被热议的 2001 年四川泸州张学英继承案，[①] 之中有主张适用《继承法》遗赠条文的，有主张适用《民法通则》尊重社会公德条文的，[②] 再如屡被争论的 2006 年广东广州许霆盗窃案，[③] 之中有认为单独适用盗窃罪条文的，有认为需结合《刑法》第 63 条（案情特殊并经最高人民法院核准减轻处罚）并用盗窃罪条文的，还有认为适用《民法通则》不当得利条文的。[④] 多元法条主义，另会出现于法条含义的一般理解，如屡被关注的《刑法修正案（八）》的危险驾驶罪，[⑤] 其中醉驾，是否应结合《刑法》总则"情节显著轻微社会危害不大"条文，对案定性。[⑥] 通常看，这种主义在具体案件者为多，而即使出现于法条含义的一般理解，亦总和现实或预想的具体案件及纠纷存在关联。

一种现象在多元法条主义中明显可见，即参加争论者总认为自己的主张正确并运用各种论证资源以辅之。如张学英案，有人主张适用遗赠条文才正确并提出了理由，[⑦] 有人主张适用《民法通则》尊

---

① 此案关键点是遗嘱人将遗产遗赠婚外第三者。详见《四川省泸州市中级人民法院民事判决书》（2001）泸民一终字第 621 号。

② 左杰鸿：《该案遗赠行为是否有效》，《人民法院报》2001 年 10 月 29 日，第 B04 版。

③ 此案关键点是银行 ATM 出现故障而许霆借机多次取出不属自己的款项。详见《广东省广州市中级人民法院刑事判决书》（2008）穗中法刑二重字第 2 号。

④ 张明楷：《许霆案的定罪与量刑》，《人民法院报》2008 年 4 月 1 日，第 5 版。

⑤ 相关条文：在道路上驾驶机动车追逐竞驾，情节恶劣的，或者在道路上醉酒驾驶机动车的，处拘役，并处罚金。见《刑法修正案（八）》第二十二项。

⑥ 争论，见陈伟：《醉驾："一律入刑"还是"区别对待"》，《法制与社会发展》2012 年第 1 期，第 120 页。

⑦ 喻敏：《文义解释——民法解释的基础与极限：评张学英诉蒋伦芳遗赠纠纷案的一、二审判决》，《西南民族学院学报》2002 年第 11 期，第 85-88 页。

重社会公德条文才正确并加以论证；[①] 同样，对许霆案，有人认为仅适用盗窃罪条文才是准确，且提出了理由，[②] 有人则认为结合《刑法》第 63 条特别规定以适用盗窃罪的条文方为无误，且提出了论证，[③] 另有人提出适用《民法通则》的不当得利条文乃更适宜，并辅以推论。[④] 而对醉驾问题，有人主张仅适用《刑法修正案（八）》危险驾驶罪的条文才属恰当，且以理由阐明，[⑤] 有人主张另需结合《刑法》总则“情节显著轻微危害不大不认为是犯罪”条文以适用才更全面，并论证为何如此。[⑥]

这种现象，意味着参加争论者提出的观点及论证，或粗略或精致，或经验或理论，但不影响分歧和相互辩驳，换言之，无论采取解决实践问题的参与视角，还是采取仅提评论的旁观视角，参加争论者即使觉得任何他者可能存有些许理由，依然总会坚持自己的主张，且试图化解、“战胜”他者。进一步，任何否定他者的亦会被他者否定。其中，存在法律市场的竞争性。同时，这种现象一般而言不会轻易结束。上述张学英案和许霆案，直至现在，学者仍反复研讨且相互批评，并主张自我，甚至民间若再提及亦会类似，而醉驾入刑究竟应如何理解的问题，不论学界还是民间，还在澄清分辨并

---

① 前引 3，左杰鸿文，第 B04 版。

② 陈瑞华：《脱缰的野马——从许霆案看法院的自由裁量权》，《中外法学》2009 年第 1 期，第 73-76 页。

③ 陈兴良：《许霆案的法理分析》，《人民法院报》2008 年 4 月 1 日，第 5 版。

④ 杨兴培：《许霆案的行为性质和法理思考》，《法学》2008 年第 3 期，第 58 页。

⑤ 曲新久：《醉驾不一律入罪无需依赖“但书”的适用》，《法学》2011 年第 7 期，第 13 页。

⑥ 赵秉志、赵远：《危险驾驶罪研析与思考》，《政治与法律》2011 年第 8 期，第 22-24 页。

固执己见。当然，某些条件下，多元法条主义多因权力（在此不包含立法权力）的决定，偶因意见略显趋同，或因人们的视线转移及暂时遗忘而平静，但总体看，平静也常是搁置而非结束，因为，总会出现“余音缭绕”，除非出现立法式决定的制度化解，如立法机关重新制定、修订、废止、说明，或如中国立法机关授权的最高司法机关的司法解释。此现象中，存在时间的持续性。

依此，可将多元法条主义的主要特征概括为：其一，没有内在的元素使之消失；其二，越从这种主义内部介入，试图说理论证解决统一问题，则越可能增加其竞争性和持续性；其三，这种主义内部一种权威的宣称（只有我是“正确”的）反易导致内部其他权威的自称。

对多元法条主义，现有法学理论似仅间接关注，即仅通过其他类型法条适用争议——主要是“某法条如何解释为宜”（法律解释问题）——的讨论而略有涉及。[①]其中思路大致看，主要集中于两个方向。首先，强调以规定明确的法条为要。这一方向，有时强调“法条字面意思”为主旨，或重“严限”的概念，但可统称“严格论”。[②]其次，认为不应以规定明确的法条为限，必要时需在法律体系框架内，或运用较佳解释方法或根据法律原则精神，以确定条文适用。此方向可称“灵活论”。[③]上述两个方向因不断精化，提供了某些有益的思考空间，如怎样严格适当、怎样灵活较佳，然而却存在一个突出疑点，即如果仔细追究，针对多元法条主义，其自身有可能或已成为

---

①See Fernando Atria, *On Law and Legal Reasoning*. Oregon: Hart Publishing, 2001, pp.71-75.

② 严格论的文献极多，近期中国学者一个典型例子，见陈金钊：《过度解释与权力的绝对化》，《法律科学》2010 年第 2 期，第 29-32 页。

③ 该论文献同样浩如烟海并业界尽知，恕不列举。

这种主义某一方的理由支撑、背景理论。以张学英案为例，直至目前的学理讨论，毫无疑问，“严格适用”的思想可成为适用继承法遗赠条文的理论确证，“灵活适用”的观念可成为适用民法通则“民事行为应尊重社会公德”条文的理论确证。从许霆案看，已出现了运用“严格论”为原判盗窃无期徒刑的定罪量刑展开辩护，① 亦有运用“灵活论”为刑法第 63 条的特别适用夯实根据。② 而就醉驾如何适用《刑法修正案（八）》的相关规定来说，“严格论”自然是衬托“字面解释即无需参考刑法总则条文”这一主张的法理知识，而“灵活论”，更能为结合刑法总则条文考虑法律理解提供法理论证。概括讲，集中于多元法条主义，上述两种思考不仅关注间接涉及甚略，且似难跳出“总认为自己法条主张为正确”的“实践主张者身份”，换言之，如果越在上述两个方向推进，则越可能成为或隐或显的多元法条主义中的“一员”。

当然，另有两个需要提到的相关思路。第一，意指法条适用争议实属“混乱”，责任在于执法者、司法者的素质，如缺乏职业化、专业化、知识化的水准。该思路可称“能力论”。③ 第二，相信几乎所有法条应如何适用的主张实为政治道德立场的表面维护，法条适用，虽属技术但更为技巧或遮掩，背后受制于利益、意识形态及政治策略的倾向。此思路可称“装饰论”。④ 这两种思路，同样提供了

---

① 陈瑞华：《脱缰的野马——从许霆案看法院的自由裁量权》，第 73-76 页。

② 张明楷：《许霆案减轻处罚的思考》，《法律适用》2008 年第 9 期，第 4-8 页。

③ 凡讨论法律论证或法律方法，均含此意，其文献甚多，例子参见下文及注释。

④[美]克里斯托弗·沃尔夫：《司法能动主义——自由的保障还是安全的威胁？》（修订版），黄金荣译，中国政法大学出版社 2004 年版，第 3 页；[美]昂格尔：《法律分析应当何为》，李诚予译，中国政法大学出版社 2007 年版，第 89 页以下。

可延展可深化的思考方向，如怎样提高技艺以避免理解差异，怎样辨析法条适用与背后政治的互动以洞察社会对法律的压力，但针对多元法条主义，其本身亦可无形地成为这种主义中“一员”的某种理论依据。如“能力论”，暗含了一个预设即多元法条主义中其他法条主张是错误的，只因能力不足而未被发现，故该论可潜在成为支持一个法条适用主张的理论依据。“装饰论”，不否认装饰性的某种法条适用能回应社会的法条适用的需求，换言之，为政治之实行法条之名，仍是必要的，且同时认可某个法条适用意见可能更合适，[①]故此论能间接视为支持一种或多种法条适用主张的理论基础。

这意味着，不论前述两个方向还是上述两种思路，包括未提及的另外“论”，[②]其所代表的法学理论长期以来未直接关注并深入探究多元法条主义，而颇重要的，即便间接关注或略有涉及，也未意识到一个“节制自我”的思考意义，即仅实然地分析注有“法条主义”标签的多元实践时可能会有重要启发。本书作者的意思是，直面多元法条主义，尤其对其“加括号”，即悬置之中超顽强多元格局以展开讨论，同时避免不知不觉地成为这种主义实践中的一员，本身可能便有重要的法学价值。本章尝试直接且深入讨论多元法条主义，实然分析其如何产生、具体机制怎样、相关的“法条主义”历史和现实谱系究竟如何，并讨论多元法条主义的意义何在。但讨论和分析不是、也不应是纯粹概念化的，或在思路上显示单一。本章强调“法学价值”，却不独被法条本身的理解所框定，亦不贯穿惟法条关

---

① 苏力：《法条主义、民意与难办案件》，《中外法学》2009 年第 1 期，第 93-104 页。

② 如认为多元时，责任在于立法者疏漏，即立法考虑不周。本章不讨论此观点，因其不涉及多元问题。

系为圭臬的路线，因为，法条本身及关系的理解势必涉及之内之外的各种因素。就此论，“法学价值”意在内容，却不排斥法学之外思考路径的借鉴，更认同此借鉴的有益。

二、有无“正确”

论及多元法条主义，法律人当然包括社会各类人，最易想到其中是否存在“正确的法条适用”。如果承认“各有道理”，甚或认可“取其较佳为宜”，即或明确或含蓄不承认存在“正确”，则在一般人们思维中均与法治意识形态，更具体的法律稳定性、明确性、可预测性的观念，包括法律实践者的职责及义务的理解，形成矛盾。故“正确”的追问及寻觅，易成为多元中不同法条适用主张者的重要期待，也易成为社会普遍性的愿望。此外，逻辑上，如果存在“正确”，本章所说的多元法条主义便无存在依据。

从主张者的内在视角看，“正确”的确存在。因为，提出主张本身便预设了主张者已胸怀“正确”的答案，否则提出主张便有疑问。[①] 但显而易见，主张者内在视角中的认为存在“正确”，不意味着其他主张者对“正确的标准是什么”或“何为正确”分享共识，这从没有提出主张却仅关注的外在视角看，尤为清晰。[②] 实际上，正如业界

---

①德沃金曾详尽讨论过这个问题。See Ronald Dworkin, *Law's Empire*. Cambridge: Harvard University Press, 1985, pp.65-86, 260-262; Ronald Dworkin, "Pragmatism, Right Answer, and True Banality", in Pragmatism in Law and Society. ed. Michael Brint and William Weaver, Boulder: Westview Press. Inc., 1991, p.365.

②See H.L.A. Hart, *The Concept of Law*. 2nd ed., Oxford: Clarendon Press, 1994, pp.239-240.

熟知，对“正确标准为何”或“何为正确”，无论实践还是学术中，完全可能主张各异，像讨论其他类型法条适用争议的那样，比如，主张“法律职业共同体的一般理解”，并认为依此才是正确的，[①] 或提出“社会的普遍接受”，[②] 或提出“经由理性化的论证”[③]……当然，较为常识化的则是强调“与立法保持一致”。

一般论，法条适用为执法或司法，依此而言，标准的确立势必将首先考虑执法司法与立法之间的权力关系，尤其是这种权力关系预设的执法司法何以具有权力运用正当性的根据。[④] 换言之，尊重立法或不违背立法，被称为“正确”及作为“正确”标准，较易具有法律领域内权力运用的正当理由。从这一前提出发，“与立法保持一致”作为标准，较之其他，主张的可接受性相对为高，而此正是其较为常识化、更可能为人提出的缘由所在。可再看张学英案、许霆案及醉驾入刑理解。其中，争论各方无不主张只有自己的观点最符合法律规定，或“与立法一致”（强式符合），或“不违背立法”（弱式符合），而未参与争议却仅旁观者有时也会类似认为。自然，某种意义上，其他标准或多或少含有“与立法保持一致”的意向，如前述“法律职业共同体的一般理解”，总会暗含这种理解因专业化、职业化而贴近立法的原意，“社会的普遍接受”，常暗含了这种接受因

---

①[美]欧文·费斯：《如法所能》，师帅译，中国政法大学出版社2008年版，第203页。

②Aulis Arnio, *The Rational as Reasonable*. Dordrecht(Holland): D. Reidel Publishing Company, 1987, pp.xv-xvi.

③[英]尼尔·麦考密克：《法律推理与法律理论》，姜峰译，法律出版社2005年版，第15、240页。

④法学家总倾向强调这点，见[德]卡尔·拉伦茨：《法学方法论》，陈爱娥译，商务印书馆2003年版，第199页。本书作者认为此为正确。

社会均会正常理解法律明文规定而与立法本身较易接近，“经由理性化的论证”，亦一般暗含了这种论证因法律明文规定总是理性化、逻辑化、体系化且相互融贯，而与立法预期的法律结构彼此协调……这意味着，其他各种标准，尽管各异，但通常不会忽略法条适用所涉及的执法司法权力正当性的问题，故思路上，极可能趋向“与立法保持一致”。此外，针对不同法条适用主张而准备的立法化制度决定，如立法制定、修订、废止、说明及中国式最高司法机关司法解释，适时出现时，不同主张总是大体终止，无论主张者的内在视角观点，还是仅关注争论的外在视角观点，均会尊重这一决定，并以其为“法条适用主张是否正确”的证据。这亦表明“与立法一致”“尊重并体现立法”，是“正确”的要旨。就此看，“与立法保持一致”的逻辑应为辨析“正确”问题的核心。

但“与立法保持一致”是个不易澄清却常引发进一步争论的陈述。

第一，人们会看到，出现多元法条主义时，立法者常保持沉默。沉默，首先缘于立法者常无暇顾及不断产生的具体实践中的不同法条适用主张。立法者的法律行动，如制定、修订、废止或说明法律，总需特定的时段，不可能无时无刻以作应对。法学界对这点显然不陌生。沉默，其次缘于立法者本身可能尚未形成明确的“判断”，即如何做出新的规定、修订、废止或说明方为合适。社会复杂、价值意见分歧等，使立法者发觉需要时日或等待，以做出更明智的选择。对此，法学界同样熟知。较重要的，作为法律理论的一种常识，所以沉默，缘于如果立法者常以说明法律的方式及时、不断处理不同法条适用的主张，像在张学英案、许霆案及刑法修正案（八）醉驾入刑理解中迅速表达意见，或在无数的多元法条主义中迅速申明本意，便可能使立法者制定一般性条文之后却又解决个别具体问题，从而成为潜在的执法者、司法者，进一步，这种情形易导致立法与执法司法混淆的公共权力配置的困局。[①] 故立法者常沉默，几乎是不可避免。

第二，正因为立法者常沉默，故“如何才是与立法保持一致”所需要的证据，处于不明状态。当然，亦因证据不明，针对其他类型法条适用争议包括略有涉及的多元法条主义，法律实践和法学理论发展出了“法律论证”“法学方法”等技艺或学说以求弥补。[②] 但逻辑上，因为证据非明确可见，任何论证或方法获得的结论，只能依赖自身的说服力及他者的认同，以赢得法律市场中的“与立法保持了一致”的标签；此外，任何论证或方法获得的结论，如某些法律理论所批评揭示，[③] 均无法摆脱“与立法保持一致”猜测的疑问，即“与立法保持一致”的“立法”，或许是法条主张者自己设想的（尽管有论证和方法）。本章提到的醉驾法条理解的不同主张，可成进一步的佐证。当有人提出需结合《刑法》总则“情节显著轻微社会危害不大”条文以理解并实践适用时，究竟《刑法修正案（八）》原法条的直接说明，还是结合总则条文的综合说明，符合“立法”，便令

---

① 洛克早已提到这点。见［英］洛克：《政府论（下篇）》，叶启芳、瞿菊农译，商务印书馆1983年版，第84-85、89页。

② 方面中外著述甚丰。近期中国仅一年研究成果令人目不暇接的例子，见刘拓、韩钰：《2010年法律方法研究综述》，载葛洪义主编《法律方法与法律思维》（第7辑），北京：法律出版社，2011年，第285-310页。

③See John C. Gray, *The Nature And Sources Of The Law*. New York: The Macmillan Company, 1921, p.171; Allan Hutchinson and Patrick Monahan, “Law, Politics and Critical Legal Scholars: The Unfolding Drama of American Legal Thought” , Stanford Law Review. vol.36, 1984, p.206.

人不易断下结论。即使提到立法时讨论过法条文字如何安排，即“情节恶劣”文字原安排在“醉驾”文字之后，后又将其调整至之前即仅限定“竞逐驾驶”，[①] 人们依然可如法学争论所质疑的立法原意解释方法所存问题的方式，[②] 提出追问：难道立法者的确认为可不考虑刑法总则条文，或这些理解不是多元法条主义中主张者自己设想立法者会如何？[③]

就此言，“与立法保持一致”，从本体论角度看是个难以被证明为可成立的陈述或理念。进一步，从其引出“正确”的概念，难以具有可靠的检验途径。

但问题关键，似乎不在于这一陈述或理念是否能被证明为可成立，却在于实践中，它们总是被使用、被表达，仿佛并不存在本体论角度的证明问题。这意思指，在法律领域，“正确”常被理所当然地运用。更关键的，则是实践中有时存在特定的趋势形成“此为正确”的话语压力，即如前文所提到的，尽管出现多元法条主义，但有时却会因为认识妥协而出现意见趋同，此意见趋同的极端情形则为“通过一段时期，人们发觉一个法条适用主张是正确的”，即使此情形严格来说并不多见。

为何总被使用、被表达，常被理所当然地运用，及出现话语压力？一个解释可在于，使用者、表达者或“正确”的主张者，未必

---

① 具体立法活动情形，见赵秉志、赵远：《危险驾驶罪研析与思考》，第 15-16 页。

② 关于这种方法存在问题，参见苏力：《解释的难题：对几种法律文本解释方法的追问》，载梁治平编《法律解释问题》，法律出版社 1998 年版，第 40-47 页。

③ 有人提出过这种质疑，如梁根林：《“醉驾”入刑后的定罪困扰与省思》，《法学杂志》2013 年第 3 期，第 53-54 页。此外，“情节恶劣”与“情节轻微”不是刑法的对应用词，“情节严重”才是，此亦可成为“立法本意”争论的一个方面。

知道“与立法保持一致”存在证明困难。这有可能。但通常看，如果出现立法化制度决定的证据，其会终止异样的主张。这表明其显然具备基本的法律权力边界问题的警觉。故此解释需要调整。另一解释可以是，使用者、表达者或“正确”的主张者，相信多元法条主义中的一个意见与可能出现的立法证据之间存在高度的对应可能，并颇为自信。这亦可能。但同样可指出，其总是知晓这里的“概率”而非“确定”的特性，不会断然宣布“必定符合立法”。故第二个解释需要深化。

应注意一个有意思的事实：未出现两个以上彼此独立的法条的适用主张之情形，或称“一元法条主义”，[①] 其有时会变成“多元法条主义”。以许霆案为例。在未成为公共事件性的案件前，此案实际上属于简易案件，因为，之前 2001 年即有与其案情颇类似的云南曲靖何鹏案，2002 年法院没有任何犹豫便适用盗窃罪（涉盗窃金融机构）条文判决何鹏无期徒刑，[②] 且许霆案本身原一审判决书“本院认为”部分措辞十分简略（文字仅数行），几乎没有理由辨析陈述亦似无甚犹豫。[③] 这种案件的法条适用是一元主义的。但被赋予公共事件性，由于广泛的不同思考，观念、价值判断的分歧及争论深入，甚至形成社会压力，许霆案变成了“疑难案件”，如上节所提到，其中既有原来盗窃罪条文单独适用的主张也有并用《刑法》第 63 条的主张，

---

① 没有争议显然不是“零”概念。通常看，法律实践中没有争议总是意指大多数人如何一致认为。

② 见《云南省曲靖市中级人民法院刑事判决书》(2002) 曲刑初字第 66 号、《云南省高级人民法院刑事裁定书》(2002) 云高刑终字第 1397 号。

③ 见《广东省广州市中级人民法院刑事判决书》(2007) 穗中法刑二初字第 196 号。

另有民法通则不当得利条文主张，还有其他，[1]变成了极典型的多元主义。许霆案作为样本，其中这一变化意味着三点：第一，一元法条主义时，人们显然认为只有一个法条适用是“正确”的，仿佛“符合立法”的答案不言自明；[2]第二，一元法条主义不必然等于一个法条适用即为“与立法一致”，否则，不会出现后来的多元法条主义；第三，正因为出现了多元法条主义，“是否与立法保持一致”，还有“是否正确”等问题，便被逐渐孵化、追究、讨论。

由此可设想，上述有意思事实中的“一元法条主义”状态，也许隐蔽并以意识形态普遍化的方式，影响着多元法条主义中的“与立法保持一致”及“何为正确”的想象，且使“通过一段时期，人们发觉一个法条适用主张是正确的”变得可欲，同时变得隐约能实现，被视为似乎不接受其乃属不当。这意思是，法律实践中，多元法条主义时出现的“正确”问题，或“与立法保持一致”，与一元法条主义时出现的“社会默认惯习”存在某种关联。具体而言，一元法条主义时，人们正是依赖“默认”作为潜在、不被觉察的方式，认同某一法条的适用，并深信其为“正确”，完全等于“与立法保持一致”，且以此方式淡化、略去甚至消融“是否与立法保持一致”乃至“是否正确”的问题。而多元法条主义时，这种以往的“社会默认惯习”，潜在地推动争议者相信存在“正确”的问题，或“是否与立法保持一致”的问题，期待通过争议使他者信服，形成“意见趋同”。[3]此外，“一元法条主义”的状态相对看显然是更普遍的，而这

---

① 如侵占罪、信用卡诈骗罪。张明楷：《许霆案的刑法学分析》，《中外法学》2009年第1期，第42-56页。

② 参阅[美]欧文·费斯：《如法所能》，第224-225页。

③ 争议的目的，显然为了获得赞同，或推翻他者观点。

种更普遍的实践，总会潜移默化地左右相对有限的“多元法条主义”实践的路向。

当然，还有一个解释需提到，即前面提到的法治意识形态，法律稳定性、明确性和可预测性的观念，及法律实践者的职责和义务的理解，敦促使用者、表达者或“正确”的主张者表现执着。所以需提到，因为，尽管这个解释同样些许可能，但情形更可能是，由于存在“社会默认惯习”，才见法治意识形态等。此缘于难以设想，没有曾经、已知的更普遍“一元法条主义”的实践，及由此而伴随的“社会默认惯习”，人们会崇尚法治，信奉法律稳定性、明确性和可预测性，强调法律实践者的职责和义务。正由于已存在或曾存在上述实践及惯习，才可能思考如何保持，并思考怎样在没有这种实践的地域或时刻宣扬、推广。

如此来论，本体论意义的“正确”难以证明，不意味着“正确”的陈述，具体而言的“与立法保持一致”的陈述，注定不被使用、不被表达，不常被理所当然地运用，不意味着不会出现趋势形成“此为正确”的话语压力（当然此主要为争论者期待），毕竟，存在一些重要的因素以支撑。进一步，多元法条主义存在之时总会颇顽固，不同法条适用的主张者基于上述因素总会强调自己才是“正确”的。

三、多元的原因

上节分析表明，出现多元法条主义，在本体论上追究何者“正确”或“误”较为可疑，但实践中保持“正确”或“误”的关注却无法避免，且有可能的价值。也因此，宽容对待这种主义进而深入分析其缘何产生变得必要。

为何多元？对此答案可能甚多，本章开始部分已暗示若干，如或许认为，缘于没有理解“严格论”的谨慎，或没有发觉“灵活论”的张力，或没有重视“能力论”的必要，或没有理解“装饰论”的深入……然而，这些观点的问题，依然如前所述，在于或多或少直接或变相成为多元法条主义某一方的理由支撑、背景理论，进而可能形成“辨析循环”：辨析多元原因时成为多元原因。此外，这些观点即使说明了部分原因，甚至说明的方面些许广泛，依然似乎仅停留在了法学知识意义上的浅层，因为，其未有效澄清在法律运作机制层面缘何总存在多元的自然动力。本书作者提到另一原因，即“一元法条主义”中“社会默认惯习”会发挥潜在作用，使不同法条适用主张者自信“正确”，进一步，使多元法条主义呈现且顽固。但此原因需深究，亦属类似的浅层，因为，其尚未彻底澄清单一自信“正确”为何难以走向社会普遍认可“正确”，换言之，既然惯习会使“意见趋同”可欲，为何“正确”理解总是分裂的。因此，需要新的解答思路，以进一步廓清问题。本书作者设想，下面一些情形的深入讨论也许能形成新的辨析途径并富启发。

多元产生并非仅关乎法条，其和法条对应的“法律事实”关系密切。但“法律事实”总经由“自然事实”而来，后者成为前者，一般看，途经主要是非法律专业的社会主体向“法律池”推动而就，如个体报案起诉，或经个体陈说引发群体宣扬、媒体报道。向“法律池”推动，涉及“自然事实”的陈述，即用某些语词向执法司法业界表达推动者自己理解的“自然事实”的属性。陈述中，因各种因素如对立方参与、各类人卷入，“知识判断”“价值判断”甚至“实用策略”之间或本身可能难以整合，甚至注定是分歧的，[①] 故对法条选择具有分散的引导作用。以张学英案所涉“二奶继承”陈述为例，其包含“继承”，故首先包含了“知识判断”，其方向显然是遗赠继承的条文适用。但“二奶”，却包含了“价值判断”，因其在当下语言中与略显中性的“有婚外感情的女性”措辞不同，[②]且在“二奶继承”表述中凸显了贬抑、批评甚至讨伐的意向，进一步，“二奶继承”表述中“知识判断”和“价值判断”的结合，故又在要求尽量避开遗赠继承条文适用（此条有利“二奶”），或指向民事行为不得违背社会公德的条文，及可能的其它条文，至少，使遗赠继承条文的适用“发生动摇”。其中显然还有“实用策略”，即越频繁使用“二奶继承”表述，越可能对遗赠继承条文的适用产生社会阻力。

当然，可认为，向“法律池”推动的“自然事实”陈述对法律实践者的影响很有限，因为，法律职业总会利用“法律知识栏栅”筛检、阻截，后以法律职业方式处理；[③] 而此理解，亦符合部分法律实践。但如此认为忽略了一个问题：陈述活动中的“分歧”，及分歧对法条选择的分散引导作用，有可能导致“应如何适用法条”的或微观或宏观的强烈社会诉求和社会辩论，进一步，对法律实践者产生不容忽视的社会压力，而此压力，极可能激发法律职业内部原有的关于法条适用的不同法律知识的重新活跃，促使“专业争论”出

---

① 有学者曾论及这种陈述的分歧，如苏力：《纠缠于事实与法律之中》，《法律科学》2000 年第 3 期，第 11-12 页。

② 张学英案中，媒体报道开始时倾向“二奶”道德指责，后出现中性判断。中央电视台《社会经纬》栏目：《多事的遗嘱》，2002 年 3 月 7 日播出。

③ 关于法律业界如何在实践中将“自然事实”法律性地格式化，可参阅苏力：《纠缠于事实与法律之中》，第 17-20 页。

现。社会关注范围有限却存当事人激烈争议的广西、北京、江苏等地有关“遗赠二奶财产”若干案例，[①]可说明“微观”情形。而张学英案可为“宏观”情形的典型例子。此问题应深入辨析。

首先，业界熟知，相当一部分法条可能存在不同的法学法律的知识理解，或明显或潜在。[②]通常看，若没有上述陈述活动中分歧和分歧裹挟的对法条选择的分散引导，及由此而来的社会压力，则法条适用倾向于遵循原有的执法司法实践惯习——“依规矩办”，执法者及司法者，并不愿意耗费思维成本及制度成本以改变，[③]故差异理解常被忽略、抑制、遗弃，这亦是许霆类的案件过去以盗窃罪条文（无期徒刑处罚）解决，及一般看到的一元法条主义总是普遍的缘由。但出现上述情形，执法者或司法者总需面对，再试图避免思维成本和制度成本，等于增加了这些成本，更易疲惫，权威和公信力更易受损。因此，辩论式的回应和内部研讨，极可能变得不可避免甚或是必要的，也由此，原有隐蔽或被忽视的他者法学法律的知识理解，会被激活。后来被反复讨论的许霆案，其中法学法律知识的竞争，可清晰表明这一问题。正是因为许霆个人主张及由此而来的群体宣扬及媒体报道，其中陈述活动包含的分歧，及其对法条选择的分散引导作用，导致了公共事件性、社会大讨论，并引发社会观点和参

---

① 金锦萍：《当赠与（遗赠）遭遇婚外同居的时候：公序良俗与制度协调》，《北大法律评论》（2004）第6卷第1辑，法律出版社2005年版，第288页。

② 上文已讨论的一元变多元，可最典型说明这个问题。

③ 法律人内部的行业规矩、左右关系、上下权力，尤其是集体化行动带来的法律业界整体面对外部社会时的自我保护成效，会发挥作用。另波斯纳认为，此缘于工作效率，且不易被否定并有法治的好名声，见［美］理查德·波斯纳：《法官如何思考》，苏力译，北京大学出版社2009年版，第135页。当然，本章提到这点，不排斥个别执法者、司法者因特殊兴趣，而提出不同法学法律知识见解。

与其中的法学知识分子的立场扑朔迷离，[①] 形成社会压力，故“受害人过错”可成为侵权人过错减轻的理由的法学见解或法律知识，逐渐浮现，成为强有力的竞争元素，[②] 并极可能铸造了后来适用《刑法》第 63 条并用盗窃罪条文司法判决的逻辑。[③]

其次，不应忽略，向“法律池”推动的“自然事实”陈述，其中各种判断的分歧，实际上常可视为法律职业内部法学法律知识分歧——包括价值判断和实用策略分歧——形态的非专业表现，或可说，后者不过以法言法语来作表达。这意味着，法律外行的分歧和法律内行的分歧，常是同质的，前者仅更易经社会形式推出，后者却更易以行业形式来活动。[④] 如此看，多元法条主义的特征之一所以是“没有内在的元素使之消失”，原因可能恰在于，存在着内在的元素使之顽固，而此使之顽固的元素，则可能正是法学法律知识自我分歧——包括价值判断和实用策略分歧——的或显露或隐藏的稳定存储状态，及这种状态与外行分歧状态之间因同质性而存在的或已显露或仍隐藏的互动结构。执法司法的实践，虽然保守且易依循惯

① 赵蕾：《许霆案成大悬念 全民投入辩辩辩》，《南方周末》2008 年 2 月 28 日，第 A6 版。

② 其他法学知识或法律理由，参阅赵秉志、彭新林：《关于许霆案件的法理问题思考》，载赵秉志主编《刑法论丛》（第 14 卷），法律出版社 2008 年版，第 240-242 页。

③ 重审判决书提到许霆在自动柜员机出现异常后起犯意，故可适用《刑法》63 条。见《广东省广州市中级人民法院刑事判决书》（2008）穗中法刑二重字第 2 号。特别是重审终审裁定书提到许霆是在自动柜员机出现故障下诱发犯罪，故可适用《刑法》63 条。见《广东省高级人民法院刑事裁定书》（2008）粤高法刑一终字第 170 号。最高人民法院核准时称，许霆是在发现自动柜员机发生故障的情况下临时起意盗窃，有一定的偶然性。见《中华人民共和国最高人民法院刑事裁定书》（2008）刑核字第 18 号。

④ 此部分缘于众所周知的一点，即法律运作出于权力权威等意图，实际上总是倾向使用“自成一套”语言将社会一般语言表达的问题“正式化”，而法律试图解决的问题恰常是社会试图解决的问题。

例，但正因为这种内生的元素，则始终存在着法学法律知识“斗争”的波澜起伏，条件具备之时，便会以行业运作方式回应或微观化的或宏观化的“社会分歧”。进一步，依然重要的，在于行业运作一旦启动和持续，反过来又会巩固甚至推动原已产生的社会广泛的分歧意见，以“再次普法启蒙”的方式使之获得激励。

上述讨论，意在提示多元法条主义产生的更重要原因。此原因，可喻为“本体化”，缘其恒久存在；此原因或许是最重要的，缘其决定了不论怎样的人为努力，多元法条主义是不可能消失的，除非断然立法行动，而断然立法行动如上小节已分析，又仅是偶尔可能。

四、多元的机制

前面提到了“行业运作方式”的概念，其意在传递一个信息，即尽管存在分歧状态的同质化，但法律内行的分歧却比法律外行更注重法条的知识理由的深入。这意思是，通常看，尽管法律外行分歧也会涉及法条适用的理由，但理由的表达却倾向于“自然事实”或经法律职业处理后的“法律事实”，其与法条的直接关系的连接，或者倾向于社会层面的政治、道德、常识、群体心理感受等理由及“适用结果如何”式理由的推出，较少甚至不会在法条的知识理由上作出阶梯推进和层次剥离；而法律内行的分歧，却会且必然倾向于作出这种阶梯推进和层次剥离。如张学英案，法律外行分歧或表达为“因存在遗嘱，即使是二奶，依然可适用遗赠法条”，或表达为“因是‘二奶’，支持之社会影响极为不佳，不应适用遗赠法条，应考虑其他法条以拒绝继承”；而法律内行分歧如业界已熟知，会提出，所以适用遗赠继承条文而非“民事行为违反社会公德无效”条文，因为，法律的具体规定应优先于一般规定，或特别法优先于普通法，或者对立提出，所以应适用后者而非前者，因为，上位法应优先于下位法，或不适用位阶更重要的法律条文极易背离法律的基本价值。[①]

这种法条的知识理由的深入，意味着什么？

在本书作者看，意味着多元法条主义包含了一种特殊机制：法条的知识理由需要不断对垒，且这种知识理由的层面需要持续搭建，而不断对垒及持续搭建，又是各种其他类型理由需围绕的核心，亦可视为需依赖的基础。换言之，多元法条主义中的任何法条适用主张，总自觉或不自觉地欢迎甚至尤为期待法条的知识理由的深入，由此以获得法律市场竞争的“入场券”或相对优势。所以如此，因为，如果出现了多元法条主义，则针对这种主义势必总存在一个社会认识倾向，即法律问题以法律话语的理由类型来作解决的核心或基础，极为可能最具正当性。仍以张学英案为例，完全可想象，若法院适用《民法通则》尊重社会公德条文却无法条的知识理由支撑，如上位法（《民法通则》）优先于下位法（《继承法》包括《公证条例》），及后者与前者不一致时应以前者为准，[②] 其无论再怎样暗合社会道德或“社会效果”“社会需要”等理由，[③] 亦会渐失法律市场，进而遭遇浓重怀疑，社会道德、效果、需要等理由本身亦会随之趋弱。更明显的例子，可注意曾被热烈讨论的2012年浙江温岭颜艳红虐童案。该案初期，因群情激奋且社会颇期待对颜刑事制裁，已有虐待罪、

---

① 刘亚林：《张学英诉蒋伦芳交付遗赠财产案观点综述》，《人民司法》2002年第7期，第61-62页。

② 见前引2，判决书。

③ 当时法院负责人确实提到社会道德的要求和理由。见王甘霖：《“社会公德首成判案依据：‘第三者’为何不能继承遗产”》，《南方周末》2001年11月1日，第10版。

侮辱罪、寻衅滋事罪等法条的争论，后出现治安处罚法寻衅滋事条文的主张，[①] 但随法条的知识理由讨论的介入，特别是相关罪名构成要件及罪刑法定原则的知识理由的不断廓清，各罪条文主张及随附的社会化各类刑事制裁主张理由，实际上，的确渐被社会边缘化。[②]

这种机制寓意两个要点。第一，多元法条主义中的任何一方，尽管不会轻易退出或承认失之理据，但却可以因为法条的知识理由是否更深入而形成暂时的强弱之分，此本身亦意味着法条的知识理由强弱之分颇重要。因为，无论内在视角的参与者还是外在视角的观察者，有时会明显或隐约地感觉，法条的知识理由的阐述存在多与少、较易接受与不易接受的差异，即客观上某个或某些法条的知识理由主张有时可能呼声较高，相反，其他可能稍见冷遇、沉寂甚或失语。而有时某个内在视角的主张者主动接受了他者的法条的知识理由，亦可佐证。第二，法条的知识理由的深入，其本身又存在强弱转换或由强弱之分变成势均力敌的可能。这种可能，原在关于法条的法学讨论中常会最清晰地见到，而法学的不断讨论，本身亦证明着法条的知识理由存在新的拓展可能，及被压抑或边缘化的分歧意见再被解放并被深化的可能。法条的知识理由，虽以法条为基准，并有自身的路径偏好和逻辑机理，但与其他知识类型的理由存在一个相似处：数量、层面或边界总是开放的，故而重要的是推论触

① 张刘涛：《温岭警方：虐童幼师不构成犯罪获释——称已依法撤销刑事案件释放颜艳红 羁押期限折抵行政拘留》，《东方早报》2012 年 11 月 17 日，第 A05 版。

② 张玉胜：《虐童幼师“无罪释放”的多维解读》，《光明日报》2012 年 11 月 29 日，第 15 版。

角是否可伸展。[①] 一般而言，知识理由所以会被讨论且可以讨论，甚至应该讨论，恰因为开放的可能性总是被预设为必定存在。[②] 正是在此，强弱转化或变为势均力敌即存在可能了。以醉驾入刑理解为例。最初，随《刑法修正案（八）》醉驾相关条文的颁布，直接说明字义的文义论的法条知识理由几乎具有压倒性优势，而《刑法》分则规定参照总则规定的结合论的法条知识理由，被忽略甚至被忘却了。但现在，经业界争论的扩展，可认为后者似乎稍占优势，至少可认为两者不分理论上的胜败。[③]

在此还应注意另外两个问题。首先，如业界已知晓，即使法条的知识理由渐显壮大，甚或强而有力，依然不意味着一个法条适用主张由此可拥有决定性的实践胜出资格。对法条的知识理由是否较充分，固然有时存在一般性的外在判断，但在个别内在判断中依然会存有分歧，而最终胜出的资格取决于执法司法实践的抉择，故与一般性外在判断不一致的某个内在判断，可能会享有最终胜出的决定权。这意味着，法条的知识理由深入甚至充分的阐述，即使获得一定程度的外在认可，其与资格胜出却不存在必然的联系。有时似乎是实践权力发挥着决定作用，此亦完全可能。然而本书作者想指

---

① 一位英语国家法学家曾说，“法律和人类的其他思维领域并非大相径庭，其同样依赖清晰的思维之助才能理解问题”。参阅[美]霍菲尔德：《基本法律概念》，张书友编译，中国法制出版社2009年版，第27页注释①。

② 维特根斯坦（Ludwig Wittgenstein）在讨论知识理由时曾指出，“人们在准备好给出令人信服的理由时才说‘我知道’”，“……但是任何一个知道某件事物的人难道就一定不能有怀疑吗？而怀疑也就是思考”。[奥]路德维希·维特根斯坦：《论确实性》，张金言译，广西师范大学出版社2002年版，第39、77页。

③ 杨兴培：《从醉驾入刑看如何消弭法治分歧》，《法学》2011年第7期，第17页。

出的是，这里存在一个复杂因素，即一个法条主张在一个主张者的思考中胜出，其不仅是实践权力的作用，还可能缘于一个决定者内在判断中，包含着一个法条也许更适宜的直觉感受，而所谓直觉，是说一个法条主张隐约存在未被清晰阐述或表达出来的知识理由，这些理由的充分甚至强大，或许无需多予讨论，甚至不言自明。法律实践中此或许更重要。当然，这一直觉并非神秘，其显然像许多职业一样来自法律职业实践的经验和磨炼。

其次，法条的知识理由的深入，其本身强弱转换或变为势均力敌，并不纯粹缘于知识层面的能量，还存在由谁说的问题。而由谁说，可发现似乎同样是关键的，甚或更需注意。仍以醉驾入刑条文理解为例。能够发觉，在结合论一方，实际上正是因为大致首先由主管刑事审判、并享有极高刑法实务及理论声誉的最高人民法院副院长所提出，[①] 其结果，原来颇占优势的文义直接说明终于遭遇了强劲的竞争者。[②] 此例中，如果结合论仅由一个没有任何权威的人，如一名法科学生所提出，其法条的知识理由竞争力的命运可想而知。但本书作者依然想强调，由谁说的背后，亦存在与法条的知识理由水准相关联的问题，如说者是否存在“法条知识理由的把握深厚”的个人素质。显然，上述例子中，说者的身份及声誉预示了这种素质的存在。

这意味着，法条的知识理由的深入和法律人因职业实践经验磨炼而来的直觉，及与法律人的权威身份，还存在着微妙的辩证关系。法条的知识理由的竞争力量，既通常需要自身的不断展现，也有时

---

① 法制日报编辑部：《醉驾为何不能一律入刑？（声音导读）》，《法制日报》2011年5月12日，第07版。

② 见杨兴培：《从醉驾入刑看如何消弭法治分歧》，第17页。

依赖这类直觉的潜在辅佐，另有时依赖内行权威身份的默默支持，反之，这类直觉和内行权威身份，亦正是长期的法条知识理由深入的塑造结果，即这种知识理由的不断深入，恰是法律职业实践经验磨炼的重要部分，恰是法律职业内行权威身份形成的重要履历。进一步，这表达着一个含义：作为多元机制核心的法条知识理由的复杂性，不仅在于这种知识理由的持续竞争，而且在于其他职业因素时隐时现、不可避免的介入，而这种知识理由的强弱之分、强弱转换及强弱之分变成势均力敌，其变量亦在其中可以觉察若干。就此言，多元法条主义机制，表明这种主义在法律意义的根基层面亦充满了“亚社会”—“法律社会”—的复杂元素，其的确是法条知识理由类型的，但同样是法条知识理由内部社会化的。

概言之，法条的知识理由的论争在多元中具有中枢意义，其与其他类型理由存在互动但后者不免依赖甚至特别希望前者的不断运作，故前者，是理解多元机制的关键，亦为该机制的根本。而前述“法律社会”的复杂元素与其他类型理由背后的复杂元素，在多元机制中，或许时而存在需慎察的映射关系。

五、法条主义？

传统法律实践及法学实践中一直存在一个颇具争议的概念——法条主义。褒义使用时，意指“坚守法条”（坚持），贬义使用时，意思是说“固守法条”（固执）。[1] 当然，这一概念另有所指，即法律

---

①今天如此使用“法条主义”概念的重要例子，见［美］理查德·波斯纳：《法官如何思考》，第39-50页。

实践或法学实践均拘泥于法条、唯法条是举，似乎法条之外别无重要，[①] 此便和“机械法学”这一修辞的指责产生了联系。[②] 但无论褒义还是贬义，或拘泥于法条、唯法条是举，法条主义的概念总在指向本章开始提到的“单一法条是否应适用”，并倾向其中“应适用”的含义。

历史看，此种理解的法条主义的确曾存在，当普遍认为法条规定与现实社会需要发生不协调甚至矛盾，或法条适用结果不能令人满意，还有其他，有的法律人或法学家曾执著地提出必须以法条为准，主张即使出现错位或适用结果使人失望，责任依然在于立法，目光移向立法补救才是正当所在，或法律适用者如“适用”一词所限定的，义务仅在于“依法”。如英国就业上诉裁判所官员曾称，其职责是依法裁断，“尽管这些法规可能看起来是荒谬的、过时的和不公正的。制定和修改法律，是国会的职责，而不是像很多人似乎错误地幻想的那样，是法官或司法裁判所的特权”。[③] 一位英国法学家曾说，法官应依法条阐明法律，至于适用结果遗憾而出现的补救问题应由其他机构解决。[④]

正缘于曾存在这种法条主义，传统法律与法学发展出了与之对

---

① 顾培东：《能动司法若干问题研究》，《中国法学》2010 年第 4 期，第 8-9 页。

②See Roscoe Pound, “*Mechanical Jurisprudence*”, Columbia Law Review. vol.8, 1908, pp.605-623; Rudolf von Jhering, “*In The Heaven for Legal Concepts: A Fantasy*”, trans. Charlotte Levy, Temple Law Quarterly. vol.58, 1985, pp.799-842.

③ 参见 [英] 丹宁勋爵：《法律的训诫》，杨百揆、刘庸安、丁健译，龚祥瑞校，群众出版社 1985 年版，第 14 页。

④P. B. Maxwell, *The Interpretation Of Statute. 11th, ed.* R. Wilson and B. Galpin, London: Sweet & Maxwell, Ltd., 1962, pp.28-29.

立的今天业界再熟悉不过、且仍乐意继续重述的能动主义，[①] 如宣扬灵活、超越、突破的信条，像美国一位法学家所主张的，“法律适用者可斟酌情势，必要时不受法条约束而处理案件”。[②] 凭借这种二元化的思考方式，传统法律法学中号称“积极态度”的一方并演绎出了系列的他者规定、观念和话语，如奥地利民法典、瑞士民法典规定，无正式条文可用则类推适用，或存漏洞时法官不得推卸审判责任；[③] 法律人和法学家则不厌其烦地提到“法律漏洞或缺陷”[④] 及相关的“自由裁量权”；[⑤] 更甚者，法国法官曾说，“法官……应向自己提出这样一个问题：面对一个世纪以来法国思想、习俗、政治结构、社会和经济方面发生的一切变化，面对正义和理智要求法律条文灵活地适应于现代生活的现实，原立法者应有怎样的意图”。[⑥]

不言而喻，传统法条主义和与之对立的能动主义之间的争论，不仅是真实的，而且有其意义，毕竟涉及的诸多问题获得了较深入的辨析和认识，尤其是围绕法律制定与法律适用的权力边界、正当性，争论使其始终发挥话语旋转的关键控制作用，进一步，令法律

---

① 此“能动主义”主要指经近代及现代西方诸如欧陆“自由法学”和“利益法学”，北美“现实主义法学”及“实用主义法学（早期）”发展出来的强调“必要时不受法律条文约束”的理论传统。

②Roscoe Pound, “Justice According to Law”, Columbia Law Review. vol.13, 1913, p.696.

③[奥]凯尔森：《纯粹法理论》，张书友译，中国法制出版社 2008 年版，第 105 页。

④ 典型例子之一，见[德]罗伯特·阿列克西：《法律论证理论：作为法律证立理论的理性论辩理论》，舒国滢译，中国法制出版社 2005 年版，第 17 页以下。

⑤See M. P. Baumgartner, “The Myth of Discretion”, in The Use of Discretion. ed. Keith Hawkins, New York: Oxford University Press, 1992, pp.129-131.

⑥[法]亨利·莱维·布律尔：《法律社会学》，许钧译，郑永慧校，上海人民出版社 1987 年版，第 73 页。

界法学界保持了一份必要的法律性自觉的清醒——不应轻易背离法条。但真实又是有限的，其意义亦有限。

就真实看，这种争论仅汇聚在了“单一法条是否应适用”，没有涉及“究竟应适用哪条”。当然，历史上该争论主要基于一个背景，即随19世纪西方理性主义立法思想的乐观情绪高涨，大量的西方法律制度得以确立，特别是法条数量迅速增加，而这些法条试图指向并规制各个领域的社会事务，但20世纪初期西方科技发展引领的社会格局发生了重要变迁，另有社会思想及价值判断亦出现了新的期待，至20世纪上半叶人们深感理性主义立法观催化的法律条文丰富的制度过于自信，一些法条暴露出了无法适应甚至阻碍现实发展的问题。[①] 但这一背景，毕竟暂时，也因此，这种争论的逻辑也渐归属了曾经的历史。这意味着，此背景之外的西方社会现实，推开看更多更广泛的其他国家地区的社会现实包括现代以来的中国，其中被担忧的法条无力回应社会，终究有限，较之更可能或更多的情形，则是社会关于法条理解的差异，概言之则是“究竟应适用哪条”。作为明显例子，过去及后来的更多执法机构总是使用“依法办事”的语句，却时而主张只有自己的“依法办事”才为正宗，过去及后来的更多法院判决书总是写出“依某法第……条作出如下判决”的措辞，却时而表现只有自己的“依某法条”才属正确，从中，即能获得此印证。

就意义看，时至现在，这种争论对“法律职业在法条上的保守”的理解颇有误会。法律职业在法条上表现出的包含上述法条主义意

---

① 参阅［法］勒内·达维德：《当代主要法律体系》，漆竹生译，上海译文出版社1984年版，第96-99页。

思的“保守”，其实并不多见，① 而真正较多呈现的“保守”恰是表现在“要依法条，但究竟应依哪条”的实践之中。以后者“保守”论，“保守”的含义和作用颇微妙、极丰富，因为，其中不仅可能呈现了相互争论，而且“保守”用语还可用来相互指责，更重要的，某一“保守”在另一“保守”的视野中也许又是“激进”，法律职业的保守由此可能并不保守，“保守”的概念在此会出现解构。上文中不断讨论的多个案例样本及一个法条理解样本，之中究竟哪个法条主张是“保守”的？故原有的法条主义和能动主义的争论，其所释放的“保守”概念，很大程度上已脱离了真实的法律实践，不仅几乎无法使法学理论在“法律职业总是保守”的概念和思考上有所推进，恰可能形成法学智识上的束缚，并进而在其他相关“法条适用”的问题上造成法学理论萎缩。

因此，法条主义更应被赋予新的内涵，更应在之前添加“多元”以示张力。

当然，这里会引出一个复杂而又必须解决的问题：“多元”的法条主义是否存在一个活动空间，如一个框架、平台、大致方向，或一个边界？如果没有似乎是令人失望的，因为，这可能导致“法律纯粹是政治”的结论，令极端的法律批判理论或“法律用来装扮”的理论异常兴奋。在本书作者看，理论上的确难存在一个空间或边界，因为，始终存在将某个过去人们未曾想到的法条和一个具体实践问题联系起来的可能。张学英案中，原本一个明显的遗赠问题，

---

①See Brian Tamanaha, *Beyond The Formalist-Realist Devide:* the Role of Politics in Judging. Princeton: Princeton University Press, 2010, pp.58-59. 另有学者指出，这种法条主义甚至可能是个神话，并辅以晚近德国学者研究进行说明。见许德风：《论法教义学与价值判断：以民法方法为重点》，《中外法学》2008 年第 2 期，第 170 页注释 [35]。

不恰是法院富有想象力地适用了《民法通则》第 7 条和 58 条甚至加之《婚姻法》第 3 条和 4 条，[①] 人们才发觉，原来也可以在遗赠案件中适用“不直接涉及遗赠”、甚至原则化的另外法条？显然，并不存在一个逻辑手段，可绑定一个法条和一个具体实践问题之间的关系，即使建构一个逻辑手段试图如此，也势必无法阻挡新的联系想象和逻辑推论，毕竟，实践总会出其不意（因利益纠葛、知识和价值分歧总会多样）。但这不意味着，只要发挥想象或推论便可在任何法条与一个具体实践问题之间建立关联。这缘于，多元法条主义本身并不是以“任何都可能”的方式来实践的。张学英案中，人们便不会也无法想到盗窃罪的法条；许霆案中，人们现在且将来都无法在《刑法修正案（八）》醉驾入刑条文中寻找答案；而醉驾入刑理解中，人们现在且将来都不可能在遗赠条文、盗窃罪条文中发现踪迹……因此，难以说存在一个空间或边界，并不等于可以说在空间或边界上是任意的。重要而关键的，可能在于“伸缩”的概念，但本书作者更愿意强调，依然在于第三节讨论的一个法条究竟是怎样和一个具体实践问题建立联系的，及之中微妙的职业各类判断传统演化的结构。

法条主义是存在的，法学理论普遍理解的法条主义也的确曾存在，但真正且富有魅力、并不断活跃的法条主义却是多元法条主义。法律争论实践或许更喜好纠缠“究竟应适用哪条”。

---

① 见《四川省泸州市中级人民法院民事判决书》(2001) 泸民一终字第 621 号。

六、多元的意义

依照本章逻辑，多元法条主义过去、现在和未来均无法避免，而多元法条主义的机制即法条的知识理由的深入及此消彼长并发挥核心作用，亦难撼动。如此，其具有怎样的实践及理论意义？

首先可想到，一元法条主义实践更常见，多元仅为有时，故后者存在一个或许有益的边配作用，这意味着法律稳定之时又灵活；其次可想到，法条的知识理由的深入，可抑制无论法律业外还是业内的价值判断及实用策略的恣肆，因为，这种知识理由的失语易陷入法律争议上的窘境，会使与之相关的价值判断及实用策略出现“价格逐渐下滑”，这意味着法律运作可渐趋理性。但这些似显老生常谈，或似显仅为法律业界原有的逻辑主义添加了一个额外甚至意义有限的支持。故本书作者更期待从多元法条主义如何可能对整体法律实践产生细节推动，如何可能对执法司法权威产生细节维护，进一步，如何可能促使法学反思的角度，尝试展开讨论。

对法律实践，多元法条主义实际上意味着对法律理解需要新的社会谈判，却尤为侧重法条的知识理由的微观纠缠，由此，可促使对法条乃至法律制度体系的各种细节关系及安排的重新评估，以回应复杂的社会外部调整需求。法条的知识理由的微观纠缠，尽管裹挟着“法律社会”的复杂元素，并被之外各种其他类型的理由所环绕，但终究包含了坚持、传承、重述、解放的努力，而由此释放了守护和想象之间的张力。其中颇重要的重述、解放成分，不仅可激发法律实践的内在智识，可敦促对原有法律实践的内部反思，[①] 而且会揭示一个新的社会合作或一个新的社会共识出现的可能。多元法条主义是顽固的，但不等于与之相关的新合作或新共识，完全是彼岸的。法条的知识理由的强弱之分及转换，本身又意味着，新合作或新共识是一个可能的前景。仍以许霆案为例，其虽然从一元走向了多元，但至少目前似有从多元再重归新的一元的可能。对许霆案的“究竟应适用哪条”的争论，使“受害人过错”可成为侵权人过错减轻的法条的知识理由，获得了重述或解放，相关法条及法律制度体系内部的关系和安排，获得了重新评估，进一步，在“法律社会”复杂元素的影响下，包括外部各类理由的协助，盗窃罪条文并用《刑法》第63条占据了实践优势并可能逐步赢得认可。[②] 而就效果看，此法条的知识理由的重新理解至少缓解了“无期徒刑”过重的社会焦虑，亦缓解了“不当得利”民事性质定案会放纵过错意识的社会疑虑，进一步，似乎建构了一个平衡的新合作或新共识的可能支点。事实上，人们也越来越倾向认同这种法条适用，毕竟目前论，对其批评相对而言已渐趋少。[③] 盗窃金融机构罪的司法实践，因此获得了推动。正是这个意义上，不断的多元法条主义，便可能以游击战阵地战同时又是“依法”的方式，在推动局部的法条实践时推动整体法律实践。更广阔地看，如能发觉更多法条适用的实践可能潜在地

---

① 内部反思细节是，多元参与者不仅坚持自己意见，而且会关注他者意见以作自我调整。实践中亦可看到对话交流总会发生，故可敦促反思。关于这点，见下一章讨论。

② 一个例子显然是何鹏案获得了类似改判，见《云南省高级人民法院刑事判决书》（2009）云高刑再终字第8号、《中华人民共和国最高人民法院刑事裁定书》（2009）刑核字第71号。

③ 此针对社会广泛关注而言。

从一元到多元、再从多元走向新的一元，使整体法律实践具有健康的潜在韧柔能力，而法条的知识理由的深入可发挥关键作用，则多元法条主义将更显其生动及对整体法律实践的价值。

对执法司法权威而言，多元法条主义在法条的知识理由上的深入，可在法律适用者内部形成改善行业技艺弹性的激励，进而可能不断增加外部对法律适用者的理解尊重。多元背景中，可见出，在一般知识判断（法律之外的）、价值判断和实用策略等方面，法律适用者通常并无优势可言，法律适用者在这些方面的介入和理由阐述，完全可能遭遇“山外有山”甚至“捉襟见肘”，且试图成为常识、伦理或社会政治经济其他领域的代言人，却常可能适得其反，面对公共事件性的多元情形时尤其如此。另就法律规定的概念、法条内容看，法律适用者亦未必存优势，宣称自己“专业”同样可能遭遇“专业”，因为，外行人在公布出来的法律中也可没有障碍地查询任何条文（法律颁布正是意在所有人可查阅）。但对法条层次关系的娴熟，[①]特别是对支撑法条适用的法条知识理由的拿捏自如，有节奏地使之呈现并保持逻辑队形，同时使之清晰并能为人理解，却可使法律适用者更胜一筹，此缘于外行人通常并不熟知法条的层次关系，极少进入法条的知识理由的训练及实践。备受非议的2007年江苏南京彭宇案一审判决书关于“常识问题”的说理，可为遭遇“山外有山”甚至“捉襟见肘”的明显例子。[②]前述颜艳红虐童案，外行人能像法

---

① 关于法条层次关系，可参阅许德风：《论法教义学与价值判断：以民法方法为重点》，第167-168页。

② 例如，“如果被告是见义勇为做好事，更符合实际的做法应是抓住撞倒原告的人，而不仅仅是好心相扶”“如果撞伤他人，则最符合情理的做法是先行垫付”。见《南京市鼓楼区人民法院民事判决书》(2007) 鼓民一初字第212号。

律内行人一样提到虐待、伤害、侮辱、寻衅滋事等法律概念或条文，可为同样“专业”的突出例子。[①] 而张学英案的法院判决书关于法条层次效力的说理，包括法律人后来对其展开的法条的知识理由层面的对立争论，可为更胜一筹的经典例子。就此言，只要足够清醒，法律适用者应更乐意在法条层次熟悉、尤其是法条的知识理由深入把握方面展现兴趣和追求，改善技艺以更具伸张能力，毕竟，这几乎是法律适用者标明自己拥有真正实力的唯一途径。深言之，法律职业外的普通人，除个别情形如卷入案件，常无激励以熟悉法条层次关系，尤其是支撑法条的法条知识理由，此熟悉的各种成本之高常令人生畏，这便决定了绝大多数法律外行人在法条层次关系、法条知识理由深入等方面，需承认“术业专攻”，[②] 进一步，在此方面胜出的法律职业者总易迫使普通人处于静观。本章讨论的多个案例及《刑法修正案（八）》的理解实践，其中不同法条适用主张的争论，每当涉及法条层次关系特别是法条知识理由的深入，便难发现外行人的言语踪影。正是从这一角度看，执法司法权威由此可获得细节上的维护。同样更广泛地看，如果认为任何法条适用的背后总会存在法条知识理由的支撑，而法律适用者可使外行人感到只要需要，即可拿出像样甚或颇有征服作用的法条知识理由的深入说明，则执法司法权威的细节维护，包括由此可能推动的执法司法公信，将充满乐观，即使某一法条知识理由始终会被其他法条知识理由的争议

① 参阅张刘涛：《温岭警方：虐童幼师不构成犯罪获释——称已依法撤销刑事案件释放颜艳红 羁押期限折抵行政拘留》，第 A05 版。

② 有学者提到法条的知识理由的重要，但因未理解这种知识理由的行业成本问题，故不自信地认为法条的知识理由水平低于其他社会科学，需提升。王国龙：《捍卫法条主义》，《法律科学》2011 年第 4 期，第 50 页。

所缠绕。

就法学看，从上述两个层面的实践意义引申，现常被某些法学理论贬抑的“注释法学”，就其主要旨趣而言，其实对法学理论的基本甚或根本颇重要。“注释法学”的确热衷在法条上蛰伏，论及法条含义、法条得失，由此潜入法律逻辑关系、体系结构等问题上巡回推演，但其最重要面向或主要旨趣却在于“不同的注释”，即推出法条的知识理由以论证不同的法条意见。换言之，“注释法学”越是兴盛，越表明其中包含了复杂的经法条知识理由展现的法条异议或他者，因为，恰是存在不同法条争论的前景及试图获得话语征服的欲望，且存在法学职业上的这种激励，即不断推出法条异议或他者的注释论证是进入注释法学圈的必要条件，同时此亦为法学家身份的必要表达，“注释法学”才注定会活跃。过去现在中国外国的部门法学的普遍“注释法学”倾向及情结，其中包含的持续不断的争论，或关于法条含义、得失，或关于扩展而来的法条层次关系、法律逻辑体系结构，尤其是法条的知识理由上的对峙，已清晰表明“注释法学”本身的诱惑力及职业定位的合法性。由此推进，可认为，多元法条主义及其机制是恰当理解“注释法学”的逻辑根据，亦为准确理解因“注释”之名而来的广义法条主义的逻辑坐标。从中，可看到多元法条主义的理论意义。

当然，“注释法学”包含其问题，即常没有或不能反思法条的知识理由活动与之外各种类型理由活动的互动关系，并对“注释”过程中“法律社会”复杂因素，如法条最终适用的实践决定权力及“注释者身份”的影响，缺乏小心；“注释法学”参与者，常如执法司法实践中多元法条主义的内在视角参与者，仅存纯粹法条的知识理由上的“自我正确”的认定。[①] 这或可能成为一个质疑。但整体看，尤其是从法学职业与法律实践、法律职业的互动关系看，这一问题并不重要。因为，注释法学的理论努力，其主要功能正在于为法律的实践和职业提供知识化的法条性理由，即使这种理由与其他各类理由的互动关系颇重要，但前者依然是核心，具有牵引后者的动力及能力；即使出现“法律社会”复杂因素的影响，影响的层面仍然依存于法律实践和法律职业本身，另如本章第五节所分析的，影响也恰表明法条的知识理由与这些因素的辩证关系，之中核心或内在的关键，总是法条的知识理由的多与少、较易接受与不易接受的格局。

多元法条主义在“注释法学”上展现的理论意义，不仅意味着重提其价值，而且意味着应对其他“去注释法学化”的法学理论进行反思。从现代法学演化看，新法学理论的发动常与批评“注释法学”相关，或责其保守，或责其封闭，难以回应社会。这些批评当然需认真对待，因其可使法学业界深入理解法律与其他社会现象的联系，获得其他角度理解法律问题的启发，并避免过度“自恋”。但批评常表现了更激进的系谱，即将法学的重点逐渐推向了法律尤其是法条之外，[②] 其结果，法学近乎成为其他学科展示理论能力的场所，如一百多年前霍姆斯略显武断的预言，法律研究的“未来属于统计学或经济学”。[③] 此为遗憾。更重要的，其他持批评态度的法学理论，未曾细究多元法条主义及其机制，更未曾觉察其中已包含微观的多

---

① 此在部门法学讨论中尤其明显，人们已颇熟悉。

② 参阅［美］理查德·A. 波斯纳：《法理学问题》，苏力译，中国政法大学出版社 2002 年版，第 535-540 页。

③Oliver Wendell Holmes, “The Path of Law” , Harvard Law Review. vol.10, 1897, p.469.

重复杂元素的关系，这种关系，本身便可能是法律与其他社会现象关系的法律内部化的“缩写”。因此，对法学而言，重要且关键的，不是将法律视为固定僵化的集合体，再将之与其他社会现象联系互动以改善法学，甚或稀释法学，而是在法律内部便发现、探索、追究法律元素之间及其和其他社会元素的纠缠结构，丰富法学自身的思考潜能。多元法条主义，或许正是绝佳的切入点，其法学的理论意义由此更值得期待。

七、结语

本章对多元法条主义各方面问题的分析逻辑，同样可适用于其他类型法条争议问题，如单一法条是否应适用、单一法条如何解释、某法条与其他法条的关系怎样……这些争议问题出现时，当然也存在价值判断、实用策略、微观权力等复杂的社会元素，但仍需注重法条的知识理由的深入，权衡这种理由的轻重，这是法律职业作为行业的独特要求，且执法司法实践中也的确如此。另本书作者尽管不认为多元法条主义要比其他类型法条适用争议更重要，但却相信，其中的法学理解深入，可更乐观，因其更涉及法条的知识理由的系谱辨析和追究，这是法学作为行业的关键。故本章思路可为广泛的法条适用争议的理解提供新的可能。

扩展看，本章的分析逻辑对法治的理解亦或许有益。法治当然包含了丰富的内容、框架、条件的定义，但其中直观且最日常的机制仍在于如何围绕法条而展开。若任何时候法条的理解是一致的，并发挥作用，法治至为理想，但此理想显然过于浪漫。真实是法条适用常存共识趋势，但分歧未曾停止，而共识与分歧之间还存在转化的可能，并且共识及分歧本身又是历史的、语境的。由此言，法条适用实际上总是依赖共识控制分歧，并以分歧反向调整共识，且同样富有历史、语境并颇辩证的色彩。以此为背景，法治的理解势必亦需重归历史语境的辩证道路，其中明确性、稳定性、可预测性等概念的理解，包括法律适用者的职责与义务，无法躲避历史语境的辩证约束。而本章多元法条主义的思路，或许为其关键之一，再添不可或缺的法学底色。

最后需说明，本章自然尚有“遗憾”，即没有却似乎应该讨论具体法律实践中多元时究竟如何处理之为宜。这意味着，多元出现了，为解决现实问题却不能放任多元或称“谁都可以”，要么放任凭“灵感”或“我有权力”一锤定音，此当然不合法律法学的宗旨，并有违法律实践的正当性，且认真的讨论均不会以此搪塞。但试图处理之或提出一套方案，如本章多处提示，像许多已存的法学理论追求，总易陷入解决多元时成为多元的一员。这是悖论。其或许，仅仅是或许，可成为另一研究主题……

第六章

中国早期左翼法学的遗产

——新型法条主义如何可能

服从法律的人民就应当是法律的创作者……*

* [法] 卢梭:《社会契约论》，何兆武译，商务印书馆 1982 年版，第 52 页。

前面一章讨论的一个重要观点，即“法条的知识理由”在多元法条主义中颇重要，居核心位置，且为法学法律职业的“行内技艺”，而法律人实际上且应当在这方面展现兴趣和追求。此是否意味着，与本书第一章主张的不应运用法理以充分论证，存在不融贯之处？第一章认为，论证裁判观点，应尽量直接寻找法条或法律原则，不应寻求法理援用的支持，包括说理方式及经验常识的辅助，而“法条的知识理由”，似可视为一种法律“道理”的表达。

但需注意，本书中特别是前面一章的“法条的知识理由”，与第一章讨论的“法理”，存在重要区别。前者仅涉及法条之间的知识理解，大致属于法教义学的范畴，后者则涉及更广泛的理由知识资源，如法理学性质的一般法律原理，与政治学、伦理学等有关的一般法律原理，甚至有时依赖说理方式、经验常识的衬托，[①] 更属于法社会学的范畴。故前者可视为本书第一章强调的“单纯法律论证”中直接引用条文为宜的一个延伸。实际上，“法条的知识理由”，总是依据各法条内容及相互关系以推进理由的表达，并不跨越法条之外。因此，支持“法条的知识理由”的意义，并不意味着支持法律论证中运用一般所称的法理。

此外，前面一章结语，提到面对多元法条主义，任何一种处理之的设想，将不可避免地成为多元中的一员，存在悖论问题，如此，讨论“应当”如何面对多元法条主义并试图建议一个实践方案变得

---

① 参阅第一章。

存在逻辑陷阱。但前面一章，是“经验性”的探索，假设站在外在观察的角度以深入理解多元法条主义的现象。此探索，并不且无法排斥实践参与者的最终选择。同时，面对现实的法律问题，选择不可避免，无法“坐而论道”，此便决定了即使是悖论亦应选择，而重要之处，却在于警惕自我的实践选择绝非现实中的“唯一客观”。如此，立场实为关键。本章之讨论的确立及展开，即以此为基础。

一、问题、背景、观点

本章集中讨论中国早期左翼法学，阐述其遗产价值，并侧重分析与之相关的新型法条主义建构的可能性。作为定义，同时也与本章研究目标相关联，中国早期左翼法学是指1949年之前，具有社会分工意义、职业专业意义且主要表现“法律、法学”主体身份的学者——如法官、律师、法学教授——的主张“底层民众法律意愿”学说；[①] 而法条主义，简单说则指“恪守条文”。

在中国，左翼法学为人熟知，跨越近百年看，其中既包含了上述法学，也包含了1949年以前在解放区形成的以毛泽东、董必武思想为主要渊源的左翼法学，及后来1950年代初步形成且延续至1960年代的学习前苏联的左翼法学，另1980年代开始、至今些许式微的

---

① 针对这一法学，本章使用“左翼”一词，主要因为在政治法律中，其不仅可清晰表达“激进”“先进进步”的含义，还可着重表达“底层民众的立场秉持”的含义；另因为相对“马克思主义”这一概念，鉴于在现当代学术中，针对近现代思想中的一种倾向而言，“左翼”一词已约定俗成地被常用，而“马克思主义”一词主要为后来的追溯性描述术语，进而，“左翼”一词既可方便指示“当时”的一种姿态倾向，又可在不造成歧义的同时含括现在的类似姿态倾向。当然，与“左翼”对应的是“右翼”，而“右翼”一词常指“政治保守”“倾向资本”“侧重有产阶级的立场”。

当代左翼法学。但在法学界，以学术研究对象论，本章所指中国早期左翼法学常被忽略，未有认真对待，而其他左翼法学则备受关注。[①]

细分辨，需首先指出，本章所指中国早期左翼法学的特点在于“身份”，即主要是现代意义（同西方意义）的法律家、法学家的身份（尽管是在中国近现代）。从法律与政治的关系看，此标记了“法律的政治”。而其他中国左翼法学，也因“身份”，即主要是政治家，或从事另外学术职业如广义政治学研究的学者，或非现代意义的法律家、法学家的其他身份，[②]则标记了“政治的法律”[③]。毫无疑问，全部左翼法学均强调法律与政治的紧密纠缠、内在关联。[④]但“法律的政治”，如当代学者所熟悉，意味着以法律为基点，在法律中展示政治的元素，政治被吸入法律；而“政治的法律”则主要意味着以政治为基点，在政治中主张法律的伴随，法律被归入政治。

此外，相对而言，中国早期左翼法学的另一特点在于“中西融合”，即通过留学、西文阅读、域外交流（主要与西方及当时日本）等方式表现出来的西方现代法学在中国的“存在”，如熟知西方现代法学理论、法律制度，并能顺利运用西方现代法学方法。此标记了“法律的现代性”。而其他中国左翼法学，更主要强调现代政治化国家建立、巩固、发展的概念，故表现了“国家的现代性”。“法律的现代性”表明，法律本身是改变、推进社会的主动力，法律在自身

---

① 关于以其他左翼法学为研究对象的相关文献，十分丰富，不赘述、不赘注。现在，它们惯常被称为中国的马克思主义法学。

② 众所周知，1980 年代至今的当代中国左翼法学学者，因主要信奉“国家与法”的观念，故非现代意义的法律家、法学家。另需说明，董必武虽然曾有法学留学背景，但发表主要法律思想时，其身份主要为政治家。

③ 即现在常被法学界讨论的“政法”。

④ 与现在常提到的传统自由主义法学“法律可独立于政治”的观点相对立。

革命、完善之际可完成现代国家的部分重要甚至主要使命，法律自治本身即为法律存在的前提。[①]“国家的现代性”则表明，法律是实现国家目的的可用手段之一，甚至并非主要手段，[②]而且国家的革命、完善也许是法律的革命、完善的前提，法律并不存在自治问题。

显然，当代中国的法律、法学主体，随着现代法律制度、法学教育的发展、扩张，业已成为重要的一类社会行业阶层。其也体现并张扬了法律、法学业内主体的身份，展示了“法律的现代性”。时至今日，在更多意义上，不论是否情愿，人们只有乃至必须接受随行业利益、法治意识形态推动而来的这一行业继续存在、发展的现实。于是，当中国百年来的动荡、变革及中国参与全球化的进程依然延续之际，甚至未来相当长的历史时期依然如此，而且，从中国遵循“政治的法律”“国家的现代性”路线的左翼法学思潮或法律思想总是“在场的”——至少从未消失甚至常常时落时起，如从国家治理角度不断提出“司法为民”“执法为民”“法律效果与社会效果统一”等——这一角度出发，我们可以提问：中国早期左翼法学由内（法律）向外（社会）作出回应的思想实践，本身是否包含了针对中国而言的某种法学性质的潜在历史逻辑，即从法学内部看，左翼元素是否本身具有特定的历史必然性？如果较为宏观地提到中国在今日乃至未来世界中，扮演越来越重要的角色，则在知识层面上，延伸的问题是：作为一种法学知识，其对世界法学知识是否存在弥补其某些不足的积极含义？

---

① 关于“法律现代性”的含义及意义，参见 Tim Murphy, *The Oldest Social Science: Configurations of Law and Modernity*. New York: Oxford University Press Inc., 1997, pp.31-76。

② 政策手段、德治手段等有时更重要。

从现有法学话语趋势看，以业界论，无论中外，“左翼”思想并非主流。在中国法学界甚至法律界，“左翼”意味着“政治化”、“非严格法律路线”，意味着与现代法律——自然首先是现代法学——的观念不甚协调。[①] 而在西方法学界，“左翼”在各种学说纷呈之中已显“陈旧”。[②] 在这样背景中讨论一种曾经的左翼法学，以法学内在意义而言，可能有些“不合时宜”。但如果看到并且承认法学必须回应时代的问题，同时看到，因时代问题的变异、反复、多重，法学多少亦有“时尚”（实为回应社会）的一面，总是历史、境遇的，甚至有时在重获生机时再现魅力，[③] 则讨论一种曾经的左翼法学或许会导致我们反而时常乐于接受的一种“旧貌换新颜”。其实，某种法学——如本章讨论的主要对象——或许的确具有历史的穿透力，或许暗含了“长久”的意义，故或许享有与法律不可分离的结构因素，

---

① 主张这种观点的例子，见陈景良：《新中国法学研究中的若干问题——立足于1957-1966年的考察》，《法学研究》1999年第3期，第118-121页；蔡定剑：《对新中国摧毁旧法制的历史反思——建国以来法学界重大事件研究（五）》，《法学》1997年第10期，第4-6页；孙丽娟：《中国1957年法学思潮辨析》，《法学》1997年第4期，第20页。尽管这些例子主要针对建国初期的左翼法律思想，但其对普遍的左翼法学，亦含有基本类似态度。此外，在中国，虽然学界目前也在积极讨论诸如“社会主义法治”等重大问题，但这主要缘于执政党的推动，而非业内主体的自觉。业内法学话语趋势，依然主要是“现代法学”的。从法律界本身看，随接受正规现代法学教育的法律人特别是年轻法律人进入法律职业，业界对“左翼”多少较为“疏离”，时常只是被动地接受自上而下的“政法”要求。

② 在目前西方主要法学杂志和众多法学著作中，相对1970年代初至1980年代末，被称为“左翼法学”的批判法学（CLS）或西方马克思主义法学的观点及讨论，已大量减少。稍早指出其已衰落的，见 Neil Duxbury, *Patterns of American Jurisprudence*. Oxford: Clarendon Press, 1995, pp.426-428。

③ 如美国法学家庞德（Roscoe Pound）的社会法学理论在美国法学界的近一个世纪的兴衰境遇，德国法学家萨维尼（Friedrich Carl von Savigny）的历史法学在德国法学界的超过一个半世纪的兴衰境遇，可作为例子说明。

只是未被觉察。因此，重要的是，发现其思想法学性质的内在潜力。

二十世纪是关键的时间背景。二十一世纪初期的若干年，作为时间背景，可能同样或更关键。因为，几乎最为成熟的现代法学、法律职业是在这期间完成自己“大业”的。[①] 这对中国可能尤其如此。当越来越多的业界人士针对法律言及“中立”、“客观”、“公正”，还有诸如“技艺”等内容时，盛赞并推进严格意义的法治时，讨论一种曾经的左翼法学，也十分可能同样“不合时宜”。但如果能够回想起某些曾经的法学总能从不同角度增进业界对“中立”、“客观”、“公正”包括“技艺”的新颖理解，以及深度理解，[②] 包括针对法治，[③] 则重温一种曾经的左翼法学，或许会别开生面。依然重要的是，需要发现其思想上的对法学法律的解放能力。

提到法律、法学的职业，总要论及法条主义。法条主义，可认为是法律、法学职业的正当根基。不能固守法条主义，法律、法学职业的合法性易遭相当质疑。[④] 因此，传统法学理论中一直存在的法律保守主义和法律能动主义的论争，即使不可能消失，但亦能发觉，法律保守主义总是容易为人所信奉（并不必然），特别是针对实践。而将中国早期左翼法学的“逻辑”置于这一背景中展开讨论，十分有意义。

本章基本观点是，中国早期左翼法学的思想逻辑，基于其法学

---

① 十九世纪当然也很重要。但二十世纪和当下的法学、法律争论更为广阔，彼此互融互进更为深入全面。

② 如法律的经济学、社会学、人类学思考，即提醒了对法律的“公正”及“技艺”的另一方面的有益理解。

③ 如美国现实主义法学（Legal Realism）出现后，人们至少曾发觉，有时将“法治”理解为“法官之治”或“法律人之治”，更为实际。

④ 遭遇质疑的原因，详见本章第四小节。

职业的内生性、“法律的现代性”，故通过一种人们熟悉的理论路径，即语言及思想的确定性基于历史约定而成，特别是“大多数人”的历史约定，则随之可与前面一章及本章将深入讨论的一种“多元”法条主义，相互契合，形成更易为人接受、且对法律职业及整体社会法律事业更有益的新型法条主义。[①] 新型法条主义，在保持法律职业独立之际，可富有成效地缓解法律职业面对社会民众对立要求而产生的焦虑、紧张，进而增进法律在社会中的权威及发挥推进社会的作用。而在知识上，新型法条主义，可打开传统及世界法学理论的新前景。随着中国在世界事务中日益重要的作用发挥，尤其以和平崛起的方式（这与整体非政治暴力方式的法律形态相对应），基于中国背景而呈现的新型法条主义，或对世界的法律理解提供新的启发。

二、中国早期左翼法学的基本内容

与许多法学学派一样，中国早期左翼法学的边界并不清晰，不仅内容如此，且参与群体亦如此。在中国近现代，各种复杂背景如政治动荡、阶层纷呈、民族情绪激昂、个人履历漂浮，当然首先是学说林立，许多学者或多或少总会显露左翼情绪。但从今天看，依然有重要者，如蔡枢衡、张志让、李达、朱怡庵、萧邦承。本章将其视为主要代表。在本书作者看，能获得主要思想内容即可便于一个主题探讨，而这些代表已然适宜。

---

① 这里涉及传统僵化的法条主义、“多元”法条主义和新型法条主义三者的区别，见本章最后部分。本书作者在一篇论文中，曾讨论过“弹性”法条主义。见刘星：《怎样看待中国法学的“法条主义”》，《现代法学》2007 年第 2 期，第 54-57 页。

蔡枢衡曾留学日本研读法律，1930年代开始，在西南联大和北京大学任教，近10年专从事法学教育和研究，为职业法学教授。[①] 张志让早年留学美国和德国学习法律，1920年代至1940年代，为北京大学、东吴大学和复旦大学法学教授，并任民国政府法官，兼从律师职业。[②] 李达曾为湖南政法专门学校（后改称湖南大学法科）法学教授。[③] 朱怡庵（即朱镜我）亦曾为上海政法学院等大学法学教师。[④] 而萧邦承，目前虽未发现其生平资料，但法学专业化的著述（其专业化甚至从今天法学角度看也如此），表明其极可能为职业法学学者。

作为左翼主张者，这些学者首先强调了对法律的“揭露”“批判”，当然，更侧重法学职业的角度、法律内在问题的角度。

如蔡枢衡指出，法律本身就是政治化的，“法制和政治……的同一性是社会构成的合法则性之现实的形态，是法律的科学性和哲学性之所在……”[⑤] 张志让认为，为理解法律的性质，则需看到，“某一时代的法律，主要的是为那一时代的握有最重要的生产机关的人所

---

① 见马克思主义研究网，http://myy.cass.cn/file/200512239767.html，2011年3月31日访问；北京大学图书馆（名人名家）网，http://162.105.138.23/bdms/mr_index.asp?id=131，2011年3月31日访问。

② 见武进市政协文史资料研究委员会：《张志让传略》，载武进市政协文史资料研究委员会编《新中国第一代大法官张志让》，苏常武出准字（95）第040号，1995年，第39-41页。

③ 其原为中国共产党的早期政治家，但后恰为职业的法学学者。见宋镜明：《李达传记》，湖北人民出版社1986年版，第71页。

④ 朱怡庵后参加新四军，从事政治后再无法学研究。但其早期为专业法学学者。见东方党建网，http://www.dfdj.gov.cn/info_show.asp?sysid=14582&newstype_id=336，2011年3月31日访问。

⑤ 蔡枢衡：《中国旧法制之合理的认识》（1940年9月15日），载蔡枢衡著《中国法理自觉的发展》，清华大学出版社2005年版，第67页。

形成，用来保护他们的利益的”[1]。李达认为，法律的性质在于，其“是统治者为保障阶级经济结构而拟订的种种规则，是凭借公权力强制人民遵守的国家规范”[2]。朱怡庵类似地提到，“法的关系是与阶级的利害有直接的关系的”[3]；“法是阶级斗争的归结，阶级斗争的冲突停止于所与的某阶段时的力的均衡之反映”[4]。萧邦承则在讨论西方法律社会学时提到，“财产所有权与契约自由既得了法律极力的保护，而有产阶级便依赖法律，尽情发挥彼等的资本力量，以扩充最大的财富”[5]。

这些学者其次强调了法律的“革命”，当然亦从法律本身来强调。如蔡枢衡指出：

所谓恶法亦法的见解，不是无意中误把法之所以为法的条件（政治意志）当作或代替了法之所以为法的根据（历史法则），便是有意为暴民政治辩护。在国家生活之前提下，不表现政治意志或和政治意志相左的法律，固然不是法律；违反历史法则的法律，尤其不算是法律。国家意志虽为历史法则一因素，然而既不是历史法则的全体，

---

① 张志让：《借英国法中许多稀奇有趣之点来阐明法律的性质》（《法轨》第1卷第2期，1934年），载吴经熊、华懋生编《法学文选》，中国政法大学出版社2003年版，第193页。

② 李达：《法理学大纲》（20世纪40年代著），法律出版社1983年版，第96页。

③ 朱怡庵：《法底本质》（《新兴文化》创刊号，1929年），载何勤华、李秀清编《民国法学论文精萃》（基础法律篇），法律出版社2003年版，第42页。

④ 朱怡庵，《法底本质》（《新兴文化》创刊号，1929年），第43页。

⑤ 萧邦承：《社会法律学派之形成及其发展》（《法轨期刊》第2卷第1期，1934年），载何勤华、李秀清编《民国法学论文精萃》（基础法律篇），法律出版社2003年版，第556页。

也不是历史法则的本质。合理的见解，当然只有认为恶法不是法。[①]

朱怡庵提出：

被压迫的劳苦民众只有团结自己的力量，自动手的来颠覆既成的国家制度，创建自己的国家权力，设置自己的法的关系然后才能真正的确保自己的利益……[②]

萧邦承亦提出，“缓和阶级矛盾的立法”，“如站在革命的立场，这当然是一种改良的不彻底的办法”。[③]

除了主张法律的“揭露”“批判”“革命”，这些左翼法学学者又主张法律的“实际效用”，并暗示“大多数人的需要”。如蔡枢衡说过，“保有规范国家社会生活实在的可能性之法律，是和特定时空的现实互相符合的法律”[④]；“法律……重复和矛盾，都是某种条件下的必然现象”[⑤]。他还指出：

法条之变成事实，好像明星、主角以及团体的领袖，需要有人抬和捧。法院对于法律的遵守，当事人对于实现法律之要求和愿望，

---

① 蔡枢衡：《中国法治的根本问题》（《当代评论》第1卷第6期，1941年），载蔡枢衡著《中国法理自觉的发展》，第140页。

② 朱怡庵，《法底本质》（《新兴文化》创刊号，1929年），第49页。

③ 萧邦承，《社会法律学派之形成及其发展》（《法轨期刊》第2卷第1期，1934年），第556页。

④ 蔡枢衡：《法律万能与法律无能》（《大国民报·周末专论》，1943年3月31日），载蔡枢衡著《中国法理自觉的发展》，第83页。

⑤ 蔡枢衡：《沈家本派及其反对派》（1940年2月），载蔡枢衡著《中国法理自觉的发展》，第38页。

以及社会舆论、群众心理对于公平无私的执法之颂扬与赞美……都是法条变成事实必不可缺的条件。[1]

张志让则更直接地提到：

法律之目的在以至少之牺牲，使吾人得满足至多之需要。换言之，即法律者乃使社会需要满足之一种制度也……法律应以至少之牺牲，使此种需要得有至大之满足。[2]

这些法学职业的学者，不仅提出观点，而且展开了较为系统的论证，由此展示了法学学术的性质。如针对“法律的政治”问题，蔡枢衡和李达即运用“本质和现象的关系”学说，从理论上阐发。他们指出，政治是本质，法律是现象，“本质和现象……必有因果关系，内在关联：二者互相适应”[3]；“法律的本质，即是阶级关系，即是阶级性”[4]，故“法律现象，即是法律关系的表现形态……法律的本质，即是法律现象的各种形态中所潜藏的各种关系”[5]。张志让和朱怡庵则结合西方法律史的丰富细致经验资料，在“法律的政治”问题上，

---

① 蔡枢衡，《法律万能与法律无能》（《大国民报·周末专论》，1943年3月31日），第83页。

② 张志让：《新旧各派法律学说之一览》（《法律周刊》第26期，1923年），载武进市政协文史资料研究委员会编，第88页。

③ 蔡枢衡：《法学的新立场及其应有之法律观和方法论》（1940年2月），载蔡枢衡著《中国法理自觉的发展》，第44-45页。

④ 李达，《法理学大纲》（20世纪40年代著），第102页。

⑤ 李达，《法理学大纲》（20世纪40年代著），第99页。

给与辅证，带有今日所说实证研究的策略。[①] 而张志让更是通过个案分析，如 17 世纪斯坦利诉鲍威尔（Stanley v. Powell）案到 19 世纪贝斯利诉克拉克森（Basely v. Clarkson）案的司法判决的“类似案情不同处理”，详细推论，说明左翼法学的“法律的政治”基本观点，[②] 试图以个案结构揭示的方式阐述“那个阶级法律虚伪”的普遍涵义。

正是通过“揭露”“批判”，主张“革命”，重视“实用性”，及运用法学学术策略（此更为重要），这些学者表达了一种法学性质的左翼基本立场：法律应与底层民众的意志相互贯通。

三、中国早期左翼法学的“逻辑”

如本章开始所述，中国法学的“左翼”是个大概念，如兼及世界法学，则“左翼”概念更宽泛。故分辨其中各种思想的相互差异，十分必要。其目的在于认识中国早期左翼法学的“逻辑”。

从“揭露”“批判”看，相对而言，中国早期左翼法学与中国其他左翼法学的区别在于，前者虽接受马克思主义的主要观念（有时提到马克思的论述），但更为侧重对法律的直接体验、内在理解，以展开反省，甚至更为侧重将法律现实素材，作为“揭露”“批判”的

---

① 张志让提到了英格兰早期各种各样的刑法规定和历史变化。见张志让：《借英国法中许多稀奇有趣之点来阐明法律的性质》（《法轨》第 1 卷第 2 期，1934 年），第 192-193 页。朱怡庵则指出，“试翻阅一切资本主义的国家关于规定所谓私法的民法和商法的二大法典吧。民法规定个人的生存关系之全体，商法规定关于商事的一切行为，而此种种的规定不外陈述着有日常性质的，全般地普及了的习俗的权利关系而已”。见朱怡庵，见《法底本质》（《新兴文化》创刊号，1929 年），第 44 页。

② 张志让：《借英国法中许多稀奇有趣之点来阐明法律的性质》（《法轨》第 1 卷第 2 期，1934 年），第 186-188 页。

主要依据，或说从具体到主义。后者则更侧重马克思主义的话语背景，极为关注马克思等经典作家对剥削阶级法律，乃至一般性法律的揭露、批判，以其为自己“揭露”“批判”的主要依据，或说更为侧重从主义到具体。前者中的学者，大多具有留学欧美或日本等法律制度颇为全面“先进”的国家的背景，谙熟其中法律机制，且时常付出相当精力参加中国法律实践，或亲身从事法律职业。显然，法律本身的运作复杂、表达微妙，特别是法律难免折射的利益倾向和立场滑动，为其“揭露”“批判”提供了基本资源。这些学者，是在融合了中西且即使现在看来仍较“现代”的法律主要内容、精神的国家法律实践浸淫中，展开“职业自我指向”的质疑，其体现的是：行业主体实践的反思自觉。而后者中的学者，与此有较大不同，其主要分享政治家及前苏联的法律、法学的思想背景，鲜有“现代”法律的实践经历，故一般并未也无法体现行业主体实践的反思自觉。

将中国早期左翼法学与广义的西方批判法学对比，可看出，两者有类似，即均从法律内部来瓦解应予抛弃的负面法律的结构，均以职业的眼光，追问法律的弊端，最后，均将矛头指向时跨几个世纪的自由主义法律意识形态。[①] 但因后者或借助后来的“西方马克思主义”，或借助宽泛的哲学批判理论，或另有其他西方后来的思想工具，如后结构主义话语，或承继近现代风行一时的法律现实主义，[②] 故前者更为着力自我体验的法律本身的辨析。但最重要的是，西方

---

① 关于西方批判法学批评自由主义法律意识形态，见 Austin Sarat, ‘Going to Court: Access, Autonomy, and the Contradictions of Liberal Legality’, in Politics of Law: A Progressive Critique. ed. David Kairys, New York: Basic Books, 1998, pp.97-111。

② 见 Guyora Binder, ‘Critical Legal Studies’, in A Companion to Philosophy of Law and Legal Theory. ed. Dennis Patterson, Malden: Blackwell Publishers Inc., 1996, p.280。

批判法学主要是“西方本土的”，没有也不可能涉及“中西”，故兼有中西元素的近现代中国法律制度这一特殊实践——在当时中国特殊的社会背景中的一种特殊实践，成为前者的独享背景。前者在此独享背景中，可思索不同的法学问题，展开不同的法学理解。而“不同”主要在于：前者不像后者，出发点是对法律持彻底的怀疑主义，或原子主义，贯穿政治及法律的“多元主义”；中国自身的社会背景及法律制度实践，不期待彻底的“分散化”。

从“革命”看，中国早期左翼法学和其他中国左翼法学有相同之处。两者都强调一个阶级对另一阶级的质问、反对，甚至颠覆，都赞同以底层民众的态度、原则作为法律的基准。但前者侧重将法律的“革命意识”，变为实践的法律变革，以应允法律存在为基本预设，认同即使推翻一种法律亦应建立新的法律；而后者，则侧重将法律的“革命意识”变为实践的政治战略，以国家政治而非法律政治的构想为基本理念，且一个非常重要的思想——法律本身不免是有产阶级法权关系的体现，时而发挥法律革命思考的“制约”作用，此意味着，并不必然应允法律的存在。[①] 当然，这种不同，与是否侧重经典马克思主义话语背景有着密切关联。[②] 以“革命”论，中国早期左翼法学的宗旨，类似广义的西方批判法学，即宣扬法律内部政治机制的重塑，期待以一种法律替代另外一种法律的方式，实现社

---

① 在此提到有产阶级，因为从广泛意义看，法律总是需要、依赖资本而运作，故与资本的联系根深蒂固。总体看，法律不大可能成为“社会福利性”的，至少不能总是如此，对许多人而言付出成本以参与法律运作，是难免的。而资本，必然是有产阶级的一个内涵。故“政治的法律”的“革命观”，时而有其深层的社会缘由。

② 马克思曾提到法律与有产阶级法权关系的内在联系，这为人们熟知。见卡尔·马克思:《对德国工人党纲领的几点意见》，载中共中央马克思恩格斯列宁斯大林著作编译局译、选编《马克思恩格斯选集》第三卷，人民出版社 1972 年版，第 11-12 页。

会秩序的“持续”转型。

从“实用效果”看，中国早期左翼法学和其他中国左翼法学基本相像，共同体现了“具体问题具体分析”的意识，认可法律的应境机制，均属于实践观点。前者虽然总是法学职业的，但未囿于法学职业总易倡导的“法律保守、稳定”。此从法律内部，对应或呼应了来自法律外部的其他中国左翼法学的工具主义。显然，在当时中国复杂的社会政治、经济、文化背景下，为实现特殊的政治目标，号召对既有法律秩序的不断发难，乃至采取必要的否定行动，此为重要且不可回避的选择。但即使如此，中国早期左翼法学，更多地与法学理论长期存在的“法律灵活”倾向，相互对应，并将这种倾向有所放大：法律制度可以整体性地“灵活”，也即更替，而不仅仅是“局部”。故其将政治的工具，转换为工具的政治。

通过上述分辨，本书作者想指出，在中国早期左翼法学展现出来的具有自身特点的“揭露”“批判”“革命”和“实用效果”，这四个概念之间，存在值得注意的思想连贯的逻辑。

首先，这种逻辑在于，揭露、批判有产阶级的法律制度，并不因为其应时而变，或“前后不一”“相互矛盾”，至少主要不是缘此。在中国早期左翼法学的思考脉络中，“前后不一”或“相互矛盾”，总是难免的；为了具体的某一有产阶级利益，时常使法律加以变幻，是被揭露、批判对象的自然的固有选择。故蔡枢衡（如前引）说，“法律……重复和矛盾，都是某种条件下的必然现象”。也因这一理由，有产阶层法律制度的“虚伪”，才是根本，即掩饰、粉饰自身的“复杂多变”，或总是宣称“普适”“大写”的法律正义，以遮蔽“那个阶级”的法律整体本质。依照这种“揭露”“批判”的思路，既然作为法律总是难免“重复和矛盾”，则追求代表底层民众意愿的法律，也可甚至应当应时而变；而应时而变，在此亦为自然的固有选择。换言之，无论有产阶层的法律，还是底层民众的法律，均会也需要如此；法律的应时而变，不是其自身的弊端，而是其自身张力的必要结构。更进一步，“革命”的概念，从另一方面又表明宏观应时而变的必然性，即当法律整体已不适应社会时，便需要“主张恶法非法”（蔡枢衡语）、“设置新的法的关系”（朱怡庵语），实现法律的革命。概括来说，从“揭露”“批判”“革命”到“实用效果”，其重心或关键，在于“实用效果”，或说“为了谁的需要”。

其次，这种逻辑在于，如以“实用效果”为基础，或指“为了谁的需要”，则展开来看，势必使法学思考走进底层民众意愿的概念，更准确地说，走进底层民众不断变化的意愿的概念。此为法律制度的根本依据。故蔡枢衡说，“法治之实现……有赖于多数平凡人”，[①]而“人的智慧亦是受着历史限制的”。[②]因为，在中国早期左翼法学的思考脉络中，只有顺应这种不断变化的“多数人”意愿，以法律、法学的职业期待甚至自我存在论，法律才会发挥其社会治理、引导、保障的功能，法律、法学职业的社会价值才会得以体现。本书作者认为，这是中国早期左翼法学内含的具有法学性质的主要逻辑目标。

四、法条主义

如前面一章及本章第一部分所述，对法律、法学职业而言，法

---

① 蔡枢衡：《法治之路》（1946年10月），载蔡枢衡著《中国法理自觉的发展》，第135-136页。

② 蔡枢衡：《法治之路》（1946年10月），载蔡枢衡著《中国法理自觉的发展》，第135页。

条主义十分重要，背离甚至拒斥法条主义，易产生严峻的合法性危机。本小节及下一小节，讨论法条主义和相关的理论问题，作一铺垫（因其重要），后在第六小节分析中国早期左翼法学的“逻辑”的意义。

需要看到，贯穿“保守”精神的法条主义容易为人所信奉，特别是实践中，其原因较为复杂。一方面，人们相信并期待严格依规则治理，即严格据法条处理，而这种“严格”时常的确存在，即使有时被称为“机械的”“僵化的”，即使有时在法学中，主张这类“严格”的学说被讥笑为“机械法学”“概念法学”。[①] 显然，一般人的法律“可预测性”“同样事务同样处理”的信念，并非虚构。正是长期形成的关于法律基本理念——公开、明确、稳定——的话语传承，使一般人的信念得以不断巩固。但这一原因不太重要，甚至有些表面。

另一方面，更重要、更具有吸引力也更需重新辨析的是：有时，同样事务可遇到不同的规则、法条的处理，或反之，同样规则、法条可用于不同事务，而恰于此时，即使有些犹豫或困惑，人们认为这依然是“在法条主义之内”。这里意思是指，虽然“法律对待”存在差异，似乎看到的是“法律能动主义”（从法学理论的角度用词），[②] 但行动中的法律人一般而言，本身各自总认为自己才是——或在真

---

① 在法学中讥笑者的例子，见 Roscoe Pound, ‘*Mechanical Jurisprudence*’, Columbia Law Review. vol.8, 1908, pp.605-623；Rudolf von Jhering, ‘*In The Heaven for Legal Concepts: A Fantasy*’, trans. Charlotte Levy, Temple Law Quarterly, vol.58, 1985, pp.799~842。

② 持这种观点的一般性讨论，见［美］克里斯托弗·沃尔夫：《司法能动主义——自由的保障还是安全的威胁？》（修订版），黄金荣译，中国政法大学出版社 2004 年版，第 2-7 页。

正贯彻——法条主义，即严格依法行动，而他者则“与法律规定不同”；于是，社会一般性地浮现了“其中一个正确、其他错误”的判断，而这种判断颇为自然但非常有力地支撑着法条主义，即意味着：需要认为，重要的是“找到正确”，而非“是否能动”。如果这种判断对法条主义是支撑性的，则因为这种判断包含了一个默认：行动中的法律人，一般没有认为自己“可以能动”“跃出法律的界限”；既然如此，实际上几乎没有法律人背弃法条主义（极个别的例外可忽略不计）；也因此，“法律能动主义”（即如必要，有时跃出法律的界限）不能得到支持，法条主义则应获得不断尊重。[①]

针对上述更重要、更具有吸引力也更需重新辨析的现象，众所周知的例子，则是长期以来，司法中即使不同案情作出相同判决，或针对同一案情做出不同判决（此最为典型），司法者总会宣称自己是“严格依法裁判”，他者不是，或有时基于某种原因对他者“是与不是”不作判断，保持沉默；几乎极少司法者承认，自己是在“能动”、“脱离法律的规定”。诸如美国长期的关于宪法问题的富有争议的司法裁决（不同案情做出相同判决），[②] 中国王海、许霆等案件的前后不一的判决（详情见本章第六小节），及更为广泛的如中国的一审和二审、二审和再审、国外各级诉审的差异判决，均可作为说明；其中，几乎没有法官会说，自己没有“依法判决”，而查阅其判决书等亦可得到同样答案。[③] 于是，一般而言，社会普遍地容易认为：哪个

---

① 参阅前一章第五小节。

②See David W. Rohde and Harold J. Spaeth, *Supreme Court Decision Making*. San Francisco: W.H. Freeman and Company, 1976, pp.36-39.

③ 故可以发现，绝大多数法学家都认为，实践中法官总是保守的；只是有些法学家借此持批评态度。

司法判决是正确的，或错误的，此为关键；而应否“超越法律”并非关键，甚至不是问题。这种判断也因此，支撑着关于“司法总是努力坚持法条主义”的信念。尽管，社会又总会意识到，“每个”自我宣称严格司法的司法裁判背后，也许甚至极为可能包含了不同甚至对立的某种“非法律”的动机。

本书作者认为，就贯穿“保守”精神的法条主义容易为人所信奉的问题而言，后一原因——即“法律对待存在差异”时法律人各自认为自己依然是“依法”“没有跃出法律规定”，从而法条主义依然获得尊重——是更重要、甚至较为深层的，应予细究。

因为在后一原因中，可发觉一个“多元”的法条主义的概念。而“多元”意味着，首先，法律人不想突破法律规定（至少主观意愿上不想）；[①] 其次，法律人总能——当然并不必然——在法律体系内找到自认为合适、而他人可能认为不合适的依据；再次，似乎除了权力，没有其他手段可以断定，谁是正确或错误；最后，如以自己认为的“正确”来否定他者认为的“正确”，亦会遭遇同样对待。[②] 在此，重要而不变的是，法条主义被坚守，而法律实践依然以法律的真实名义发挥作用，只是其仿佛是在一个“伸缩空间”中。

更值得注意的是，“多元”并不意味着“诸侯割据”“自说自话”，

---

① 有人会认为这里有“貌似”的问题，即法律人只是貌似不想突破。但“貌似”的认为，通常只能是猜测。关于这一问题，德沃金（Ronald Dworkin）有详细论述。他认为，法官争论时，时常是真正的“关于法律到底是什么”的争论，而非是否自由裁量，或貌似依法实为自由裁量。See Ronald Dworkin, *Law's Empire*. Cambridge: Harvard University Press, 1986, pp.37-44.

② 遭遇同样对待的典型例子，可注意人们颇为熟悉的中国四川省泸州市“二奶继承案”。其中，有些法律人及法学家，认为适用《继承法》才正确，并批评一、二审法院适用《民法通则》，但当地法院仍以自己认为正确的判决理由，“回敬”批评。

相反，恰恰意味着法律人时常自觉地关注对立的法律意见。实践中也的确如此。总能看到，法律人并不忘记、放弃交流，而是基于某种压力或激励（如设想法律能力需要提升，或使自己意见更受重视），而主动或不得不，思考对立意见和自己意见的关系。英国早期普通法法官，时常在威斯敏斯特交流审判意见，[①] 中国目前许多法院，时常开会共同研讨审判经验，[②] 即为例子。于是，“多元”的法条主义，时而伸张，走向开放，时而收缩，走向统一，的确是个“伸缩存在”。[③]

外部的法学理论，除了提出其中包含了“法律能动主义”之外，当然可以另批评这种现象是“法律的混乱”，而长期以来，其也总是如此批评。但法律人的实践依然故我，如同法学理论自身的争论一样从不停止。故以“混乱”之说来批评，或许没有意义，甚至武断。相反，恰恰需要注意这一实践透露的一个信息：“多元”的法条主义，其目的极为可能在于，使法律职业在坚守社会分工合法性的同时，以“依法行动”之名，不断获得法律与社会相互关系之中的正当性；其既非“法律能动”，也非“法律混乱”。而中国早期左翼法学的“逻辑”，在这种信息中，或许逐渐可显现自身的意义。

---

① 参见［法］勒内·达维德：《当代主要法律体系》，漆竹生译，上海译文出版社1984年版，第295-296页。

② 在各级法院关于审判制定的各类《……指导意见》中，可看到这点。而实际上，中国法院审判委员会的讨论，甚至合议庭的讨论，则以法律准予的形式，直接表现了这点。

③ 关于法官既倾向坚持自己的司法观点，又不排斥交流的问题，社会心理学研究有较好的说明，即仲裁者和裁判者等很少推翻自己最初的决定，但事后也会考虑调整。见［美］戴维·迈尔斯：《社会心理学》（第8版），侯玉波、乐国安、张智勇译，人民邮电出版社2009年版，第171页。

五、何谓正确·“约定”

当然，在此又需澄清一个问题：当法律人各自认为自己是“恪守法条”而他者不是时，其中是否真存在“本身正确与错误之分”？如存在，则上述“多元”的现象为“假”，亦不重要；反之，则为真实，颇为重要。外部的法学理论在批评上述现象时，也常意味着“其中存在正确与错误之分”；而不简单如前所述，认为只有权力才能决定“谁为正确”。

在本书作者看，有时，似乎存在“本身正确与错误之分”。如当社会普遍认为，一条法律规定的涵义十分清楚，在遇到具体实际问题时，其适用条件也无可争辩，而具体司法者或具体执法者，在和别人没有认识矛盾的情况下，且知自己理解是错误的，依然我行我素，如明显曲解法律，这似乎便存在“本身正确与错误之分”。但这仅仅是“似乎”。在此，因为普遍认识一致，故实践中往往对“是否真正本身正确与错误”忽略不计，进一步，则遮蔽了“并非本身正确与错误”的问题。事实上，“是否本身正确与错误”需要一个证据，即说明法律规定的涵义究竟是什么，而这一证据一般而言，应当来自法律制定者。因为，很难否认，立法权的设置及立法行为总是预设立法表达了立法设想。[①] 而普遍认识一致时，人们往往并不在意这一证据，总是假定法律制定者的意思就是如此。

故需要将焦点集中在“缺乏社会普遍认为”的情形，特别是“行动中的法律人的确各自认为自己正确”。

---

① 当然，关于“本身正确与错误之分”，有时人们不针对“立法设想”而论，则是强调其他，如“法律本意”“法律通常含义”可逻辑推导出的“法律含义”……不一而足。关于这点，见前面一章的相关分析及下文。

当社会缺乏普遍认为，尤其是行动中的法律人各自认为自己是真正贯彻法条主义时，有时立法者会表态，如发表立法解释、说明，或授权他者表达，如在中国授权最高司法机构解释、说明；但有时，立法者并不表态，也不授权表达（原因十分复杂），仿佛默许司法者和执法者自己决定普遍规则和具体个案的关系。如既不表态，也不授权表达，则“本身正确与错误”的问题便会悬置。

在法学中，众所周知，关于被悬置的“本身是否正确”，法学理论历来有争论，且有许多学说，如“语言解释”“历史解释”“体系解释”“原意解释”“整体解释”……以示“证明本身正确”的方法和可能。[①] 但不论何种学说，其无论试图说明立法原意，还是试图说明法律本意，或其他“意义”（其实追求“法律本意”或其他“意义”，亦总为隐蔽、变相的追求“立法原意”，因为它们必定担心：如立法者真再次宣布自己原意，则它们注定被社会，特别是行动中的法律人所抛弃），均需面对一个问题：无法证明自己结论必定符合立法者可能表态、或授权表达的“那个意思”，亦无法澄清自己对“那个意思”没有“猜想”“推测”，即使都在强调自己是“论证”“正确解释”。显然，当立法者不表态或授权表达，各种“法律意思”的所谓“论证”“正确解释”只能依赖自己竞争力，获得法律市场，而无法宣称“本身正确”。更重要的是，长期的法律实践总在表明，社会，特别是行动中的法律人，除了必须——且更为乐意——听从立法者表达或授权表达之外，对任何所谓“论证”“正确解释”，总是各取所需，且不断地继续各自主张“自己才是依法”，保持自己的“法条主义”。

① 关于这些学说的详尽分析和批评，见苏力：《解释的难题：对几种法律文本解释方法的追问》，载梁治平编《法律解释问题》，法律出版社 1998 年版，第 30-64 页。

其实，"'本身正确与错误'便会悬置"的表达，不恰当。恰当表达应是：面对各自主张"自己才是依法"（即"恪守法条"）时，并不存在严格意义的"本身正确与错误"的问题。[①]

由此，便可进一步理解，对"多元"的法条主义的现象，需要正视并接受。而更重要的法条主义，不是传统理解的法条主义，而是这种富有张力的法条主义。也因此，需要从另外角度思考这一现象。

前面已提出，实践中的法律人总是自认为严格依法，同时，又倾向展开交流，思考对立意见和自己意见的关系，使"多元"的法条主义，时而伸张，走向多元，时而收缩，走向统一。应当注意，其中包含了一个概念——"约定"。而"约定"，既可能通过商讨来实现，也可能通过默认来实现。显然，当走向统一时，是"约定"发挥了最终作用。而即使时而伸张，走向多元，依然是"约定"作为一种期待发挥着前期作用，因为，坚持自己主张，反对他人主张，总是意味着期待他人认同自己，形成一致，实现共识——即达至法律的普遍性。故"约定"概念，十分重要，甚至首要，因而是思考"多元"的法条主义这一现象或概念的最佳角度。

如何理解"约定"的意义？

---

① 当然，可能另有与此相关的怀疑观点："多元"的法条主义，其中各自主张者，本身不能表明自己究竟是在"法律伸缩空间之内"，还是"法律伸缩空间之外"；或说，每个各自主张者，均有可能是在"法律伸缩空间之外"。故这种"多元"的法条主义，还需批评。但"可能在法律伸缩空间之外"，依然仅仅是"可能"。站在旁观角度，除了立法者和立法者授权表达者，依然没有人可以证明其中之一是在法律伸缩空间之外。在此，也可认为，面对各自主张"自己才是依法"时，怀疑没有意义，因为如没有"本身正确与错误"的问题一样，没有"本身是在法律伸缩空间之内或之外"的问题，且怀疑根本不能抑制这一实践。

第一，“约定”体现的是思想合作，及思想合作的期待。而思想合作，则以语言涵义的理解可以“合作”为基础，即以“约定俗成”为基础。作为常识，语言涵义的理解虽有分歧，但一定时期总是更多相同。否则意思交流便会出现极大障碍，而社会中一般的意思交流事实上总是较为顺利。也在这个意义上，以语言作为媒介的思想，时而分歧，但总会更多相同。毕竟，社会本身更为经常呈现共同行动。这当然主要是针对法律问题、社会存在秩序而言。通常看，面对法律规定时，人们表现出的与法律规定相协调（普遍认为的相协调）的行动，本身意味着，语言涵义的理解“合作”和由此而来的思想合作，是前提。在“设想或预期法律制度运作”这一意识背景中，针对社会，特别是行动中的法律人，语言涵义的理解及由此而来的思想，本身便趋向合作，即使出现分歧，其分歧亦为了未来合作（达至法律的普遍性），而非永久分歧。概括看，以法律问题、社会存在秩序论，趋向合作对社会尤其是行动中的法律人，是主旨。

第二，“约定”指示着：“‘本身正确与错误’不存在”，不等于“‘正确与错误’不存在”。当社会和行动中的法律人普遍认可“一个自认为”，虽然遮蔽了“并非本身”的问题，但表明这里存在一个约定的“正确与错误”。而约定出来的“正确与错误”，不应被质疑。因为，质疑本身，无法直面真实的法律实践。法律的有效运行、令人满意的运行，在很大程度上，正是依赖大致共同的约定，依赖基本无人怀疑被提出的法律涵义。而且，我们总是习惯使用“正确与错误”的措辞，这种习惯使用，并非没有坚实的“实践有用”的理由，特别是针对法律实践。在此，谈论约定的“正确与错误”，既可能，也必要。“约定”的概念，也因此，可以遏制极端的法律怀疑主义、原子主义，维护法律形象，及法律职业的整体权威。

六、“左翼”的意义与中国的司法公正

其实，“约定”概念，特别是其中体现的语言涵义的理解合作，及由此而来的思想合作，还有社会普遍认可的“正确与错误”，本身即暗含了一个思考目标：是否应关注中国早期左翼法学的“逻辑”——以法律自治为基础的“实用效果”或“为了谁的需要”，及“尊重底层民众不断变化的意愿”？同时，“约定”概念在另一方面，对应了前述“多元”的法条主义的一个可能目的：使法律职业在坚守社会分工合法性之际，以“依法行动”之名，不断获得法律与社会相互关系之中的正当性。这同样凸现了“是否应关注中国早期左翼法学的‘逻辑’”的思考目标。

从语言涵义的理解合作、由此而来的思想合作，及社会普遍认可的“正确与错误”来看，事实上，“社会中大多数人”的理解才是基础。因为，这种理解对语言涵义、由此而来的思想，及“正确与错误”的拒绝、接受、固守，发挥着根本作用。所谓“约定俗成”，即意味着“社会中大多数人总是如此使用、理解语言”；所谓“社会共识”，即意味着“社会中绝大多数人赞同”——思想合作、共认“正确与错误”。更重要的是，“社会中大多数人”相对而言，总是底层、民众的。故“底层民众的意愿”，不能被忽视。

而中国早期左翼法学的“逻辑”，则明确指向“以底层民众为重”。这便表明，“底层民众”对语言涵义的理解，对思想的态度，及对“正确与错误”的决断，应当是法律问题约定的基础。如联系法律公开性、普遍性，包括可预测性等基本原理，则“以底层民众为重”，更应是法律问题约定的基础。因为，法律公开性、普遍性和可预测性，显然预设社会大多数人可以理解法律，从而一方面遵循

法律，另一方面提出立法、修改法律的意见。从这一角度思考，在“多元”法条主义的实践中，行动中的法律人对底层民众意愿的关注，便应是职业道德的一种重要自觉，也应是保证法律正当根基的必要行动。

当然，底层民众的意愿会不断变化，故语言涵义的理解合作，由此而来的思想合作，及“正确与错误”的决断，亦会不断演进。因此，“关注实际且随历史潮流而动”的“变迁”概念，亦为题中之义。而中国早期左翼法学的“逻辑”，则始终贯穿了“实用效果”“为了谁的需要”。其也着重提示，法律问题的约定，应当在“时代”这一时间概念中不断更新，自我推进，以时而演化的内容来保持法律的正当根基。

从“多元”法条主义的实践本身看，深入来说，其包含了人们易看到且易忽略的一个现象：就倾向或立场而言，所谓不同或对立的法律职业意见，本身可能正是“职业包装”的一般人（或外行人）的不同或对立的法律意见；换言之，一般人（或外行人）的不同或对立的法律意见，均有可能经过“法律职业包装”，成为“法律”的。[①] 这一现象十分重要。

这种现象的经典例子，即是本章已提过的中国王海案和许霆案。在系列王海案中，法院至少曾有三种法律意见：（一）因认定王海属于消费者，判决王海索赔成立；（二）因认定王海不属于消费者，判

---

① 在这种现象中，“法言法语”及法律职业身份，扮演了关键角色。提出这种现象，并非说，完全不存在法律职业意见和一般人（或外行人）意见的差异、对立。但其肯定极少。很难想象，任何一个法律职业意见的实质内容，可为法律职业所独享；何况，法律职业所坚持的“立法”规定的法律意见，其本身即为体现特定一般人（或外行人）在立法中表达的意见。

决王海索赔不成立；（三）因认定王海买卖意思表示不真实（故意购买伪劣产品），判决买卖合同无效，王海不能索赔。[①]在三种法律认定背后，可发现三种一般人（或外行人）的不同或对立的法律意见：（一）一般消费者认为应该支持王海打假行为（因为对消费者有利）；（二）商家及某些人认为不应支持王海的貌似“打假”的索赔（因为其意不在消费，也不存在因消费而损失的可能）；（三）某些旁观的一般人认为王海利用“打假”牟取私利，道德存有疑问，故不应支持其索赔（因为利益获得不应破坏诚实信念）。而在许霆案中，法院前后判决有“无期徒刑”和“五年有期徒刑”之别（法院认为两种判决均符合法律规定[②]），其背后亦有一般人（或外行人）的不同法律期待——重判或轻判；[③]尽管表面看，一般人主张轻判更明显地成为了“五年有期徒刑”的压力背景。

这种现象表明，法律职业在坚守社会分工合法性的同时，不断

---

① 北京法院曾持意见（一），见王进：《王海打假败走津门》，《南方都市报》1998年8月27日，第8版。上海、湖南、湖北法院曾持意见（二），见袁飞：《上海驳回一例仿“王海”式索赔请求》，《第一财经日报》2006年2月13日，第A06版；孙玉荣：《民法上的欺诈与〈消费者权益保护法〉第49条之适用》，《法律适用》2005年第4期，第88页；胡铭、陈晓林：《职业打假长沙遭遇红灯》，《中国质量万里行》2004年第6期，第74-76页；刘学华、贺艳：《三名“王海”败走麦城》，《中国商报》2000年9月13日，第2版。天津法院曾持意见（三），见王进：《王海打假败走津门》，第8版。

② 广州中院解释，依据法律，开始判决“无期徒刑”并无不当；而后判决“五年有期徒刑”，只是多用《刑法》第63条。据中央电视台《新闻调查》栏目2009年9月13日晚《许霆的罪与罚》。电视文字稿见网易网，http://news.163.com/08/0916/11/4LV6CMMG00011SM9.html，2011年3月31日访问。另广州中院曾解释，后判决“五年有期徒刑”，是考虑法律效果与社会效果的统一。见吴秀云、周炯、周皓、伊晓霞、严艳：《为什么判五年》，《南方都市报》2008年4月1日，第A08版。这意味着，仅就法律而言，两种判决均符合法律规定。

③ 这在以网络为主的各种媒体中，可清晰发现。

获得法律与社会相互关系之中的正当性，既是可能，又是无法回避。

而中国早期左翼法学中的“逻辑”，实际上将法律的“背后”——社会，变为法律的“自身”——规范表达，即主张行动中的法律人，应自觉地“关注现实”“思考民意”，将“底层大多数人不断变化的意愿”，通过法律职业的方式，变为法律职业意见。这种“逻辑”表明，这种选择亦为应当。如此，法律职业才有可能更为享有社会中的权威，避免法律职业与“民意”的尴尬对立，及避免中国早期左翼法学所在年代的法律职业对民众的“欺压”。也因此，行动中的法律人才有可能觉察，放弃僵化的法条主义，避开“跃出法律界限”的法律能动主义，在“多元”的法条主义中关注、把握、融合“事物的根本——决定法律事业命运的社会愿望”，既可能，也十分有希望。

从更为广阔、长久的中国背景看，如本章开始部分所论及，来自法律、法学外部的遵循“政治的法律”“国家的现代性”路线的左翼法学思潮，或法律思想，总是“在场”，至少从未消失甚至常常时落时起，故“左翼”意识，在中国注定具有较为普遍、长远的社会市场需求。但随着中国业已展开现代意义的正规法律实践，及越来越多分享现代法学知识的法律人群体更为壮大，形成法律事业推进的强劲动力（此根本不能忽视，且有历史逻辑和现实逻辑[①]），则从法律、法学外部强调“底层民众意愿”的左翼概念，对比从法律、法学内部推导“底层民众意愿”的左翼概念，可能——甚至可说“显然”——不具有相对而言的现实优势。如果从法律内部，从“多元”

① 中国必须面对全球化，而在全球化中，法律存在及各国法律的交流、互动，还有“法律斗争”，注定无法回避。

的法条主义的概念框架，来切开“左翼”路线，揭示并论证“左翼”原本在法律中具有的“价值”，将“政治的群众性”变为“法律的群众性”，则对中国法治事业并对中国的司法公正实现更会产生积极作用。在此，必须承认，尽管法治事业是社会整体事业，其中民众发挥根本作用，但法律人群体的作用在当代亦为不可忽略，有时甚至十分关键。而中国早期左翼法学的“逻辑”，因其来自法律、法学内部，还有法律人的身份印记，以法律职业为基础，含有“法律的现代性”，故对此展现了积极的提示意义。

从世界法学演化的背景看，尽管学说丰富、理论日新，但其始终难以躲避一个“幽灵”问题的纠缠——当法律已经确立，又不得不回应新的外部社会需要时，为何法律人总是难免“要么跃出法律”，“要么艰难地拒绝新的外部社会需要（法律本须对应社会）”？业界熟知，如近代法学中的自然法理论、历史法学、社会法学派、实用主义法学，及极端的利益法学派、自由法学运动，赞同“跃出法律”，而分析实证主义赞同“部分跃出”（可考虑“自由裁量”），概念法学则拒绝；再如现代法学中的新自然法学理论、新实用主义法学赞同“跃出法律”，新分析法学赞同“部分跃出”，某些当代严格的实证主义则拒绝。即使在晚近的法律与 X X 学中，也可看到类似。如法律与经济学、法律与文学、法律与政治学，依然赞同“跃出法律”，而法律与语言学、法律与逻辑学等，或依然赞同“部分跃出”，或依然拒绝……不难看出，其中一个“二元结构”挥之不去。在此，结合对“多元”的法条主义的理解，对“约定”概念的理解，中国早期左翼法学的“逻辑”则提供了有益方向。如果决定语言涵义的理解合作、由此而来的思想合作、并代表社会需要的“大多数人意愿”，或“底层民众意愿”，成为法条主义的“根本底色”（当然不是唯一底色），且随时代变化，则即使当法律已经确立，面对新的外部社会需要时有所回应，这依然是法条主义的。这里，没有“跃出法律的界限”，更没有“拒绝”。于是，法学理论便有可能从固守传统能动主义和传统僵化的法条主义的对立思维中，解放出来。

七、结语

应承认，中国早期左翼法学的“逻辑”，未通过直接言词表达上述意义。但其具有指向、通向上述意义的内在潜力，而由此，又具有对法学法律的解放能力。本章通过某些概念工具，如“多元”的法条主义，如“约定”“语言涵义的理解合作”，及由此而来的“思想合作”，尽力阐述了其内在潜力及解放能力究竟何在，并将其加以演绎。本章试图表明：将中国早期左翼法学的“逻辑”和上述概念工具予以融贯，也许可获得一种新型的法条主义的理解。

作为涵义界定，新型的法条主义，因为吸纳中国早期左翼法学的“逻辑”，故不同于一般的“多元”的法条主义，更异于传统的法条主义。众所周知，传统的法条主义，特别强调了法律的“一成不变”“硬性的确定和稳定”。而一般的“多元”的法条主义，如本章所述，在实践中，静静地撬动了法律的“一成不变”，及“硬性的确定和稳定”，将其“固守唯一”暴露为“容许多样”；但其可能偏向任何一个个人、团体或社会的利益立场。与前两者区别，新型的法条主义，则辩证地强调，需以“大多数人愿望”或“底层民众愿望”为根本，而法律因这一根本的变化而变化。

显然，这种新型的法条主义，更利于法律职业在中国的主体实践。

毫无疑问，本书作者的确主张，应推崇法律人的专业执著，应信奉法律职业的权威，应赞同法律的明确性、普遍性、稳定性，但又的确主张，所有这些应在法律与“大多数人意愿”的关系中自觉、反思，其本身应扎根社会、民众，其应在历史变迁中获得新生、推进。概言之，本书作者的确主张，应坚持法条主义，但又认为其应获得来自法律、法学内部的新的理解、突破。而所有这些，与中国早期左翼法学的意义理解、阐发，及新型法条主义的意义理解、阐发，或许密切相关。

长期来看，甚至从更为宏观的今天乃至未来而言，无论中国还是世界，“底层大多数人”和“正规法律实践”，均为必须面对的两个现实，亦为必须思考的两个概念；在法律实践中，对两者也根本无法视而不见。故中国早期左翼法学，作为遗产，也就具有了恒久价值，需要发扬光大，又需深入挖掘，且可以成为探索司法方法的深化及在中国实现司法公正的某种途径。本章即为一个努力。

参引文献

中　文

阿列克西，罗伯特（2005）《法律论证理论：作为法律证立理论的理性论辩理论》，舒国滢译，北京：中国法制出版社。

昂格尔（2007）《法律分析应当何为》，李诚予译，北京：中国政法大学出版社。

布律尔，亨利·莱维（1987）《法律社会学》，许钧译，郑永慧校，上海：上海人民出版社。

波斯纳，理查德·A（2001）《超越法律》，苏力译，北京：中国政法大学出版社。

波斯纳，理查德·A（2002）《法理学问题》，苏力译，北京：中国政法大学出版社。

波斯纳，理查德·A（2009）《法官如何思考》，苏力译，北京：北京大学出版社。

蔡定剑（1997）《对新中国摧毁旧法制的历史反思——建国以来法学界重大事件研究（五）》，《法学》，第10期。

蔡枢衡（2005）《中国旧法制之合理的认识》（1940年9月15日），载蔡枢衡著《中国法理自觉的发展》，北京：清华大学出版社。

蔡枢衡（2005）《中国法治的根本问题》（《当代评论》第1卷第6期，1941年），载蔡枢衡著《中国法理自觉的发展》。

蔡枢衡（2005）《法律万能与法律无能》（《大国民报·周末专论》，1943 年 3 月 31 日），载蔡枢衡著《中国法理自觉的发展》。

蔡枢衡（2005）《沈家本派及其反对派》（1940 年 2 月），载蔡枢衡著《中国法理自觉的发展》。

蔡枢衡（2005）《法学的新立场及其应有之法律观和方法论》（1940 年 2 月），载蔡枢衡著《中国法理自觉的发展》。

蔡枢衡（2005）《法治之路》（1946 年 10 月），载蔡枢衡著《中国法理自觉的发展》，第 135–136 页。

蔡彦敏（2007）《从莫兆军案件透析简易程序的扩大化适用》，《民事程序法研究》（第三辑），厦门：厦门大学出版社。

崔丽（2005）《时代先锋宋鱼水》，载中央宣传部新闻局、中央先进性教育活动办公室、最高人民法院编《宋鱼水：新型法官》，北京：学习出版社。

成都市中级人民法院研究室、成都市锦江区人民法院（2006）《社会主义司法理念与当下司法改革——成都法院第三次法官沙龙综述》，《当代法官》（四川省成都市中级人民法院主办），第 2 期。

成岚（责任编辑）（2014 访问网页）《"平民法官"宋鱼水在线谈新时期的法官该怎么当》，载新华网，http://news3.xinhuanet.com/school/2005-01/14/content_2458151.htm。

陈金钊（2002）《司法过程中的法律方法论》，《法制与社会发展》，第 4 期。

陈金钊（2010）《过度解释与权力的绝对化》，《法律科学》，第 2 期。

陈景良（1999）《新中国法学研究中的若干问题——立足于 1957–1966 年的考察》，《法学研究》，第 3 期。

陈瑞华（2009）《脱缰的野马——从许霆案看法院的自由裁量权》，《中外法学》，第 1 期。

陈婷婷、孙海峰、王建平（2011）《推行要件审判九步法的调查报告》,《人民司法》,第 3 期。

陈伟(2012)《醉驾:“一律入刑”还是“区别对待”》,《法制与社会发展》,第 1 期。

陈兴良(2008)《许霆案的法理分析》,《人民法院报》,4 月 1 日。

陈永辉(2005)《学习宋鱼水先进事迹,做好知识产权审判——高法民三庭法官走访海淀法院》,《人民法院报》,1 月 25 日。

陈知春(2005)《带着感激的心情生活和工作》,载中央宣传部新闻局、中央先进性教育活动办公室、最高人民法院编《宋鱼水:新型法官》。

茨威格特,K、H · 克茨(1992)《比较法总论》,潘汉典、米健、高鸿钧、贺卫方译,潘汉典校订,贵州:贵州人民出版社。

达维德,勒内:《当代主要法律体系》,漆竹生译,上海:上海译文出版社,1984 年,第 295–296 页。

丹宁勋爵(1985)《法律的训诫》,杨百揆、刘庸安、丁健译,龚祥瑞校,北京:群众出版社。

法制日报编辑部(2011)《醉驾为何不能一律入刑?(声音导读)》,《法制日报》,5 月 12 日。

范立波(2008)《原则、规则与法律推理》,《法制与社会发展》,第 4 期。

方洁(2001)《判决书应当陈述理由》,《法商研究》,第 4 期。

方小玲、王建华、秦志松:《强化服判息讼“五步工作法”》,《人民检察》,第 6 期。

封加德(1999)《夫妻互相担保之我见》,《法学》,第 2 期。

弗里德曼,J · L · 、D · O · 西尔斯、J · M · 卡尔史密斯(1984):《社会心理学》,高地、高佳等译,周先庚校,哈尔滨:黑龙江人民出版社。

费斯,欧文(2008)《如法所能》,师帅译,北京:中国政法大学出版社。

福柯,米歇尔(2002)《词与物:人文科学考古学》,莫伟民译,上海:

上海三联书店。

傅郁林（2000）《民事裁判文书的功能与风格》,《中国社会科学》,第4期。

葛洪义（2002）《法律原则在法律推理中的地位和作用——一个比较地研究》,《法学研究》,第6期。

鬼谷子（2001）《鬼谷子》,方向东注评,南京:江苏古籍出版社。

顾培东（2010）《能动司法若干问题研究》,《中国法学》,第4期。

广东省高级人民法院（2007访问网页）《争创“三有一好”,争当时代先锋》,载广东法院网,http://www.gdcourts.gov.cn/fgfm/hxj/t20060620_11153.htm。

《广东省高级人民法院刑事裁定书》（2004）粤高法刑二终字第24号。

《广东省高级人民法院刑事裁定书》（2008）粤高法刑一终字第170号。

《广东省广州市中级人民法院刑事判决书》（2007）穗中法刑二初字第196号。

《广东省广州市中级人民法院刑事判决书》（2008）穗中法刑二重字第2号。

《广东省四会市人民法院民事裁判书》（2001）四民初字第645号。

《广东省肇庆市中级人民法院刑事判决书》（2003）肇刑初字第26号

黑格尔（1982）《法哲学原理》,范扬、张企泰译,北京:商务印书馆。

胡铭、陈晓林（2004）《职业打假长沙遭遇红灯》,《中国质量万里行》,第6期。

滑玉珍、王京庄、王志宇（2005):《让司法正气深入人心——宋鱼水先进事迹巡回报告侧记》,《人民法院报》,6月3日。

何家弘（1999）《司法公正论》,《中国法学》,第2期。

何家弘（2000）《试论司法公正的相对性》,《中国司法》，第4期。

何良彬（2006）《司法理念变革面临的问题与矛盾——从司法改革的反思着眼》,《当代法官》(四川省成都市中级人民法院主办)，第2期。

贺欣（2006）《运作不良的基层法院？》，载苏力主编《法律和社会科学》，北京：法律出版社。

洪浩、陈虎（2004）《论判决的修辞》,《北大法律评论》第5卷第2辑，北京：法律出版社。

侯学勇（2012）《司法修辞方法在社会正义实现中的作用》,《法律科学》，第1期。

侯永胜（2014访问网页）《经最高人民法院核准，云南李昌奎被依法执行死刑》，载央视网，http://news.cntv.cn/law/20110929/119559.shtml。

胡平仁（2001）《法律接受初探》,《行政与法》，第2期。

华莱士，克里福特（1007）《当前国际司法改革的三个主要问题》(吕芳译)，《法律适用》，第5期。

霍菲尔德（2009）《基本法律概念》，张书友编译，北京：中国法制出版社。

汲传排（2004）《百姓信赖的好法官宋鱼水》,《北京日报》,1月3日。

贾石松、郑蕾（2014）《要件审判九步法的具体运用》,《人民司法》，第5期。

姜明安（2014访问网页）《关于莫兆军案件的几点看法》，载北大公法网，http://www.publiclaw.cn/article/Details.asp?NewsId=648&Classid=&ClassName。

江苏法院陈燕萍工作法研究小组（2010）《情法辉映、曲直可鉴——陈燕萍工作法研究报告》,《人民司法》，第9期。

焦宝乾、陈金钊（2008）《法律方法论学科意识的觉醒——2007年度中国法律方法论研究学术报告》,《山东大学学报》(哲学社会科学版)，第3期。

焦宝乾（2010）《法律论证：思维与方法》，北京：北京大学出版社。

金锦萍（2005）《当赠与（遗赠）遭遇婚外同居的时候：公序良俗与制度协调》，《北大法律评论》（2004）第6卷第1辑，北京：法律出版社。

金晶、杨镇涛（2014）《“让群众得到有尊严的诉讼服务”——贵州金沙法院诉讼服务中心见闻》，《人民法院报》，6月23日。

卡多佐，本杰明·N（2002）《法律的成长·法律科学的悖论》，董炯、彭冰译，北京：中国法制出版社。

卡多佐，本杰明·（2003）《司法过程的性质》，苏力译，北京：商务印书馆。

凯尔森（2008）《纯粹法理论》，张书友译，北京：中国法制出版社。

拉伦兹，卡尔（2004）《法学方法论》，陈爱娥译，北京：商务印书馆，2004年。

赖仁琼（2004）《辨法析理，胜败皆服——记全国模范法官宋鱼水》，《人民日报》，12月15日。

李朝涛（2014访问网页）《老农败诉自杀法官被控有罪，此案在广东高院二审》，载网易网，http://news.163.com/2004w03/12501/2004w03_1080091937423.html。

李达（1983）《法理学大纲》（20世纪40年代著），北京：法律出版社。

李方民（2008）《司法方法的理论与实践解析》，《山东审判》，第1期。

李方民（2011）《九步法：一条通向公正的审判之路》，《人民法院报》，2月9日。

李金红（2014访问网页）《让法槌每一次都敲得问心无愧——记广东省佛山市中级人民法院民一庭庭长黄学军》，载中国法院网，http://old.chinacourt.org/html/article/200707/06/255307.shtml。

李奎（2003）《人民信任的好法官——记北京市海淀法院宋鱼水》，《北京法制报》，12月22日。

李斯特（2006）《人民司法群众路线的谱系》，载苏力主编《法律和社会科学》，北京：法律出版社。

李柱石、杨晗春（2013）《从马锡五到宋鱼水，对“能调则调”原则的研究》，《华章》，第24期。

李郁（2005）《根本的原则——记人民的好法官宋鱼水（一）》，《法制日报》，1月13日。

梁彩恒（2014访问网页）《“我的背后，有亿万双眼睛在审视”——记北京市海淀区人民法院知识产权庭庭长宋鱼水》，载人民网，http://politics.people.com.cn/GB/8198/42824/42826/3112207.html。

梁根林（2013）《“醉驾”入刑后的定罪困扰与省思》，《法学杂志》，第3期。

梁群（2006）《社会主义司法理念的具体内容》，《当代法官》（四川省成都市中级人民法院主办），第2期。

梁兴旺、王君（2005）《“辨法析理，胜败皆服”的好法官宋鱼水》，载中央宣传部新闻局、中央先进性教育活动办公室、最高人民法院编《宋鱼水：新型法官》。

刘岚（2005）《黑土地上的女法官：记黑龙江省宁安市法院东京城法庭法官金桂兰（上）》，《人民法院报》11月2日。

刘岚（2014访问网页）《“专家型”法官与“实用型”法官——金桂兰事迹采访手记之四》，载中国法院网，http://www.chinacourt.org/article/detail/2013/06/id/187714.shtml。

刘岚、吕爱哲（2005）《黑土地上的女法官：记黑龙江省宁安市法院东京城法庭法官金桂兰（下）》，《人民法院报》，11月3日。

刘乔发（2008）《论民事判决说理的原则及方法》，《人民司法》，，第13期。

刘思达（2005）《法律移植与合法性冲突——现代性语境下的中国基层司法》，《社会学研究》，第3期。

刘拓、韩钰（2011）《2010年法律方法研究综述》，载葛洪义主编《法律方法与法律思维》（第7辑），北京：法律出版社。

刘星：《作为制度创新的契约司法：从“要件审判九步法”看》，未刊稿。

刘星（1994）《疑难案件中法律适用的理论与实践》，《比较法研究》，第3、4期。

刘星（2007）《怎样看待中国法学的“法条主义”》，《现代法学》，第2期。

刘星（2009）《法律是什么》（修订版），北京：法律出版社。

刘星（2011）《中国早期左翼法学的遗产——新型法条主义如何可能》，《中外法学》，第2期。

刘学华、贺艳（2000）《三名“王海”败走麦城》，《中国商报》，9月13日。

刘亚林（2002）《张学英诉蒋伦芳交付遗赠财产案观点综述》，《人民司法》，第7期。

刘玉民、荫贵林、梁菁菁（2002）《北京法院试行简易民事裁判文书》，《法制日报》，10月9日。

刘治斌（2007）《法律方法论》，济南：山东人民出版社。

龙翼飞、周继军（2005）《辨法析理，胜败皆服——主审法官宋鱼水司法判例点评》，北京：人民出版社。

龙宗智（1999）《刑事判决应加强判决理由》，《现代法学》，第2期。

卢梭（1982）《社会契约论》，何兆武译，北京：商务印书馆。

路长青（2008）《公正司法一心为民——记全国模范法官宋鱼水》，《中关村》，第2期。

洛克（1983）《政府论（下篇）》，叶启芳、瞿菊农译，北京：商务印书馆。

吕坤良、梅贤明、杨怀荣、修晓贞（2004）《地偏法不远——福建建宁法院里心法庭调查》,《人民法院报》,6 月 10 日。

吕绍刚、周璇(2014 访问网页)《让百姓信服,让法官解脱》,载深圳新闻网,http://news.sznews.com/content/2012-05/14/content_6734741.htm。

南京市鼓楼区人民法院(2007)《南京市鼓楼区人民法院民事判决书》鼓民一初字第 212 号。

马克思,卡尔(1972)《对德国工人党纲领的几点意见》,载中共中央马克思恩格斯列宁斯大林著作编译局译、选编《马克思恩格斯选集》第三卷,北京:人民出版社。

马蔚(2005)《“辨法析理,胜败皆服”——宋鱼水审案方法剖析》,《工人日报》,5 月 9 日。

麦考密克,尼尔(2005)《法律推理与法律理论》,姜峰译,北京:法律出版社。

宁杰、满红杰(2005)《宋鱼水审案方法与当代司法方法》,《人民法院报》,5 月 16 日。

宁杰、王建平、孙海峰(2010)《要件审判九步法:法庭上的剑谱》,《人民法院报》,1 月 11 日;

庞德(1984)《通过法律的社会控制·法律的任务》,沈宗灵、董世忠译,杨昌裕、楼邦彦校,北京:商务印书馆。

漆浩(2014 访问网页)《中国法院网讯》,载中国法院网,http://www.chinacourt.org/article/detail/2005/10/id/182270.shtml。

秦川(2012)《判决离不开修辞》,《人民法院报》,10 月 24 日。

秦宗文、朱凤翔(2007)《论判前说理与判后答疑制度》,《唯实》,第 4 期。

邱爱民、张宝玲(2004)《论司法裁判中的辩证推理》,《经济与社会发展》,第 1 期。

曲新久(2011)《醉驾不一律入罪无需依赖“但书”的适用》,《法学》，第 7 期。

《人民法院报》编辑（2003）《宋鱼水：始终保持一份内心的安静》，《人民法院报》，3 月 4 日。

《人民日报》编辑部（2005）《公正司法的好法官，倾心为民的好党员——宋鱼水同志先进事迹报告团发言摘编》，《人民日报》，3 月 25 日。

《四川省泸州市中级人民法院民事判决书》（2001）泸民一终字第 621 号。

《山东审判》编辑部、济南中院研究室（2005）《“宋鱼水审案方法”与当代司法方法专题研讨》，《山东审判》，第 3 期。

山东省高级人民法院政治部、本刊编辑部（2005）《“司法理念与办案方法大讨论”笔谈》，《山东审判》，第 5 期。

孙海龙、董倚铭（2006）《法律发现理论的发展道路》，《法律适用》，第 10 期。

宋莹（2005）《思维置换》，《前线》，第 2 期。

宋鱼水（2005）《亲笔阐释法官职业》，《法律与生活》，第 19 期。

宋鱼水（2005）《一名法官对律师的心语心愿》，《中国知识产权报》，11 月 18 日。

宋鱼水（2005）《学习，使我不断地飞跃》。《人民日报》，4 月 26 日。

苏力（1998）《解释的难题：对几种法律文本解释方法的追问》，载梁治平编《法律解释问题》，北京：法律出版社。

苏力（2000）《纠缠于事实与法律之中》，《法律科学》，第 3 期。

苏力（2000）《送法下乡》，北京：中国政法大学出版社。

苏力（2001）《判决书的背后》，《法学研究》，第 3 期。

苏力（2009）《法条主义、民意与难办案件》，《中外法学》，第 1 期。

宋镜明（1986）《李达传记》，武汉：湖北人民出版社。

孙广宁（2012）《判决理由的详略之辩：基于判决的可接受性》，《广西社会科学》，第 6 期。

孙丽娟（1997）《中国1957年法学思潮辨析》，《法学》，第4期。

孙笑侠、熊静波（2005）《判决与民意——兼比较考察中美法官如何对待民意》，《政法论坛》，第5期。

孙玉荣（2005）《民法上的欺诈与〈消费者权益保护法〉第49条之适用》，《法律适用》，第4期。

唐仲清（1999）《判决书制作应确立判决理由的法律地位》，《现代法学》，第1期。

王甘霖（2001）《“社会公德首成判案依据：‘第三者’为何不能继承遗产”》，《南方周末》，11月1日。

王峰（2004）《让人“胜败皆服”的好法官——记北京市海淀区人民法院知识产权庭庭长宋鱼水》，《法制日报》，11月24日。

王国龙（2011）《捍卫法条主义》，《法律科学》，第4期。

王红岩（1995）《判决书写作理由初探》，《内蒙古大学学报》（哲学社会科学版），第3期。

王进（1998）《王海打假败走津门》，《南方都市报》，8月27日。

王君、梁兴旺（2014访问网页）《让司法公正的“阳光”关爱到每一个人》，载中国广播网，http://www.cnr.cn/home/column/sys/rwjj/200501120054.html。

王利明（2013）《用判决书说理促公正》，《人民法院报》，4月25日。

王申（2011）《法官的理性与说理的判决》，《政治与法律》，第12期。

王松苗（2004）《胜败皆服：能不能成为司法工作的最高追求》，《检察日报》，12月15日。

王研（2011）《李昌奎案：舆论与司法的冲突让人困惑》，《经济参考报》，7月26日。

维特根斯坦，路德维希（2002）《论确实性》，张金言译，桂林：广西师范大学出版社。

沃尔夫，克里斯托弗（2004）《司法能动主义》，黄金荣译，北京：

中国政法大学出版社。

武进市政协文史资料研究委员会（1995）《张志让传略》，载武进市政协文史资料研究委员会编《新中国第一代大法官张志让》，苏常武出准字（95）第040号。

吴闯、文为明（2005）《法官宋鱼水》，载中央宣传部新闻局、中央先进性教育活动办公室、最高人民法院编《宋鱼水：新型法官》。

吴杰、李京华（2014访问网页）《宋鱼水：努力追求“胜败皆服”的法官》，载中国法院网，http://old.chinacourt.org/public/detail.php?id=142838。

吴秀云、周炯、周皓、伊晓霞、严艳（2008）《为什么判五年》，《南方都市报》，4月1日。

萧邦承（2003）《社会法律学派之形成及其发展》（《法轨期刊》第2卷第1期，1934年），载何勤华、李秀清编《民国法学论文精萃》（基础法律篇），北京：法律出版社。

解兴权（1998）《法律推理的涵义、性质及其功能》，《法律科学》，第6期。

谢晖（2012）《论司法方法的复杂运用》，《法律科学》，第6期。

谢圣华、徐光明、宁杰（2009）《长宁“要件审判九步法”创出新境界：人均结案同比上升36件，平均审理天数减少12天》，《人民法院报》，11月16日。

谢圣华、宁杰、徐公明、王建平（2009）《加强司法方法研究，提高司法工作水平——司法方法研讨会观点辑要》，《人民法院报》，11月26日。

熊明辉（2011）《法律逻辑方法与司法公正实现》，《中山大学学报》（哲学社会科学版），第5期。

许德风（2008）《论法教义学与价值判断：以民法方法为重点》，《中外法学》，第2期。

许跃芝（2005）《法庭就是公正的殿堂》，载中央宣传部新闻局、中央先进性教育活动办公室、最高人民法院编《宋鱼水：新型法官》。

荀红（2002）《青年法官的榜样——宋鱼水》，《人民法院报》，6月9日。

亚里士多德（1991）《修辞学》，罗念生译，北京：三联书店。

杨宾（2005）《我心目中的宋鱼水——同事对宋鱼水精神的解读》，《前线》，第2期。

杨立久（1999）《民事再审判决书的论证内容及方法》，《法学》，第6期。

杨兴培（2008）《许霆案的行为性质和法理思考》，《法学》，第3期。

杨兴培（2011）《从醉驾入刑看如何消弭法治分歧》，《法学》，第7期。

姚莉（2003）《司法公正要素分析》，《法学研究》，第5期。

袁飞（2006）《上海驳回一例仿“王海”式索赔请求》，《第一财经日报》，2月13日。

喻敏（2002）《文义解释——民法解释的基础与极限：评张学英诉蒋伦芳遗赠纠纷案的一、二审判决》，《西南民族学院学报》，第11期。

余素青（2013）《判决书叙事修辞的可接受性分析》，《当代修辞学》，第3期。

《云南省高级人民法院刑事判决书》（2009）云高刑再终字第8号、《中华人民共和国最高人民法院刑事裁定书》（2009）刑核字第71号。

《云南省高级人民法院刑事判决书》（2010）云高法终字第1314号。

《云南省高级人民法院刑事裁定书》（2002）云高刑终字第1397号。

《云南省曲靖市中级人民法院刑事判决书》（2002）曲刑初字第66号。

《云南省昭通市中级人民法院刑事附带民事判决书》（2010）昭中刑初字第52号。

邹碧华（2010）《“要件审判九步法”解析》,《中国审判》，第2期。

邹碧华（2011）《要件审判九步法及其价值》,《人民司法》，第3期。

最高人民法院（1999）《人民法院五年改革纲要》,《中华人民共和国最高人民法院公报》，第6期。

最高人民法院编辑部（1999）《“褚时健等贪污、巨额财产来源不明案”编者按》,《中华人民共和国最高人民法院公报》，第2期。

最高人民法院应用法学研究所编（1997）《人民法院案例选（刑事卷）》（1992年-1996年合订本），北京：人民法院出版社。

最高人民法院政治部编（2006）《全国法官十杰》（第2辑），北京：人民法院出版社。

左杰鸿（2001）《该案遗赠行为是否有效》,《人民法院报》，10月29日。

张慧鹏、王华兵、陈笑尘（2007访问网页）《南粤法院一枝花》，载广东法院网，http://www.gdcourts.gov.cn/fgfm/hxj/t20060620_11150.htm。

张靖（2004）《追求胜败皆服的好法官宋鱼水》,《北京日报》，9月14日。

张靖（2005）《法官的力量——记共产党员、北京市海淀区人民法院知识产权庭庭长宋鱼水（中）》,《北京日报》，1月14日。

张静、李守一（2002）《法理论证与判决理由》,《西北第二民族学院学报》，第2期。

张刘涛（2012）《温岭警方：虐童幼师不构成犯罪获释——称已依法撤销刑事案件释放颜艳红 羁押期限折抵行政拘留》,《东方早报》，11月17日。

张明楷（2008）《许霆案的定罪与量刑》,《人民法院报》，4月1日。

张明楷（2008）《许霆案减轻处罚的思考》,《法律适用》，第9期。

张明楷（2009）《许霆案的刑法学分析》,《中外法学》，第1期。

张维迎、柯荣住（2002）《诉讼过程中的逆向选择及其解释——以契约纠纷的基层法院判决书为例的经验研究》,《中国社会科学》,第2期。

张希坡(2013)《马锡五与马锡五审判方式》,北京:法律出版社。

张显峰(2005)《胜败皆服宋鱼水》,《科技日报》,1月13日。

张玉胜(2012)《虐童幼师“无罪释放”的多维解读》,《光明日报》,11月29日。

张云秀(2011)《论法官的修辞》,载陈金钊、谢晖主编《法律方法》(第11卷),济南:山东人民出版社。孙光宁(2011)《判决书写作中的消极修辞与积极修辞》,《法制与社会发展》,第3期。

张子杨、吴允波、田克新(20005)《辨法析理化干戈,胜败皆服宋鱼水》,《大众日报》,4月28日。

张召国(2004)《“始终铭记法官的职责”——宋鱼水先进事迹系列报道之一》,《人民法院报》,9月18日。

张召国(2005):《矢志成为“专家型”法官》,载中央宣传部新闻局、中央先进性教育活动办公室、最高人民法院编《宋鱼水:新型法官》。

张志让(1995)《新旧各派法律学说之一览》(《法律周刊》第26期,1923年),载武进市政协文史资料研究委员会编。

张志让(2003)《借英国法中许多稀奇有趣之点来阐明法律的性质》(《法轨》第1卷第2期,1934年),载吴经熊、华懋生编《法学文选》,北京:中国政法大学出版社。

《中华人民共和国最高人民法院刑事裁定书》(2008)刑核字第18号。

赵秉志、彭新林(2008)《关于许霆案件的法理问题思考》,载赵秉志主编《刑法论丛》(第14卷),北京:法律出版社。

赵秉志、赵远(2011)《危险驾驶罪研析与思考》,《政治与法律》,第8期。

赵冬苓编剧、徐耿导演,2006年拍摄公映的电影《真水无香》。

赵蕾(2008)《许霆案成大悬念 全民投入辩辩辩》,《南方周末》,2

月 28 日。

赵晓力（2001）:《关系 / 事件、行动策略和法律的叙事——对一起“依法收贷案”的分析》，载强世功编《调解、法制与现代性：中国调解制度研究》，北京：中国法制出版社。

赵晓秋（2005）《盛名之下：对话宋鱼水》,《法律与生活》，第 10 期。

赵晓秋（2005）《“理想法官”的 5 个关键词——宋鱼水现象的律师解读》,《法律与生活》，第 3 期。

中央电视台《社会经纬》栏目（2002 播出）《多事的遗嘱》,3 月 7 日。

中央电视台《新闻调查》栏目 2009 月 13 日晚《许霆的罪与罚》（2011 年访问网页），电视文字稿见网易网，http://news.163.com/08/0916/11/4LV6CMMG00011SM9.html。

中央宣传部新闻局、中央先进性教育活动办公室、最高人民法院编（2005）《宋鱼水：新型法官》，北京：学习出版社。

朱谦之（编著）（1958）《老子校释》，上海：龙门联合书局。

朱怡庵（2003）《法底本质》（《新兴文化》创刊号，1929 年），载何勤华、李秀清编《民国法学论文精萃》（基础法律篇），北京：法律出版社。

朱玉、刘江（2005）《法官宋鱼水的故事》，载中央宣传部新闻局、中央先进性教育活动办公室、最高人民法院编《宋鱼水：新型法官》。

外　文

A Symposium on Film and Law. 1997. *Oklahoma City University Law Review*. vol.22.

Arnio, Aulis. 1987. *The Rational as Reasonable*. Dordrecht(Holland): D. Reidel Publishing Company.

Atria, Fernado. 2001. *On Law and Legal Reasoning*. Oregon: Hart Publishing.

Barry, Brian. 1989. *Theories of Justice*. Berkeley: University of California Press.

Baumgartner, M. P. 1992. “The Myth of Discretion”, in *The Use of Discretion*. ed. Keith Hawkins, New York: Oxford University Press.

Binder, Guyora. 1996. “Critical Legal Studies”, in A Companion to Philosophy of Law and Legal Theory. ed. Dennis Patterson, Malden: Blackwell Publishers Inc..

Dawson, John. 1968. *The Oracles of the Law.* Ann Arbor: The University of Michigan Law School.

Duxbury, Neil. 1995. Patterns of American Jurisprudence. Oxford: Clarendon Press.

Dworkin, Ronald. 1978. Taking Rights Seriously. London: Duckworty.

Dworkin, Ronald. 1986. Law’s Empire. Cambridge: Harvard University Press.

Dworkin, Ronald. 1991. “Pragmatism, Right Answer, and True Banality”, in Pragmatism in Law and Society. ed. Michael Brint and William Weaver, Boulder: Westview Press. Inc..

Epstein, Richard A. 1995. Simple Rules for a Complex World. Cambridge: Harvard University Press.

Gray, John C. 1921. The Nature And Sources Of The Law. New York: The Macmillan Company.

Hart, H.L.A. 1994. The Concept of Law. 2nd ed., Oxford: Clarendon Press.

Holmes, Oliver Wendell. 1897. “The Path of Law”, Harvard Law Review. vol.10.

Hutchinson, Allan, and Patrick Monahan. 1984. "Law, Politics and Critical Legal Scholars: The Unfolding Drama of American Legal Thought", Stanford Law Review. vol.36.

Jhering, Rudolf von. 1985. "In The Heaven for Legal Concepts: A Fantasy", trans. Charlotte Levy, Temple Law Quarterly, vol.58.

Maxwell, P.B. 1962. The Interpretation Of Statute. 11th, ed. R. Wilson and B. Galpin, London: Sweet & Maxwell, Ltd..

Murphy, Tim. 1997. The Oldest Social Science: Configurations of Law and Modernity. New York: Oxford University Press Inc..

Perelman, Chaim, and L. Olbrechts-Tyteca. 1969. The New Rhetoric: A Treatise on Argumentatio. trans. John Wilkinson and Purcell Weaver , Notre Dame: University of Notre Dame Press.

Perelman, Chaim, and L. Olbrechts-Tyteca. 1984. "The New Rhetoric and the Rhetoric: Remembrances and Comments", Quarterly Journal of Speech. vol.70.

Pound, Roscoe. 1908. "Mechanical Jurisprudence", Columbia Law Review. vol.8.

Pound, Roscoe. 1913. "Justice According to Law", Columbia Law Review. vol.13.

Raz, Joseph. 1992. "The Relevance of Coherence", Boston University Law Review. vol.72.

Rohde, David W. and Harold J. Spaeth. 1976. Supreme Court Decision Making. San Francisco: W.H. Freeman and Company.

Sarat, Austin. 1998. "Going to Court: Access, Autonomy, and the Contradictions of Liberal Legality", in Politics of Law: A Progressive Critique. ed. David Kairys, New York: Basic Books.

Suber, Peter. 1997. "Legal Reasoning After Post-Modern Critique of

Reason ", Legal Writing, The Journal of the Legal Writing Institute. vol.3.

Sunstein, Cass. 1996. Legal Reasoning and Political Conflict, New York: Oxford University Press.

Symposium. 1989. Popular Legal Culture, Yale law Journal. vol.98.

Symposium. 1996. Picturing Justice: Images of Law and Lawyers in the Visual Media, University of San Francisco Law Review. vol.30.

Symposium. 1998. Law and Popular Culture, Legal Studies Forum. vol.22.

Tamanaha, Brian. 2010. Beyond The Formalist-Realist Devide: the Role of Politics in Judging. Princeton: Princeton University Press.

一般索引

G

H

J

K

L

M

人名索引

中　文

A

B

C

D

E

F

G

H

J

K

L

M

N

P

Q

X

Y

Z

外　文

图书在版编目（CIP）数据

司法的逻辑：实践中的方法与公正 / 刘星著 .
—北京：中国法制出版社，2015.9
ISBN 978 - 7 - 5093 - 6733 - 9

Ⅰ. ① 司… Ⅱ. ①刘… Ⅲ. ①司法 - 法律逻辑学
- 中国 Ⅳ. ①D926

中国版本图书馆 CIP 数据核字（2015）第 228948 号

策划编辑：刘　峰（52jm. cn@163. com）
责任编辑：张　津（zj2007011567@163. com）　　封面设计：蒋　怡

司法的逻辑：实践中的方法与公正
SIFADE LUOJI：SHIJIANZHONG DEFANGFA YUGONGZHENG

著者/刘星
经销/新华书店
印刷/三河市紫恒印装有限公司
开本/880 毫米 ×1230 毫米 32　　印张/ 9. 75　字数/ 260 千
版次/2015 年 11 月第 1 版　　2015 年 11 月第 1 次印刷

中国法制出版社出版
书号 ISBN 978 - 7 - 5093 - 6733 - 9　　定价：39. 80 元

北京西单横二条 2 号　　值班电话：66026508
邮政编码 100031　　传真：66031119
网址：http：//www. zgfzs. com　　**编辑部电话：66053217**
市场营销部电话：66033393　　**邮购部电话：66033288**

（如有印装质量问题，请与本社编务印务管理部联系调换。电话：010 - 66032926）